叢書
ソーシャル・キャピタル
3

Series SOCIAL CAPITAL

ソーシャル・キャピタル と 経済

効率性と「きずな」の接点を探る

大守 隆

|編著|

Series SOCIAL CAPITAL

ミネルヴァ書房

「叢書ソーシャル・キャピタル」刊行にあたって

ソーシャル・キャピタル（以下，社会関係資本）は素敵な概念です。過去の歴史・文化を踏まえ現在の人間関係を解き明かすこともできますし，学問や組織の枠組みを越えて共通の課題に取り組む際の共通の認識基盤も提供してくれます。ときには現在の縦割り行政や組織の矛盾までも明らかにしてくれます。英語では versatile という形容詞がありますが，社会関係資本はまさに versatile な概念です。その意味は，「（人・性格・才能など）何にでも向く，多才の，多芸な，多方面な[1]」とあり，基本的にはよい意味なのですが，「浮薄な」という意味も一部にはあるようです。

versatile の語源はラテン語の vertere（「回る」「変える」「向く」）と versatilis（「回転軸の先端でものが回る様子を表す言葉であった」）とのことですから[2]，確かに場合によっては「浮薄な」という悪い意味にも転用可能かと思います。しかし，基本的には「汎用性が高い」概念ということで，毎日さまざまな困難に直面し，対応を迫られている実務家には共感を得られるのですが，言葉の意味をとことん突き詰める学者には警戒の念をもたれている概念でもあります。

本叢書は，この場合によっては異論もある概念を多方面から検討するもので，全7巻からなります。第1巻では，社会関係資本の概念と測定方法を検討します。以下，第2巻「教育」，第3巻「経済」，第4巻「経営」，第5巻「市民社会・政治」，第6巻「健康・福祉」，第7巻「社会」と続きます。本叢書を通読していただければ，社会関係資本という versatile な概念が決して「浮薄な」ものではないことが明らかになるはずです。実務家には問題解決のための指針を提供し，学者には自らの専門をより豊穣にしてくれる培地を提供する概念であることを明示します。

今さらいうまでもありませんが，日本最大の課題は，少子高齢化への対応です。最近の日本のベストセラーの多くは，この少子高齢化の影響を扱ったものです。生産年齢人口が2000年の8,622万人から2050年には5,275万人へ3,347万人も減るのですから[3]，小泉・竹中改革が生産性の向上を目指した市場経済化・効率化路線を採ったのは当然のことです。しかし，市場経済化・効率化路線は

基本的に生産性向上策ですから，生産年齢人口の減少を伴う少子化対策であり，高齢者対策としては不十分です。結局のところは，65歳以上の高齢者人口が2000年の2,201万人から2050年に約3,841万人へ1,640万人も増えるのですから，こちらもきちんと対策を講じてもらわなければ困ります。この問題は，市場だけでは到底解決できない分野が拡大することを意味しています。医療，福祉，防災，どれをとっても市場経済だけでは解決不可能です。社会関係資本は，この市場で対応しきれない分野，つまり市場の失敗を住民同士の協調で補う対処法を提供するものでもあります。

2018年7月

編集委員会を代表して
稲葉陽二

注

⑴ Koine, Y. et al. (eds.) (1980) 『KENKYUSYA'S NEW ENGLISH-JAPANESE DICTIONARY FIFTH EDITION』研究社。

⑵ 梅田修（1990）『英語の語源辞典——英語の語彙の歴史と文化』大修館書店，213頁。

⑶ 国立社会保障・人口問題研究所（2017）「日本の将来推計人口（平成29年推計）」中位推計。

⑷ 同前。

まえがき

　本書の狙いは，ソーシャル・キャピタルと経済の関係を多面的に解明していくことであるが，同時に，世界経済や日本経済の進むべき方向性に関して何らかのヒントを探すことでもある。

1．本書の問題意識

　より具体的な本書の問題意識は，以下の5つである。以下，それぞれを解説させていただきたい。

（1）経済効率と「人々のより広範な生きがいや動機付け」とはどう調和し得るか？

　経済活動の広域化や国際化は競争の強化を通じて，効率の向上をもたらしていると考えられる。しかし基本的要求である衣食住が満たされ，環境保全や安全・安心への志向が高まった結果，地産地消など，絆を重視した議論も盛んになっている。

　人々の活動を規定しているものは，必ずしも価格など狭い意味での効率性ではない。価格は多少高くても，顔なじみの店で商品の説明を聞いたり，季節の挨拶を交わしたりしながら買い物をする人は多い。サービス産業では人の絆が本質的な意味を持っているものもある。高級旅館や会員制のリゾートクラブなどで同じ施設に繰り返し行くのは，宿泊そのものに加えて，「あそこに行けばあの人が迎えてくれる」ことに期待している場合が多いし，なじみのスナックに行く目的は，酒に酔うためだけではなく，店主との会話を楽しんだり，店主が紹介してくれた他の客との会話を楽しむことにもある。こうした絆の深化や発展には不確実性も伴う。人と出会うことによって，新しい体験をしたり，新しい自分を発見することがある。人は単に命を永らえるための消費をするだけではなく，自らが生きていることを他人とのつながりを通じて確認し，新しい自分を再発見しながら生きているのであろう。

　しかし，経済の発展につれて「経済活動に伴って絆を育む」機会は，減少し

てきたといえよう。均質な製品が大量に生産され，それがチェーン店でマニュアルに即して売られるようになってきた。サービスの供給主体も家族営業は減少し，パートやアルバイトが増えてきた。また，かつては地域を維持するために住民が協力して行ってきた，治水，治安，防災などの活動も，都市部では重要性が低下し，農村部でも専門的なサービスに代替されるようになった。その結果，便利さの中での孤独感が高まっているといえよう。こうした中で地域社会の求心力が低下し，それが大都市への人口集中と地方の過疎化を促進している。

　日本の経済政策を見ても2つの考え方が並存しているように思われる。TPP（環太平洋自由貿易協定）に象徴されるような自由貿易を進めて，経済効率を追求しようとする動きがある一方で，地方創生の動きの中には，地域内の経済循環を高めようとする意識が見られる。かつての地域振興券はその典型であるが，類似の政策が各地に見られる。こうした2つの発想を統合するような論理は，必ずしも明確に提示されていないように思われる。

　この2つは二律背反なのか，あるいは両者をうまく統合するための枠組みの構築の可能性はあるのであろうか？

　このような問題意識は，時代の変化が経済活動の需要面にどのような影響を及ぼしているか，という大きなテーマの中に位置づけることができよう。

（2）社会的起業の興隆の背景は何か，どの程度メジャーな存在になっていくか？

　本書のもう一つの問題意識は，供給面に関するものである。特に，最近注目を浴びてきた社会的起業を，経済活動という観点からどのように捉えるべきかについて実例を基に考えてみようとするものである。社会的起業が注目される背景には，営利企業でも行政でも十分に手が届かなかった分野が重要になってきたことがあろう。しかし，非営利団体という形態は昔から存在しており，単に新しい非営利団体を作りさえすれば，そうした問題にうまく対応できるわけでもない。

　また，社会的起業を支える人材に注目すれば，伝統的な経済学が想定する働き方，すなわち「労働市場に参加して，労働と引き換えに賃金を得る」といったものとはかなり違う動機で人々が活躍していることがわかる。そのような人々がどのようにして登場してきたのか，そしてそのような働き方は，今後ど

の程度普遍的になっていくのか，ということも解明すべき大きな課題であろう。

　このような変化は，技術革新の動機をも変える可能性がある。コスト削減型の技術や高速化・大規模化を目指した技術が重視された時代から，小規模だが個別のニーズにより柔軟に対応できたり，人と人とのつながりを重視するような方向に，技術革新の重点がシフトしていく可能性も考えられる。さらに，狭義の科学技術だけでなく，それを社会のニーズにどのように役立てていくかという観点から，社会技術の開発が従来より意識的になされるようになることも考えられる。

（3）情報通信技術の発達とソーシャル・キャピタルとの相互関係はどのようなものか？

　序章で詳しく議論するように，経済活動とソーシャル・キャピタルとは相互に関係を及ぼし合っていると考えられるが，情報通信産業とソーシャル・キャピタルとの関係は特に重要であると思われる。情報通信の発達，特に通信コストの圧倒的な低下は遠隔地間の情報交換を可能にし，人々が様々な関係性を構築する可能性を大きく広げた。また，フェイス・ツー・フェイスの時代には地域でしかできなかったことが，多くの人が参加し得るバーチャルな「場」でできるようになった。そしてそのような「場」の作り方についても様々なバリエーションが可能で，そのための社会技術も発達しつつある。一方で，ジャンクメールの増大に見られるように，知らない相手から大量の情報が送りつけられ，一つ対応を誤ると被害にあうリスクも高まっている。こうした中で「一般的に人は信頼できるか」という問いの意味合いも大きく変化している。

　他方，情報通信の発達はソーシャル・キャピタルの状況に依存している。ソーシャルメディアが日本と韓国で多くの若者に普及したことは，両国で，個の自立よりも周囲との協調性や集団の中で和を重んじる教育がなされていることと無縁ではないであろう。情報通信産業は変化のスピードの速い分野であるので，情報化や国際化が進んだ現代においても国による差が生じ得る。したがって，ソーシャル・キャピタルの多様性が維持・強化されるチャネルになることも考えられる。さらに，SNSは地域起こしや商品開発などの分野でも注目を集めており，他の産業の競争力に大きな影響を与えていく可能性も考えられる。

　情報通信コストの低下は，人々が記録や検索を行う能力を飛躍的に増大させ

たので，過去世代や未来世代との連携を強める効果を持つ可能性もある。従来であれば伝承が困難であった先祖の暮らしぶり，人生の節目での判断に影響を与えた要因，さらには表情までもが生き生きと再現される時代が近づいている。

　情報通信技術の発達は，第4の権力ともいわれるマスメディアの位置づけも変えている。東日本大震災の後の福島第一原子力発電所事故の後の報道をみると，大手マスメディアの報道に歯がゆさが目立ち，後から振り返ると過度に楽観的であったのに対し，インターネットを使った独立系メディアの情報は概ね的確であった。後者に対する社会的な認知が広まれば，現代社会のガバナンスに新しい主体が加わることになろう。

　このような直接的な影響に加えて，情報通信の発達は，大きな間接的な影響を及ぼす。というのは，産業革命以来続いていた「技術革新は生活の場と生産の場を分離させる」という方向性を逆転させる可能性があるからである。SOHOという言葉が象徴するように，人々が大規模なオフィスや工場で働かなければいけない時代は峠を越え，自宅や地域にいるままで多くのことができるようになり，そのことが地域の特性に即した需要を発現させ，行政も含めた縦割り型の社会構造を変革する機会になることも考えられる。

（4）ソーシャル・キャピタルの多様性は人類にとって必要か？

　本書の4つ目の問題意識は，ソーシャル・キャピタルの多様性に関するものである。この問題を議論する前に，様々なものの多様性に関する評価を概観してみよう。

　まず，生物多様性（通常，生態系の多様性，種の多様性，遺伝子の多様性の3つの側面があるとされる）に関しては，これを維持していくことが重要であるとの認識が広く共有されるようになった。各種の種や遺伝子がどのような相互依存関係の下に複雑な生態系を作り上げているかについての詳細な解明がなされたわけではないが，生物多様性を維持することは，生態系から受けるサービスを維持したり，生態系に何らかのショックがあった場合にその影響から回復していく力を強める上で重要であるとの認識が一般的になっている。

　一方，人間社会に関しても，文化の多様性を肯定的に評価する動きが強まっている。様々な国・地域で，時代の変化の影響を受けつつも，地域特性に応じた様々な文化が並存しつつ切磋琢磨していくことが，人類の文化を全体として

豊かにする。そしてそれだけでなく，外的なショックに対する回復力（レジリエンス）を強くするという面からも重要であるとの認識が多くの人に広まっている。ユネスコ（国連教育科学文化機関）では2001年に文化多様性に関する世界宣言が全会一致で採択され，それを受けて2005年に「文化多様性条約」が賛成148か国，反対2か国（アメリカとイスラエル）で採択された（この条約は2007年に発効し，2018年7月には145カ国＋EUが批准しているがアメリカと日本はまだ批准していない）。近年では，生物多様性と文化多様性の深い関連に注目して，生物文化的多様性（biocultural diversity）という概念も提唱されている。

　一方で，経済活動の国際化や情報化に伴って，地域特性の影響は相対的に弱まってきたので，文化多様性は次第に低下しつつある。こうした危機感の下で多くの国が伝統文化の保護に資源を割くようになった。

　では，経済システムはどうであろうか？　かつては世界に様々な経済システムがあった。自由放任の精神をかなり徹底させたアングロサクソン的な経済があり，対極に市場より計画の機能を重視する社会主義経済があった。その中間に，自由を基調としつつも秩序をより重んじるヨーロッパ大陸型経済，充実した社会保障と労使が協調する北欧型システムがあった。また，旧ユーゴスラビアでは組合中心型の経済が模索されていた。日本経済が好調な時代には，日本のシステムは日本型社会主義であると言われたこともあった。中国では「中国型社会主義市場経済」が目指すべき姿として強調されたこともあったが，成長率が鈍化する一方で格差の拡大や環境の悪化などの問題が深刻化した。

　しかし，21世紀に入ると，こうした経済システム間の競争は下火になり，新自由主義のうねりを経てアングロサクソン的な経済システムがかなり優勢になったように思われる。そして，その担い手であるアメリカの国際社会での行動をみると，それが人類にとって望ましいと考えているようである。このことと，アメリカ社会では個人の多様性が重んじられることの関係を考えてみると興味深い。彼らの発想は，いかなる社会でもアメリカと同様に個人の多様性が重んじられるべきであるとの意識が強く，社会のあり方の多様性はそれより下位の位置づけであるように思われる。

　もちろんアングロサクソン的なシステムにも問題はある。貧富の格差が拡大することや，資産価格の変動が大きく経済の不安定さが大きいこと，政治がビ

ジネス化する傾向が強まることなどである。しかし，経済システムの競争力という観点から見るとこのシステムが強く，影響力を強めているように思える。しかし，それがあるべき姿であるかどうかについては疑問が残る。

　ここでソーシャル・キャピタルの多様性に話を戻そう。ソーシャル・キャピタルは文化とも経済システムとも密接な関係がある。そして，人々の生活の国際化や情報化に伴って多様性が低下しているという点でも，文化多様性や経済システムの多様性と似たような推移をたどっているように思える。こうした中で，ソーシャル・キャピタルの多様性は，意識的に維持・育成していくべきものであるのか，それとも自然体で低下させ，一つのものに収斂していくべきものであるか，という問題である。

　ソーシャル・キャピタルと産業の比較優位構造には，ある程度の対応関係が考えられることから，このことは各国経済の相互依存関係の将来展望にも関係する。ソーシャル・キャピタルの多様性を重んじる立場に立てば，世界の国々はかなり違ったソーシャル・キャピタルを維持し，それに応じて得意な産業が異なることになる。たとえば日本はチームで「すりあわせ」を行うことが重要であるような産業（例えば自動車産業）が得意で，それを輸出産業にする。一方でアメリカは，天才の先駆的アイデアが社会に広まりやすい体質があるので，一部のハイテク産業の競争力が強くなる，といったような姿が考えられる。すなわち，ソーシャル・キャピタルの差に基づく各国の水平的な役割分担が残ることになる。新興国の経済発展によって，先進国との間で資本や技術の差が余り無くなってくるとすれば，ソーシャル・キャピタルの差が，世界の貿易構造を規定する大きな要因になる可能性がある。

　一方，ソーシャル・キャピタルの多様性は必要ないという立場に立てば，各国の社会は均質的なものに収束していくので，各国間の役割分担は垂直的なもの，すなわち所得水準の低い国は労働集約的な産業に比較優位を持つ，といったものになっていくであろう。

　どちらの姿をイメージするかは，今後の国際貿易に望ましいルールをどのように設計すべきかにも影響を及ぼすと思われる。

（5）日本のソーシャル・キャピタルはどの程度特殊でどの程度健全か？

　この問題は，上記（4）と密接に関係している。日本のソーシャル・キャピ

タルが特殊かどうかは，どのような側面に注目するかで判断が分かれると思われるが，仮に特殊であって，多様性の一翼を担っているとした場合に，それを世界標準に収斂させていくことがどのような意味を持つかを考えることにつながるからである。

　より具体的な問題意識としては，「日本が明治以降アジア諸国の中でいち早く工業化を実現したり，昭和期に高度成長を実現したことは，ソーシャル・キャピタルの観点からどのように説明できるか？」「日本経済の長期停滞は失われた20年とも呼ばれるが，それと日本のソーシャル・キャピタルはどのような関係があるのか？」「バブルの崩壊，過度に緊縮的な金融政策，原発事故には共通の社会的背景はないか？」「GDPの規模で中国の半分程度になった日本経済が世界の中でしかるべき地位を占めるためには，日本のソーシャル・キャピタルはどのような含意を持つか？」などである。

2．本書の構成と各章の位置づけ

　こうした5つの問題意識を意識しながら，本書の各章では，様々な方向から考察を進めていく。

　まず，序章では，ソーシャル・キャピタルが経済活動に影響を与えている一方で，経済活動もソーシャル・キャピタルに影響を与えているという構図を概観をするとともに，ソーシャル・キャピタルの国別の差の背景に関して考察を行う。この中で，経済活動とソーシャル・キャピタルが相互に影響を与えつつ変容をしているという構図を説明する。

　その上で，ソーシャル・キャピタルの国別の差の要因に関してより踏み込んだ考察を行う。従来は自然環境の差が農業や居住様式を通じて，また防衛面からの要請を通じて，ソーシャル・キャピタルに影響を与えてきたと考えられてきたが，経済活動に占める農業の比重は多くの国でかなり減少しており，都市居住者の比率が増加している。地形などが防衛に与える影響も大きく変化した。こうした中で，人々の社会規範や行動様式に伝統的なものが色濃く残っているのは何故かについて検討を加え，一つの新しい見方を提示する。この見方によれば，経済活動のソーシャル・キャピタルに与える影響は，これまで考えられてきた以上に重要で長期的なものである可能性がある。

第Ⅰ部の「ソーシャル・キャピタルと経済の多様な関係」では，経済活動の様々な側面や経済学とソーシャル・キャピタルとの関係を浮き彫りにしていく。

　第1章では，最新の実証研究の成果も踏まえつつ，経済発展との関係を中心に考察する。経済発展におけるソーシャル・キャピタルの重要性については世界銀行などが注目してきたが，その具体的なメカニズムが明らかになってきた。

　第2章と第3章では社会的企業との関係を議論している。従来の企業活動は，営利企業の生産活動が中心で，それを成人男子が中心に担ってきたが，現代社会の様々なニーズに対応し，また人々に生きがいのある活動の場を提供する上で，様々な新しい試みが行われるようになってきた。そこで第2章は既存の企業や高齢者との関係を重視し，第3章では市民活動や女性の視点を重視して，海外での事例も含めて解説する。

　第4章では，技術革新との関係に焦点を当てている。技術革新は経済の成長力を左右するきわめて重要な要因であるが，ソーシャル・キャピタルの及ぼす影響が重要であるとの認識が強まってきた。自社内で行うことにこだわらずに，オープンイノベーションを志向することが重要になってきたが，日本企業はこの分野での動きが鈍い。それはウチとヨソを峻別する日本のソーシャル・キャピタルの帰結であるとも考えられる。一方で，技術の発展によって，ファブラボなどのように草の根レベルからの技術革新の途が開かれてきている。その途がどう育つかについてもソーシャル・キャピタルが大きな鍵を握っている。

　第5章では，急速に発達しているソーシャルメディアの状況を概観した上で，ソーシャル・キャピタルとの関係を考察する。日本や韓国で若者を中心にソーシャルメディアが大きく発達した背景には，縦割り型の社会の中で，若者が開放感を感じられる場を提供したからであるといえよう。そして，ソーシャルメディアは，それ自体新しい産業として発達しつつあるだけでなく，他の産業の発展にも影響を及ぼしつつある。

　第6章では，農山村経済におけるソーシャル・キャピタルの現代的意味を考える。そこで，提示される私的所有権の部分的開放の問題は，新しい時代の公共財のあり方を考える上で，他の分野にも重要な含意を持つと考えられる。

　第7章では経済活動と密接に関連する「ウェルビーイング」「格差」という2つの概念に関して，ソーシャル・キャピタルとの関係を国際的な議論も踏ま

えつつ考察している。

　なお，本書では事情があって取り上げることができなかったが，ソーシャル・キャピタルと経済活動との関係を考える上で，重要な要素を含むものに地域通貨がある。法定通貨の方が利便性が良いにもかかわらず，地域通貨が多くの地域で試みられてきた背景には，人々の経済活動の目的が，消費からの効用最大化や所得の増大といった狭い意味での経済的利益を得ることだけではなく，周囲の人との絆・連帯・協力やそれを通じた自己実現や生きがいの創出にもあるということがあろう。すなわち，人は単に労働の対価としての賃金を得て消費を行う存在ではなく，地域社会の中で絆を模索しながら生きる存在なのである。こうした要因の重要性はますます高まっているように思えるが，一方で，地域通貨の勢いは一時ほどではない。会員数の伸びも限定的で，廃止に至ったものも多い。Smith & Lewis（2016）等によれば，各地の LETS や Timebank に共通して言えることは日常的に取引を行う集団が150人を超えることは稀，とのことである。

　日本でも，東日本大震災後に，被災地の復興支援と結び付けた形で地域通貨の試みがなされ，内閣府の『高齢社会白書』（2014）でも取り上げられるなど，注目を浴びた。すなわち，外部からの支援を物資や法定通貨という形ではなく，地域通貨の原資供給という形で行い，参加商店での利用の条件として，助け合い型のサービスのために利用された履歴を求めたり，有効期限を設定したりすることで，地域の絆づくりに役立てようという意図をもったものである。しかし上記白書で中心的に説明された南三陸町の地域通貨「笑」も，人々が仮設住宅から転居していくにつれて休止したとのことである。

　地域通貨が，かつて期待されたほどの勢いを持たなくなったのは何故であろうか？　その理由は必ずしも十分究明されてはいないが，経済活動のグローバル化などに伴い大量生産や輸入・移入のコスト面でのメリットが強まったことに加え，地域通貨の利用の際にも結局は相手のサービスを数量的に評価するプロセスを伴うことや，これまでの地域通貨の仕組みに，顔見知りの範囲を超えて人々の絆を広げていく機能が十分でなかったことなどが考えられる。しかし，だからといって地域通貨が地域ソーシャル・キャピタルを醸成する効果が不十分であると結論づけることも時期尚早であろう。特に人口高齢化に伴い社会保

障費用が急増していくことや，その費用の一部は国が負担することを考えれば，社会保障の一部に，地域の自主性に応じた形でこうした機能を持たせていくことは検討に値するのではないかと思われる。

　第Ⅱ部の「ソーシャル・キャピタルからみた経済の多様性」は本書の新しい試みである。第Ⅰ部が経済の諸側面と経済との関係という，いわば縦割り的考察であるのに対し，第Ⅱ部は，ソーシャル・キャピタルが「場」としての各国経済の中で，経済活動と相互に影響を与えつつどのような経済体質に結び付いているか，という視点から，国別といういわば横割りのアプローチをとっている。

　もちろん，経済体質や経済パフォーマンスに影響を与えている要因は様々である。人口構成，隣国との関係，資源の賦存，法制度，発展段階，経済政策などで，ソーシャル・キャピタルという社会的な要因はその一部にしか過ぎない。その意味では今回の試みは試論というべき性格のものである。しかし，人口構成，隣国との関係などの上記の諸要因自体が，実はソーシャル・キャピタルと密接に関係していると思われる。資源の賦存状況もソーシャル・キャピタルに影響を与えているし，人々の働き方，技能の継承のされ方，人々のICTリテラシーなどはソーシャル・キャピタルの影響を大きく受けている。経済政策の決定メカニズムもソーシャル・キャピタルに影響されていると考えられる。このため，ソーシャル・キャピタルという視点から各国経済を吟味していくことは，それなりに有意義ではないかと考えられる。

　地域としては，アメリカ，中国，日本，スウェーデンの4カ国を取り上げた。以下その理由を簡単に述べておこう（なお，この4カ国についての主なソーシャル・キャピタル関連指標と経済指標を表8-1にまとめてあるので参照されたい。)。

　アメリカは世界最強の経済大国であるが，ソーシャル・キャピタルの面では独特の状況にある。まず，パットナムが指摘したように，ソーシャル・キャピタルが衰退しているとの見方がある。所得格差も拡大し，家庭の崩壊も進んでいる。しかし，一方では，NGOが活発に活動している。メディアが政府の監視役として機能しており，能力のあるシンクタンクも比較的健在で，ワシント

ンでは世界の様々な現象についての活発な知的議論が行われている。

　経済パフォーマンスをみると，ガバナンスの弱点から，リーマンショックという大問題を引き起こしたが，金融当局の適切な対応もあってヨーロッパや日本に比べれば順調に体力を回復させてきた。

　このことは，ソーシャル・キャピタルとの関係では，どのように考えられるのであろうか？　以下のようないくつかの相異なる仮説が考えられる。①アメリカのソーシャル・キャピタルは確かに衰退しているが，ソーシャル・キャピタルと経済パフォーマンスとは強い関係がないので，アメリカ経済が成長を続けることは不思議ではない，②ソーシャル・キャピタルと経済パフォーマンスとの関係は長期的なものであって，アメリカのソーシャル・キャピタルの衰退の影響はすぐには表れないが，いずれ出てきて，アメリカの社会の歪みがアメリカ経済の体質を蝕んできたことが今後明らかになる，③ソーシャル・キャピタルと経済パフォーマンスとは確かに関係があるが，その場合のソーシャル・キャピタルとしては，パットナムが指摘したような側面よりも，NGOや宗教的慈善活動などが重要であって，この面ではアメリカは強い。したがってアメリカ経済が復活してきたことは不思議ではない，といったものである。もちろんこうした大きな問題にすぐに答えが出るものではないし，このような仮説の立て方は単純すぎるかもしれないが，アメリカ経済の将来を考える上で有益な視点であると考えられる。

　アメリカ経済は自由主義的な精神で構築されている。能力や才覚に恵まれた人が活躍する上での制約が少なく，高所得者が尊敬を集めやすい国でもある。これがアメリカの豊かさの背景となってきたが，一方で，貧富の差の拡大，家族の弱体化，政治のビジネス化などの弊害も目立ってきた。こうした広い意味での市場の失敗を修正する上で，大陸ヨーロッパ諸国や日本では政府の介入を重視してきたが，アメリカでは，あまりそのようなアプローチはとられていない。そこで市民による管理や監視など「社会」の要因が，どの程度機能するかが大きなポイントになろう。

　このようにアメリカ経済とアメリカのソーシャル・キャピタルの関係に関する論点としては様々なものが考えられるが，本書では，第11章で日米のビジネスの進め方の差に注目して経済への含意を考えることにした。

中国については第9章で取り上げた。中国は世界最大の新興国である。ソーシャル・キャピタルの議論は，これまでパットナムのアメリカやイタリアなどの先進国に関する議論と世界銀行などの開発途上国に関する議論が中心であったように思われるが，これからはいわゆるBRICsに関する議論が重要になってくると思われる。その理由は，①人口大国であるので，経済社会の国際化にもかかわらず，ソーシャル・キャピタルの変化は比較的緩慢であると考えられること，②生産や所得の水準が急速に高まった結果，それぞれの国の経済パフォーマンスが世界経済に影響を及ぼし得る大きさになったこと，③政治が必ずしも成熟しておらず，社会の不安定化が経済活動に影響を与えるリスクが比較的大きい，ことである。

　中国はまた，孔子や韓非子などが，個人と社会の関係に関して，古くから深い議論を行い，その実践が重視されてきた国でもある。かつては犯罪が少なく，部屋に鍵をかける必要が無いといわれたこともあった。ところが，そうした状況は大きく変わって，拝金主義的な風潮が高まっているように見える。この変化が本質的なものであるのか，表面的なものであるのか，は今後の中国経済の行方を考える上で大きなポイントになろう。

　日本については第8章で議論する。その理由は，本書が日本によって日本人を対象に書かれたこともあるが，日本のソーシャル・キャピタルの特徴が日本の高度成長やいわゆる「失われた20年」と関係してきたと考えられるからである。また，経済活動がグローバル化している中で，アメリカが「アメリカ的な経済システム」を世界的に広めようとしている。輸出倍増計画を作成したりTPPの主導権を握ったりしたことはその表れであろう。日本はこうした動きを受け入れる方向で動いてきたが，その一方で，経済は長期にわたって停滞し所得格差は拡大してきた。こうした2つの動きの関連を解明する上で，ソーシャル・キャピタルの観点が役立つ可能性があろう。

　アメリカ，中国，日本に加えるべきはヨーロッパであるが，ヨーロッパ全体を取り上げることは困難であるように思われた。同じヨーロッパでも，イギリ

スと大陸ヨーロッパで，また同じ大陸ヨーロッパでも西欧と東欧では体質が相当異なると考えられる。しかし，北欧は顕著な特徴を有している。ソーシャル・キャピタルの代表的指標である信頼度が極めて高く，経済社会の姿という面でも，効率的で大きな政府による公平な社会を目指しており，アメリカ的なものとは一線を画しているように思える。そしてこうしたアプローチによって，自然条件に恵まれていないにもかかわらず，高い所得水準を維持しているように思える。そこで，第10章で北欧4カ国の中で最大の人口を擁するスウェーデンを取り上げることとした。

　スウェーデンは高福祉で知られているが，ヨーロッパ主要国を上回る経済成長率と所得水準を実現している国でもある（表8-1参照）。その背景には，イノベーションが地域の協働から生まれることに政府が注目し，地域・産業クラスター政策を積極的に推進していることがある。こうした政策の根底には，充実した福祉と雇用が醸成するソーシャル・キャピタルに基づく信頼が重要であるとの発想がある。すなわち，地域・産業クラスターを経済成長のためだけでなく，地域社会の発展の要としても位置づけて，「福祉か成長か」という発想ではなく，福祉→ソーシャル・キャピタル→イノベーション→高成長という経路を実現している。このことは，地方創生を掲げる日本にとっても重要な含意を持つと考えられる。

　各国の経済をソーシャル・キャピタルの観点から吟味することは，いわゆるグローバル・スタンダードのあり方を考えることにもつながる。各国の経済活動が共通のルールで行われることは，効率性の観点からは望ましいように思われるが，世界経済全体のレジリエンスの観点からは議論の余地があるように思われる。また，グローバリゼーションが格差の過度の拡大を生むとすれば，それは望ましくないし，それが長期的に成長制約要因になる可能性もあろう。
　現在は，こうした議論はアメリカ的なものの浸透に関してなされることが多いが，将来は中国が，世界最大の経済大国になって自国の経済システムをグローバル・スタンダードとして海外，特にアジアに広めようとする可能性もあろう。

終章では，各章での議論をふまえ，この「まえがき」の冒頭で提示した5つの問題意識への回答を試みる。さらに，ソーシャル・キャピタルも「遺伝」する可能性を踏まえつつ，ソーシャル・キャピタルの多様性の将来を展望する。

　本書の各章はそれぞれの専門の方にご執筆いただいた。ご多忙の中，この新しい試みに快くご協力いただいた各章の執筆者に深く感謝している。第10章をご執筆いただいた篠田武司先生が，入稿後に急逝されたことは残念でならない。先生の学恩に深く感謝するとともに心からご冥福をお祈りする（データの更新等は編者が行った）。また，本書を含むソーシャル・キャピタルシリーズ全体の統括をされている稲葉陽二先生には長時間にわたり辛抱強いご指導と激励をいただいた。さらに株式会社ミネルヴァ書房編集部の音田潔氏には，多くの面で私の力不足を補っていただいた。こうした方々のお力を借りなければ本書は到底日の目をみることができなかったであろう。記して厚く御礼を申し上げたい。

　各章をまたぐ議論は編者が担当し，終章でまとめを試みたが，冒頭で掲げた問題意識に十分な答えが得られたかどうかには不安が残る。また，能力と時間の制約のために横断的な議論についても潜在的な可能性をまだまだ尽くしていないように感じている。しかし，本書で取り上げた分野の研究が今後発展し，日本と世界の経済の健全な発展にいささかでも寄与していくことを期待したい。

2018年7月

編　者

参考文献

寺倉憲一（2010）「持続可能な社会を支える文化多様性——国際動向を中心に」国立国会図書館調査及び立法考査局『持続可能な社会の構築——総合調査報告書』の第三部9章。

内閣府（2014）「コラム4　復興応援地域通貨の取組——助け合いによって被災地の絆を深め元気に！」『高齢社会白書　平成26年版』第1章3節5。

Luisa, M. (2010) *Biocultural Diversity Conservation: A Global Sourcebook*, International Union for Conservation of Nature.

Smith, C. J. & Lewis, A. (2016) "PSYCHOLOGICAL FACTORS INFLUENCING

まえがき

THE USE AND DEVELOPMENT OF COMPLEMENTARY CURRENCIES"
International Journal of Community Currency Research, 20 (Summer).

ソーシャル・キャピタルと経済
──効率性と「きずな」の接点を探る──

目　次

「叢書ソーシャル・キャピタル」刊行にあたって

まえがき

  1．本書の問題意識

  2．本書の構成と各章の位置づけ

序　章　経済とソーシャル・キャピタルとの相互依存関係… 大守　隆 1

  1　経済活動を表す国民経済計算の枠組み ……………………………… 1

  2　経済活動の三側面とソーシャル・キャピタル …………………………… 3

    （1）生産面とソーシャル・キャピタルとの関係　3

    （2）分配面とソーシャル・キャピタルとの関係　4

    （3）支出面とソーシャル・キャピタルとの関係　5

    （4）地方創生とソーシャル・キャピタル　6

  3　ソーシャル・キャピタルと経済の動学的な相互関係 ………………… 7

    （1）舞台としての自然　7

    （2）慣性仮説　8

  4　ソーシャル・キャピタルと経済学の微妙な関係 ……………………… 8

    （1）経済学者の警戒感　8

    （2）世界銀行の貢献　10

    （3）他分野との比較　10

  5　社会的選択を通じた経済活動との相互依存関係 ……………………… 12

    （1）社会的選択仮説　12

    （2）いくつかの材料　14

    （3）社会的選択　15

目　次

第Ⅰ部　ソーシャル・キャピタルと経済の多様な関係

第1章　経済発展とソーシャル・キャピタル ……………澤田康幸　22
── 市場・政府・コミュニティの枠組みから

1　3つの資源配分メカニズム ……………………………………………… 22

2　経済学における市場・政府・コミュニティ ……………………………… 23
　（1）囚人のジレンマと市場の失敗・政府の失敗　24
　（2）コミュニティメカニズムとソーシャル・キャピタル　26

3　ソーシャル・キャピタル …………………………………………………… 27

4　ソーシャル・キャピタルの計測 ………………………………………… 29
　（1）主観質問　29
　（2）経済実験によるソーシャル・キャピタルの計測　30

5　経済発展とソーシャル・キャピタル …………………………………… 32
　（1）マイクロファイナンス　33
　（2）経済発展とソーシャル・キャピタル　35

6　市場の失敗・政府の失敗を補正するソーシャル・キャピタル ……… 36

第2章　日本企業と高齢者が果たすべき役割 ………… 奥山俊一　41

1　はじめに ………………………………………………………………………… 41

2　ボランタリー経済とその系譜 ……………………………………………… 42
　（1）ボランタリー経済の定義と日本におけるソーシャル・キャピタルの
　　　調査　42
　（2）ボランタリー経済が注目を浴びる背景　44
　（3）小さな政府と大きな社会　45
　（4）ボランタリー経済の変遷　45
　（5）社会的企業の台頭とソーシャル・イノベーション　46

3　変貌する高齢社会とソーシャル・キャピタル …………………………… 48
　（1）超高齢社会の予測　48

xxi

（2）人口減少による生産年齢人口の減少　49

（3）シニア層の期待される社会での"居場所"　50

（4）NPO 法人プラチナ・ギルドの会の挑戦　51

4　イギリスの「新しい公共」……………………………………52

（1）イギリスの福祉政策の変遷　53

（2）大きな社会基金（The Big Society Capital）　54

（3）「社会的企業」について　55

（4）市民社会を育てる社会的インフラとしての中間支援組織　56

（5）「社会インパクト債券」について　57

5　日本社会が進むべき方向…………………………………………58

（1）何故イギリスから学ぶのか　58

（2）休眠預金活用法案　59

（3）これからの日本企業のあり方　60

（4）これからの個人と企業のあり方　61

（5）NPO 法人プラチナ・ギルドの会を通じて学んだこと　62

第3章　社会起業と地域イノベーション ……………………服部篤子　65

1　社会起業の意義……………………………………………………65

（1）社会起業とは　65

（2）なぜ社会起業家は注目されたのか――社会起業家台頭の背景　66

2　社会起業研究………………………………………………………68

（1）イギリスの社会起業研究の嚆矢　68

（2）営利と非営利の境界を超えたハイブリッド組織　70

3　社会起業と経済……………………………………………………73

（1）地域経済へのインパクト　73

（2）地域イノベーションへの期待　75

4　社会起業のビジネス環境…………………………………………78

（1）新たな価値観をどう伝えるのか？　78

（2）地域のエコシステムづくりと社会インパクト投資　81

5　社会起業とソーシャル・キャピタル……………………………83

目　次

第4章　イノベーション促進の触媒機能を果たす

ソーシャル・キャピタル……………………………百嶋　徹 89

1　イノベーション創出に向けた最適なネットワーク構造………………89

（1）ネットワーク構造論とイノベーション論の関連づけ　89

（2）組織内外に形成されるソーシャル・キャピタルの多様な全体構造　90

2　オープンイノベーションの必要性とイノベーションの方法論の転換 92

（1）イノベーションを巡る環境変化とオープンイノベーションの必要性　92

（2）主要産業におけるオープンイノベーションの方法論　93

3　オープンイノベーションを成功させるための要件………………………96

（1）留意すべき重要なポイント　96

（2）企業内ソーシャル・キャピタルを育む施策　97

4　オープンイノベーション推進に向けた産業支援機関のあり方………99

（1）触媒機能を果たすコラボレーションの「場」の形成　99

（2）求められる高度イノベーション創出支援機関の整備　100

5　新しいコラボレーションの場の台頭………………………………………101

（1）個人のアイデアをつなぐバーチャルな場としての

クラウドソーシング　101

（2）グローバルなものづくりコミュニティの場としてのファブラボ　103

6　多様な場を併せ持つサステナブル・クリエイティブシティ構築の

必要性……………………………………………………………………………105

（1）ハイブリッド型ネットワーク構造の重要性　105

（2）サステナブル・クリエイティブシティへのリデザインの必要性　105

第5章　社会基盤としてのソーシャルメディア…………須田和博 110

1　ソーシャル・キャピタルとソーシャルメディア……………………………110

2　ソーシャルメディアの定義と類型…………………………………………111

（1）ソーシャルメディアの定義　111

（2）ソーシャルメディアの類型　114

3　ソーシャルメディアの利用動向……………………………………………115

xxiii

（1）通信利用動向調査に基づく俯瞰　115

（2）他国との比較　117

4　ソーシャルメディアのネットワーク特性 ……………………………118

（1）電話とテレビとソーシャルメディア　118

（2）類型毎の特性　120

（3）ソーシャルメディアの新しい機能——評価と転送　122

5　社会基盤としてのソーシャルメディア ……………………………123

（1）ソーシャルメディア上のコミュニティ　124

（2）ソーシャルメディアの補完機能と代替機能　124

（3）ソーシャルメディアの重層的ネットワーク構造と結合・橋渡し
機能　126

（4）ソーシャルメディアのインタラクティブ性と
「一般的信頼性」「一般的互酬性」　127

第6章　コモンズと農山村経済 ……………………………泉　留維　135

1　農山村の衰退と里地里山 ………………………………………135

2　現代社会とコモンズ ……………………………………………136

（1）コモンズ論の系譜　136

（2）ソーシャル・キャピタルとコモンズ　140

（3）閉じたコモンズと開いたコモンズ　141

3　開いたコモンズとしてのフットパス ……………………………143

（1）イングランドのフットパスと歩く権利　143

（2）フットパスの実態と経済・社会的効果　146

（3）日本におけるフットパスの現状　148

4　市民的なアクセスの形成に向けて ………………………………150

第7章　ウェルビーイング・格差とソーシャル・キャピタル
　　　——OECD における議論を中心に

…………………………………平井　滋　157

1　ウェルビーイングとソーシャル・キャピタル ……………………157

　　　　　　　　　　　　　　　　　　　　　　　　　　　　　　目　次

　　　（1）OECD におけるウェルビーイング　157
　　　（2）BLI におけるソーシャル・キャピタル　159
　　　（3）ウェルビーイングを高めるためのソーシャル・キャピタルの役割　161

　2　格差と経済成長，ソーシャル・キャピタル ……………………………165
　　　（1）OECD における格差の議論　165
　　　（2）格差と成長　166
　　　（3）格差とソーシャル・キャピタル　168

　3　政策分析における実用化のための課題 …………………………………170

　　　　　　第Ⅱ部　ソーシャル・キャピタルからみた経済の多様性

第8章　日本の空気本位制の功罪……………………………大守　隆　176

　1　日本のソーシャル・キャピタル ………………………………………176

　2　日本経済の特徴 …………………………………………………………180
　　　（1）失われた20年　180
　　　（2）デフレ・低金利　181
　　　（3）政府債務が大きい　181
　　　（4）リスクマネーが少なく起業率が低い　181
　　　（5）失業率が低い一方で非正規雇用・正規雇用の格差が大きい　182

　3　日本の不安とセーフティネット ………………………………………182
　　　（1）高い日本人の不安　183
　　　（2）不安遺伝子　183
　　　（3）セーフティネット　184

　4　空気本位制の影響 ………………………………………………………186

　5　悪循環からの脱出 ………………………………………………………192

第9章　中国の急成長を支えた人脈資本主義…………范　立君　195

　1　なぜ急成長できたか ……………………………………………………195

　　　　　　　　　　　　　　　　　　　　　　　　　　　　　　xxv

2 中国式の社会関係の結合原理とその変容 ……………………………197
  （1）伝統的社会関係としての個人関係——古代の諸葛亮の事例　197
  （2）改革開放（1978年）後-2000年代までの社会関係の特徴　199
  （3）2000年代以降の社会関係の特徴　200

3 社会関係と人脈資本主義の高成長——2000年代までを中心に …………200
  （1）社会関係と地域経済の形成　201
  （2）社会関係と中小企業金融の展開　205
  （3）社会関係と農村経済の発展　206

4 社会関係の権力との結合と人脈資本主義の衰退 …………………………208
  ——2000年代以降を中心に
  （1）社会関係の権力との結合と既得権益層の固定化　208
  （2）政策提案　214

5 全人類の発展とソーシャル・キャピタルの意義 ……………………215

第10章　スウェーデンにみる新たな成長モデル…………篠田武司　222
　　　　——地域・産業クラスターとイノベーション

1 イノベーションの重要性が高まる ……………………………………222

2 イノベーションと知識基盤型経済 ……………………………………223
  （1）強いイノベーション力　223
  （2）イノベーションを支えるもの　225
  （3）協働によるイノベーション　227

3 イノベーションの「場」としての地域 ………………………………227
  （1）地域における「協働の経済」　227
  （2）地域でなされる知の創造　229

4 地域・産業クラスター ……………………………………………………230
  （1）ポーターの捉え方　230
  （2）社会的共同性に支えられた協働　231

5 スウェーデンにおける地域への注目 …………………………………233
  （1）経済の停滞と産業の海外移転　233
  （2）ソフトなインフラを重視した地域発展政策　233

　　　　　　　　　　　　　　　　　　　　　　　　　　目　次

　　6　スウェーデンにおける地域・産業クラスター ………………235
　　　　（1）イノベーションの基盤　235
　　　　（2）イノベーション・システム庁　235

　　7　ソーシャル・キャピタルと地域・産業クラスター ……………237
　　　　（1）協働は信頼から　237
　　　　（2）市民的ノルムの意義　239

　　8　雇用と福祉が生む信頼と成長 ……………………………………240

第11章　日米で大きく異なる企業生態 ………………平泉信之　245

　　1　日本企業の思考と行動の米国人への説明 ………………………245

　　2　7-S による日米企業の生態比較 …………………………………247
　　　　（1）7-S 枠組み　247
　　　　（2）日米企業の生態の比較　250

　　3　生態の相違の根底に価値観の相違 ………………………………266

　　4　日本的企業生態を超えて …………………………………………268

終　章　21世紀の世界経済へのソーシャル・キャピタルの含意
　　　　　………………………………………………………大守　隆　275

　　1　有識者アンケートの結果と含意 …………………………………275
　　　　（1）アンケート内容　276
　　　　（2）アンケート結果の概要　278

　　2　5つの問いへの暫定的な答え ……………………………………281
　　　　（1）経済効率と「人々のより広範な生きがいや動機付け」とは
　　　　　　どう調和し得るか？　281
　　　　（2）社会的起業の興隆の背景は何か，どの程度メジャーな存在に
　　　　　　なっていくか？　282
　　　　（3）情報通信技術の発達とソーシャル・キャピタルとの相互関係は
　　　　　　どのようなものか？　284
　　　　（4）ソーシャル・キャピタルの多様性は人類にとって必要か？　285

　　　　　　　　　　　　　　　　　　　　　　　　　　　　xxvii

（5）日本のソーシャル・キャピタルはどの程度特殊で
　　　どの程度健全か？　286

3　ソーシャル・キャピタルの構造・慣性・多様性 ……………………288
（1）ソーシャル・キャピタルの構造面の重要性　288
（2）ソーシャル・キャピタルの慣性と多様性　288

索　　引

序　章	経済とソーシャル・キャピタルとの
	相互依存関係

　本章では，経済とソーシャル・キャピタルとの相互関係を包括的に検討する
とともに各章の位置づけを行う。大守（2011）では，ソーシャル・キャピタル
が経済に及ぼす諸経路と，その逆の影響の諸経路を議論した上で相互依存関係
を議論したが，ここではアプローチを変えて国民経済計算経済の枠組みに即し
て整理をしてみよう。具体的には第1節でまず，国民経済計算の枠組みを，
GDP（国内総生産）に焦点を当てつつ説明し，GDPが3つの側面を持っている
という三面等価原則について紹介する。第2節では，その3つの側面に即して
ソーシャル・キャピタルとの相互関係をみていく。第3節では，これらを統合
した観点から総合的な議論を行い，経済とソーシャル・キャピタルの相互依存
関係の背景にある自然環境要因について議論するとともに，こうした要因のも
つ経済的重要性が薄れた中で，ソーシャル・キャピタルの各国差が何故残って
いるのかについて考察する。第4節では，こうした考察を踏まえつつ，学問と
しての経済学がソーシャル・キャピタルをどのように扱ってきたかについて概
観する。第5節では，経済とソーシャル・キャピタルの相互依存関係の中で，
従来議論されていなかったと思われる仮説を提示する。それは，経済活動から
の要請が社会の人的構成を変化させることを通じて，ソーシャル・キャピタル
が変化していくという経路である。そしてこの経路の存在が，経済活動のグロ
ーバリゼーションにもかかわらずソーシャル・キャピタルの多様性が残る理由
になるという可能性を指摘する。

1　経済活動を表す国民経済計算の枠組み

　経済活動には様々な種類と側面があるが，これを整合的に表わそうとしたも
のが国民経済計算体系である。そこで，その概要を紹介しよう。

まず，経済活動は産業毎に捉えることができる。たとえば第1次産業，第2次産業，第3次産業である。それぞれの産業がどのように生産を行っているかに注目するのが生産面である。具体的には材料やエネルギーの使用などの中間投入の他に，資本設備の利用や労働力の投入が必要である。また，厳密な意味では設備ではないが，生産活動にはソフトウエア，ブランド，関係者間の信頼関係なども重要である。

　財やサービスの生産額から中間投入（人件費と設備投資を除く費用）を除いたものがそれぞれの産業のGDPであり，粗付加価値とも呼ばれる。これがどのように配分されるかが分配面である。ほとんどの産業で金額的に最も大きいのは，労働の対価である賃金を中心とした人件費である。また資本設備は生産や経年劣化により減価するので，その分を確保して将来の更新投資に備える必要がある。これが資本減耗である。さらに，間接税も支払う必要がある。こうしたものを差し引いて残ったものが企業の儲け（営業余剰）になり，株主への配当などの原資になる。

　一方，国内の産業活動で生産された財やサービスと輸入された財と併せたものが総供給と呼ばれ，中間需要（使う側からみると中間投入），消費，設備投資，公共投資，住宅投資，輸出などの用途に用いられることになる。また，財の場合には生産物が在庫の増加という形で保管されることもある。これが支出面である。

　このように考えるとGDPには3つの内訳があることになる。これが三面等価の法則である。具体的には以下の3つである。

　　生産面：産業別内訳：GDPは各産業の粗付加価値の合計である。
　　分配面：所得別内訳：GDPは人件費，資本減耗，間接税，営業余剰の合計である。
　　支出面：需要項目別内訳：GDPは，以下のように表される
　　　　　　GDP＝国内生産－中間投入＝消費＋設備投資＋住宅投資
　　　　　　　　　＋公共投資＋在庫増減＋輸出－輸入

　したがって景気変動や経済成長などでGDPが変化した場合には，3つの側

面から，どのように変化が起きたのかを説明することが可能である。ただし，それは必ずしも「何故」変化が起きたのかの説明にはならないことに注意が必要である。

このように GDP という指標は，経済活動の動きを包括的に表すものであるとともに，3つの側面からの観察が可能であるという点で優れたものではあるが，いくつかの限界もある。主なものを挙げれば，①市場で取引されるものが中心で家事労働などはカウントされない，②商品やサービスなど，効用を高めるもの（グッズ）に注目しており，環境破壊などの有害なもの（バッズ）を勘案していない，質の調整が的確になされないことがある，などである。こうした制約はあるものの，ここでは GDP の3つの側面とソーシャル・キャピタルとの相互関係を順に考えてみよう。

2　経済活動の三側面とソーシャル・キャピタル

（1）生産面とソーシャル・キャピタルとの関係

生産は通常，複数の生産要素を組み合わせて行われる。生産要素としては機械や建物などの資本設備と労働とが重要である。このうち，労働の量は，人口の自然増減と社会増減に左右され，これらにソーシャル・キャピタルが影響を与える。その影響は地域社会の存続可能性を考える上で重要である。一方，労働の質については，学歴だけではなく労働者がどのような社会的な環境に置かれているかによって大きく左右される。QC サークルなどの勉強会に参加しているかどうか，職場を超えたネットワークをどれだけ持っているかなどは，労働者の資質の結果でもあるが，その生産性に重要な影響を与えることがある。

資本設備に関しては，将来の需要見通しが重要である。これにも経営者を取り巻くソーシャル・キャピタルが大きな影響を及ぼす。いかに広範で正確な情報を入手できるか，また，いかに安定的な需要先を確保できるかが積極的な設備投資への鍵となろう。

生産水準は，資本や労働などの生産要素の投入量だけで決まるわけではない。いかに優秀な人材と新しい設備をそろえても，適切な技術が使われていなかったり，組織に人の和がなく従業員同士が非協力的であったりすれば，生産は伸

3

びない。生産量の変化の中で，資本や労働などの生産要素の投入量の変化では説明できない部分を全要素生産性の変化と呼ぶ。これには狭義の技術の他に，低生産性部門から高生産性部門への移動など様々な要因が含まれるが，ソーシャル・キャピタルも重要な要因であろう。日本が幕末に開国をして以降，比較的早く欧米の先進国に追いついたことや，第二次世界大戦後の荒廃の中から10年足らずで復興を実現させた背景の一つとして，それまでにそれなりに機能する社会システムを持っていたことが挙げられよう。

　また，狭義の技術革新に対するソーシャル・キャピタルの重要性についての認識も近年高まっている。重要な技術革新が生まれるためには，様々な専門知識や，失敗の経験も含めた経験知が融合されるような場が重要であること，そのためには，仲間内を超えた広いつながりが必要であるとの認識が広まっている。しかし，新しいアイデアの持ち主は，それが他人に盗用されることを恐れ，ともすれば仲間以外に開示することには慎重である。そこで，いかに相互信頼と相互協力の機運を醸成していけるかがカギとなる。第10章では，スウェーデンがこの点を重視した成長戦略を希求していることを詳しく説明している。

　ソーシャル・キャピタルはまた，情報の流通をよくすることを通じて，金融市場や労働市場の資源配分機能を改善することにも寄与する。この２つの市場では情報の非対称性が大きく，そのことがしばしば市場経済の円滑な機能を妨げてきた。金融市場では，融資先が十分信頼できない場合には担保への依存度が高まり，結果として有為なビジネスの芽を育てることができなくなることがある。労働市場でも，従業員の資質に関する情報が十分ではない状況の下では，学歴や転職歴などの外見的な情報に過度に依存することとなり，結果的に有為な人材の発掘ができなくなる可能性がある。

　さらに，公的サービスや，公共施設のマネジメントに関しても，人々の民度がその効率性を左右する。マナーが良く成熟した市民の多い社会では，施設が低コストで効率的に運営できる。一方で治安が悪化している社会では，防犯のために相当なコストが必要とされる。

（2）分配面とソーシャル・キャピタルとの関係

　まず，ソーシャル・キャピタルが所得分配に及ぼす影響を考えてみよう。会

社への帰属意識の高い社会では，会社は従業員の共有物という意識が濃厚で，賃金の支払いを抑制して社内留保を厚めにしても，従業員からの抵抗は比較的少ない。また，企業特殊的能力の重要性も高く，それが企業の求心力になる一方で，企業経営の客観性が低まり，経営環境の変化への適合に遅れる要因にもなることがある。

ソーシャル・キャピタルの一側面である，コネや人脈の要素は，情報の流通を良くする一方で，情報の偏りももたらし得る。能力本位の処遇よりも，コネや人脈によって処遇の差が生じると経済の成長力は低下する。日本では同一労働・同一賃金原則の徹底が遅れてきたことは，企業グループ，同窓会，県人会などによる「ウチ」とそれ以外の「ヨソ」との区別が強かった日本のソーシャル・キャピタルの一つの帰結でもあろう。

一方，所得分配がソーシャル・キャピタルに及ぼす影響としては，所得の不平等な社会では一般的信頼などのソーシャル・キャピタル関連諸指標が低くなりがちであることが知られている。

（3）支出面とソーシャル・キャピタルとの関係

日本も含め多くの先進国は需要不足の問題に悩んでいる。需要不足の解決策として消費の活性化が期待されるが，消費がなかなか力強さを見せない背景には将来への不安感がある。リーマンショック時のように経済に大きな変動があり得ることなどから，非正規雇用が増加し，雇用の安定感が昔ほどではなくなってきた。こうしたリスクに対応するために整備されてきた公的なセーフティネット（失業保険や生活保護）も必ずしも十分に機能しない。日本についていえば，失業保険に関しては，雇用者の内で失業保険に加入しているのは7割程度であり，失業者の内で失業保険を受給している人は2割に過ぎない。生活保護に関しては，実物資産を持っていれば受給しにくいし，親族の扶養義務が優先される。そして失業保険も生活保護も給付額は限定的である。

一方で，伝統的に機能していた私的なセーフティネット（親族間の相互扶助，田舎に帰って農業をすれば食べることには困らないといった要因）も衰退してしまっている。失業という市場の失敗に対して，公的・私的両面のセーフティネットが十分機能しなくなった中で，人々の不安が高まったことが消費低迷の背景に

あるが，それを解決するための十分な枠組みは実現していない。しかし，困窮した人々を救おうとする非営利団体の活動は活発化しており，市場，政府に次ぐ第三の要因としての「社会や市民」の重要性が，この面でも高まっている。

　消費需要に関する，もう一つの重要なポイントは，百貨店の相対的な地盤沈下に象徴されるように個人で買える夢の重要性が低下し，社会的なシステムを通じて消費すべきものへの需要が高まったことである。その定型的な例は介護サービスである。介護保険という社会的なシステムをいかに効率よく構築できるかという問題と，他人であるヘルパーを自宅に招き入れることや，通所施設で初めて一緒になったお年寄りと仲良くできるかといった，ソーシャル・キャピタルに関連の深い諸要因とは密接に関わっている。また，パットナムの名著『孤独なボウリング』というタイトルも，消費活動の内容がソーシャル・キャピタルに大きく影響を受けることを示唆している。

　需要面のもう一つの柱である設備投資とソーシャル・キャピタルの関係に関しては，生産面のところで前述したのでここでは省略する。

（4）地方創生とソーシャル・キャピタル

　ここまで，経済学の枠組みに即して，ソーシャル・キャピタルとの相互依存関係を見てきたが，こうした要素分解的なアプローチには限界もある。そこで，最近注目を浴びている地方創生との関係を考えてみよう。

　伝統的な経済学では誰にとっても利益になること（ウィン・ウィンの構想など）は，市場メカニズムを通じて実現されると考えられてきた。構成員の多い社会ではそのような状況が期待されるが，地方経済や開発途上国では必ずしもそうはならない点に注意が必要である。地域の人口がかなり多くても，分野を限ると主なプレーヤーの数は少なく，お互いの顔が思い浮かぶ存在であることが多い。そうした中では，様々な思惑が生じる。

　まず，ウィン・ウィンの構想を説く人が，どれだけ地域から信頼されるかという問題がある。特に「ヨソ者」は警戒されがちで，地域に飛び込んで地道に信頼を築き上げていくことが必要な場合が多い。

　次に，その構想が自分たちの利益になると理解できても，現状を変更していくにはリスクを伴う。そうした中で，皆で一緒に新しい挑戦をしていこうとい

序 章 経済とソーシャル・キャピタルとの相互依存関係

う気持ちになるような「人の和」があるかどうかも重要である。

さらに，すべてのプレーヤーに利益があるとしても，そのバランスが問題になり得る。同業他社の利益の増え方に対して，自分への恩恵が少ないといったことが，構想推進のネックになり得る。そこで，皆の信頼を得て利害調整に当たるようなリーダーがいるかが問題になる。

こうしたことは，いずれも，ソーシャル・キャピタルと密接に関係しており，地域での前向きの挑戦にとってソーシャル・キャピタルの果たす力が見直されている。

3　ソーシャル・キャピタルと経済の動学的な相互関係

（1）舞台としての自然

以上述べたように，ソーシャル・キャピタルと経済活動とは様々な側面で相互に影響を与えている。そして両方とも，他方の影響を受けながら緩やかに変容している。

ここで，両者の相互依存関係の背景にある，より根本的な要因は何かを考えてみよう。どの程度のスケールの社会を議論の対象とするかで結論は異なるが，国家や複数の国家を含む地域を単位として考えた場合，基本的な要因は気候，地形，災害などの自然条件であろう。

まず気候は，第1次産業を規定する。高温多湿な東アジアでは米作が小麦より適している。そしてコメ作りは田植や収穫の際に人々の共同作業を必要とする。また，水を多用することから，上流と下流での調整も必要となる。こうした生産面からの要請を背景に，それにふさわしい人々の協力関係が築き上げられてきた。多湿な気候は，風通しの良い住居を必要とするので，住居形態も開放的なものとなる。さらに，耕作社会では，狩猟社会と異なり，定住した地域の作物を守る必要があるという防衛面での要請もある。また単位面積当たりの収量が多い一方で，大量の労働投入を必要とする米作は人々の集住を促す効果もある。こうして東アジア的なソーシャル・キャピタルが形成されてきた。

さらに，生物多様性に恵まれたホットスポットである一方で台風や地震などの自然災害の被害も多い日本では，生物の恵みや豊作に感謝する気風が生まれ，

7

鎮守の森，秋祭り，神道などの土台になっていった。

　このように，自然条件を背景に，第1次産業，特に農業の要請から生まれた
ソーシャル・キャピタルや社会規範が社会に定着していくことになる。

（2）慣性仮説

　しかし，現代社会では第1次産業の重要性はかつてに比べ大きく低下した。
農業生産も機械化が進み，かつてのような近隣との協力を必要としなくなった。
居住形態も空調設備などが発達し，自然条件の影響が少なくなった。台風につ
いては予知が可能となり，耐震建築の普及で震災の意味も変化した。そうした
様々な変化にもかかわらず，ソーシャル・キャピタルが，かつての自然条件の
影響を色濃く引きずっているとすれば，それはなぜであろうか？

　この点に関する議論はあまり多くはないが，推測するところ，「慣性」であ
ろう。すなわち，一度形成された人々の行動様式やそれに影響を及ぼす社会規
範は親から子へ伝えられ，また学校教育にも影響を与えるので，社会の支配的
な考え方として定着し，変化するとしても長い時間がかかるというものである。
しかし，例えば日本では農業就業人口は「農業が従」であるような兼業農家を
含めても500万人を割り込み，その多くが高齢者になっている。田舎を知らな
い若者が日本社会の中心になっている。こうした中で，伝統的なソーシャル・
キャピタルが少なくともある程度継続している要因は，単なる慣性だけであろ
うか？　この疑問に対しては第5節で新しい仮説を提示することとする。

4　ソーシャル・キャピタルと経済学の微妙な関係

（1）経済学者の警戒感

　ソーシャル・キャピタルという概念は，一時期まで主流の経済学者には疎ん
じられてきた。その理由は3つあるように思われる。

　第1は，それが「キャピタル」（資本）の性格を持つかどうかが疑わしい，
というものである。この点については，大守（2004）で詳しく議論しているよ
うに，資本とは本来，投資によって意図的に蓄積するものであるが，地縁や伝
統に基づくソーシャル・キャピタルは，必ずしもこうした性質を満たさない。

また，ソーシャル・キャピタルは，信頼関係のように何かのきっかけで急速に劣化することがある一方で，使うことでより強固になるなど，必ずしも使い減りがしないなどといった特性があり，こうしたことも通常のキャピタルという概念にはなじみにくい。さらに，ソーシャル・キャピタルには，近隣からの強すぎる監視などの負の側面を伴うこともある。もちろん，ソーシャル・キャピタルの定義を狭く捉え，たとえば「人々や企業が将来の生産に役立つことを意図して蓄積したもので，生産性の押し上げに寄与しているもの」と限定することは可能であろう。しかし，そうすると，ソーシャル・キャピタルの経済効果はある意味で定義的なものになってしまう。ソーシャル・キャピタルの議論の面白さは，必ずしも生産のために意図的に投資・形成され蓄積されたものではない信頼やネットワークなどが，結果として生産性に大きな影響を与えることがある，という点にあると思われるが，上記のように定義すると，こうした命題の検証ができなくなってしまう。

　第2は，経済学の学問としての潔癖性である。経済学，特に近代経済学は早くから科学的な学問であろうとして，様々な議論の結果，効用最大化，利潤最大化など，いくつかの原理からどこまで導けるか，という厳密性を追求してきた。もちろん，そうした原理が完全に成り立っているとは考えておらず，行動経済学など，新しい経済学も生まれてはいるが，基本的な原理という議論のタガをできるだけ外さずに，また外す時は，次のタガを用意して外す，という慎重なアプローチをしてきた。個人が消費または保有する財貨サービスから得られる効用を最大化するという仮定を緩め，周囲の人々の影響を大きく受ける，ということを認める際には，「では，誰の影響をどのように受けるのか」ということを定式化してから進もうとする。これに対し，ソーシャル・キャピタル側の議論はしばしば大雑把で，経済学の目からみると，「無秩序な何でもありの議論」と映ったと考えられる。

　第3は，ソーシャル・キャピタルの概念の多面性と定量化の困難さである。この点については稲葉ら（2011）などですでに多くの議論があるので，多くを繰り返さないが，ソーシャル・キャピタルには多面的側面があり，その内の多くは経済学が様々な小分野で別の名前を付けて議論してきたものである。いくつか例を挙げれば，ネットワークの外部性，企業組織の経済学，ゲーム理論，

産業クラスター論，ガバナンス論などの分野で，「経済活動は個人と市場という2つの概念だけでは十分説明できず，個人間の相互依存関係に注目することが重要である」という発想からの研究が進められていた。そうした議論の積み重ねに対して，様々に解釈し得るソーシャル・キャピタルという言葉を振りかざして，定義や定量的計測も不十分なままに，経済学に踏み込むことに対して，伝統的な経済学は一種の胡散臭さを感じてきたといえよう。

（2）世界銀行の貢献

　しかし，こうした主流派経済学からの懐疑的な見方は，1990年代に大きく変化した。その契機となったのは，世界銀行のイニシアティブで始められた研究会である。世界銀行はソーシャル・キャピタルという概念の有用性に早くから着目してきた。その理由は，開発途上国に，資本や技術などの生産要素，それも最新鋭のものを供与してもうまく根づかないことがあるという経験を積み重ねてきたからである。その理由は，資本や技術を託された個人の能力というよりは，そうした個人間の相互の信頼・協力関係にありそうだとの問題意識が蓄積されてきた。そこで，超一流の経済学者を集めて，ソーシャル・キャピタルに関する継続的な研究会を開催したのである。その結果は，Dasgupta & Serageldin（2000）にまとめられているが，ケネス・アロー，ロバート・ソロー，ジョセフ・スティグリッツなどの多くの参加者が，この本の「A Multi-faceted Perspective」という副題に象徴されているように，ソーシャル・キャピタルの様々な側面に注目しつつも，経済活動に重要な影響を与えるものとして捉えている。

　しかし，そうはいっても，ソーシャル・キャピタルは未だに経済学の中で定位置を得たとは言い難い。第2節で論じたように，経済活動の様々な側面と関わっているので，どこにどう位置づければよいというように割り切れないためであるように思われる。

（3）他分野との比較

　ところで，本書は「叢書ソーシャル・キャピタル」の一巻であり，この叢書は本書（経済）の他に経営，政治，教育，健康などの各分野との関係を論じた

序　章　経済とソーシャル・キャピタルとの相互依存関係

巻が出版されるが，経済は，他分野に比べて，ソーシャル・キャピタルとの関係は薄いのであろうか？　分野間の関係の濃淡を比較することは困難だが，ここでは一つの試みとして，インターネットといういわばビッグデータを使って，関係性を検討した結果を紹介しよう。

　まず指標と用語を定義しておく。語句Ａと語句Ｂの関係率とは２つの用語がどの程度関連して使われているかを表すものとし，これを検索エンジンを使って調べることを考える。まず語句Ａを検索し，ヒット数をａとしよう。次に，語句ＡとＢの両方を，間にブランクを入れつつ入力し，２つの語句が一緒に用いられている件数を調べる。これをa&b と表示しよう。一般的には a&b＝b&a とは限らず，a≧a&b，b≧a&b も必ずしも成立しない。したがって，いわゆる絞り込み検索を行った場合の比率ではないことに注意が必要である。一般に検索エンジンは具体的な検索メカニズムを秘密にしている。これは検索対象となる企業などの間に，上位に表示にされることを目指す熾烈な競争があるためと思われるが，検索メカニズムが不明なので，上記の２つの関係が何故成立しないことがあるかもわからない。一つの可能性としては，検索エンジンがリンクという「つて」をたどりながら，参照すべきサイトを次々に探していくことから，２つ以上の語句を入力した場合には，２つの出発点から探し始めるために，参照範囲が大きくなることなどが考えられる。

　さて，ここで「関係率」をa&b/a と定義する。これは，ＡからみたＢとの関係率であり，Ａだけで検索した場合のヒット件数に対するＡとＢを同時に含む場合のヒット件数の比である。この指標は対称性を満たさないことに注意が必要である。

　こうした関係率を，ソーシャル・キャピタルと経済，経営，政治，教育，健康についてみてみたものが図序-1～2である。検索エンジンとしては，この語群に関し a&b＝b&a（a＝ソーシャル・キャピタル）をほぼ満たした，Googleと@nifty を取り上げた。この２つの図をみると，以下のようなことがわかる。

① 　ソーシャル・キャピタルからみると，経済との関係は経営と並んで比較的強い（図序-1）。
② 　逆に，経済からみても，ソーシャル・キャピタルを意識している程度

図序-1 ソーシャル・キャピタルからみた各概念との関係率（％）

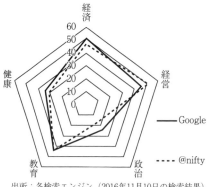

図序-2 各概念からみたソーシャル・キャピタルとの関係率（％）

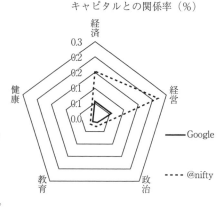

出所：各検索エンジン（2016年11月10日の検索結果）。

は経営と同じ程度で，その他の概念からみた場合に比べ高いが，それでも関係率はかなり低く，様々な要因の影響を受ける経済の文脈の中ではソーシャル・キャピタルへの注目は大きくはない（図序-2）。

5 社会的選択を通じた経済活動との相互依存関係

（1）社会的選択仮説

本節では，経済要因とソーシャル・キャピタルの相互依存関係に関する1つ（厳密には2つ）の経路の可能性を議論する。これは筆者の知る限り，これまでほとんど議論がされてこなかったものである。関連の自然科学はなお発展途上である上に，微妙な倫理的問題を含むためであると考えられる。このため，この仮説を定量的に実証する段階ではないが，この経路の長期的な影響は相当強い可能性がある。

その経路とは，経済的要因やそれに応じて構築されたソーシャル・キャピタルが社会の人的構成を変える，という経路である。人的構成の変化は人口の社会増減（移民，転出入など）を通じてなされるものと，世代更新（出産）を通じてなされるものとがある。

本節の主な主張は後者であるが，まず，前者についても簡単に述べておこう。

序　章　経済とソーシャル・キャピタルとの相互依存関係

ソーシャル・キャピタルに地域差（たとえば国ごとの差）がある下で，移住の自由があれば，自分の気に入った社会を選択して移住することができる。かつてはそのような行動はラフカディオ・ハーン（小泉八雲）のように恵まれた人たちだけが行ったものであったが，所得水準の上昇や情報化の進展のために，こうした行動の可能性が一般の人々にも開けてきた。日本への定住を選択した外国人には，日本人的な要素が強いという印象を持つ読者も多いであろう。日本国内でも，地域の人々との相性が良いとして移住する人々が増えてきたように思われる。こうした行動は，ティボーが提唱した「足による投票」を想起させる。自治体間が公共財の整備などの分野で競争する中で，人々が好ましいと思った地域に移住することで，全体として望ましい状況を実現し得るというというものであるが，これと同じような意味でソーシャル・キャピタルが所与ではなく選択の対象になるという経路の重要性がかつてに比べ高まってきたと考えられる。

　さて，世代更新を通じた社会的選択の経路の説明に移ろう。この仮説を提示する前に重要な断り書きをしておく。

　　この議論は，いかなる意味でも人々や民族の優劣を論じようとするものではない。また性格の優劣を論じるものでもない。むしろ優生学的な議論がナチスドイツやオーストラリアなどでかつて悪用され，様々な悲惨な事態につながったことを深く反省し，そのリスクを十分に認識した上での議論である。ある社会の社会規範への相性が良いことを「望ましい」といった用語で便宜的に表現することはあるが，それは本来の意味での優劣を意味しているわけではない。

　検討する仮説は以下のようなものである。
　それぞれの社会において，経済的な要因に応じて，どのような性格の配偶者が「望ましい」かというイメージが形成され，それに即して配偶者の選択が行われる傾向がある。性格は遺伝で決まる部分があるので，こうした選択が繰り返されることで，その社会の人的構成が変化し，「望ましい」性格をもった人々

13

の構成比が増加する。こうして構成比が増えた性格を持つ人々は，その社会の社会規範との相性が良いので，社会規範はますます強化されていく。このため，自然環境の影響の重要性が低下した後でも，国などによるソーシャル・キャピタルの差は残り続ける。

（2）いくつかの材料

こうした仮説を考えるに至ったいくつかの背景について述べよう。

まず，近年の諸研究の結果，国によって人々の生物学的な差があることがわかってきた。この場合第8章で述べるように，重要なのは，個人差ではなく，人々の構成比の差である。たとえば日本人には，心配性の気質と関係すると思われる遺伝子を保有する人の比率が高いとか，リスクを恐れずチャレンジする気質と関係すると考えられる遺伝子を保有する人の比率が際立って低いといったことである。

一方，安藤（2011）などによれば，遺伝行動学の世界では双子についての実証研究が進み，性格に関しても遺伝が重要な影響を及ぼしていることが明らかになってきた。もちろん，人々の性格は遺伝と環境の複雑な相互作用の中であぶりだされてくるものであって，遺伝的要因だけで性格が決まるという単純なものではないし，特定の遺伝子が特定の性格の素地に対応するということではなく，多くの遺伝子がいわばオーケストラを奏でるようにして性格の素地を形成することもわかってきた。そして，協調性や社交性など，ソーシャル・キャピタルの形成要因となり得る性格に関しても，遺伝的要因の影響があることが実証的に明らかになってきた。

これまでの社会学やソーシャル・キャピタルの議論では，人々の行動様式の差は生まれ育った社会環境の影響で決まったものとする暗黙の前提が置かれてきたように思える。これは，伝統的な遺伝学が，先天的な病気の解明など，医学的な問題意識を重視してきたためであると思われるが，近年は，前述のように性格のバリエーションなどの解明にも光があたってきた。

ある時期までの筆者は，前述のような生物としての差に注目する新しい研究成果については半信半疑であった。というのは，人的構成の差を伝統的な進化論で説明することは極めて困難であると思えたからである。突然変異は極めて

序　章　経済とソーシャル・キャピタルとの相互依存関係

低い確率でしか起きないし，それが起きて自然淘汰のメカニズムが働いたとしても，人々の構成比の差として観測できるまでには気が遠くなるほどの世代数が必要であると考えていたからである。ましてや人類がある程度の文明を身に付け，衣食住が安定してからは，自然淘汰のプロセスは余り働かなくなったように思えた。

　では，最近明らかになった，前述のような人々の生物学的な差の理由はどのように説明できるのだろうか？　この問いについての答えを探していた時に，イギリス BBC 放送の「Miss Japan: First mixed-race winner provokes debate」というニュース番組を見た。これはミス日本として選出された日本人女性が混血であったことから，日本社会で冷ややかな扱いを受けているという趣旨のものであった。「ウチ」と「ヨソ」の区別をしたがるという，日本のソーシャル・キャピタルの弱点を突いた内容であった。この番組の中で，キャスターが「日本には，日本人が特殊で，ユニークで，遺伝的にも他とは異なるとまでする神話がある。これはもちろん正しくない。日本人は韓国人，中国人，東南アジア人が混ざったものである」（筆者訳）とコメントしていた。この表現を聞いて，前段と後段の間にわずかなギャップを感じた。様々な人々が混じり合ったことは事実であろうが，遺伝的な分布がそこから変化していく可能性もあるのではないかということである。

（3）社会的選択

　そうした変化が，比較的限られた時間で起きたとすれば，その主要なメカニズムは世代更新の際の社会的選択ではないか，と思われる。すなわち，農耕経済が定着すると，勤勉で，田植えの労働力や灌漑用水を確保する上での調整能力に優れた人物が望ましい配偶者像として，定着してきたと思われる。これは結婚相手を探している本人だけでなく，その親族もそうした人物を探して，子孫の繁栄を願ったためであろう。

　動物でも自然選択による進化のプロセスの中に性選択というものがあって，鳴き声や求愛ダンスの優劣など，何らかの基準にしたがって配偶者を選別することがある。他方，人間の社会でも自然選択と考えられる要素もある。たとえば，リスクに備える慎重な性格をもった人々は，災害や飢饉の際に生き延びる

確率が高くなり，より多くの子孫を残すであろう。上記の仮説とこうした自然選択との違いは，以下のように整理できるであろう。

① 性選択の背景にある環境要因が，自然環境ではなく経済・社会環境である。
② 性選択が本能によるものではなく，思考によるものである。
③ 「望ましい」配偶者像が相当程度社会で共有されており，「望ましい」配偶者を得ることが社会的ステイタスの向上につながる。

こうした条件を満たす選択は特定の方向に向けて行われるので，比較的短期間の内に，大きな変化をもたらすことになる。特に②は，選択が餓死や災害死といった極端な事象を通じて事後的に行われるのではなく，そうしたリスクを避けようとする配慮から，いわば先回り的，予防的に行われることを意味するので，変化を速くする大きな要因になる。人為的な選択が加わると自然淘汰に比べ圧倒的に速く変化が現れることは，朝顔という植物の品種「改良」が1800年頃から著しく進んだことを想起しても理解できる。

この仮説は論理的には十分成り立ち得るものであると考えられるが，それが現実のソーシャル・キャピタルの各国差のどれだけを説明できるかについては，実証的な研究が必要である。ソーシャル・キャピタルは社会規範の影響も受けるので，分析の枠組みはかなり複雑になる。従来のソーシャル・キャピタルの分析には，個人レベルと社会レベルの少なくとも２つにレベルを分けて，マルチレベル分析を適用する必要があると言われてきたが，生物学的な分布の差も勘案するとなると，少なくとも３つのレベルに分けて相互作用を検討する必要があろう。

そして，この仮説の説明力がある程度あるということになれば，前述のようにソーシャル・キャピタルの多様性は，経済のグローバリゼーションにもかかわらず残っていく可能性が高くなる。人間行動に影響する二大要因の遺伝と環境の内，ソーシャル・キャピタルは環境要因として位置づけられてきたが，実は遺伝要因との長期的な相互作用があるということにもなろう（図序 - 3 参照）。

こうした仮説を念頭に置いて，日本の最近の状況をみてみよう。長引く経済

序　章　経済とソーシャル・キャピタルとの相互依存関係

図序 - 3　ソーシャル・キャピタルの慣性と多様性の要因

社会的選択の仮説　　　　　　　　　　　伝統的な考え方

```
                                    ┌─────────────────┐
                                    │  自然条件        │
                                    │（気候・地形・災害など）│
                                    └─────────────────┘
                                            ↓
                                    ┌─────────────────┐
                                    │  必要とされる     │
                                    │  人々の協力関係   │
                                    └─────────────────┘
                                            ↓
                                    ┌─────────────────┐
                                    │  人々がこれに適応  │←──┐
                                    └─────────────────┘    │
                                            ↓              │
┌─────────────────┐                ┌─────────────────────┐ │
│ 当該社会規範を尊重する │            │  社会規範として定着    │ │
│ - 人々が移住        │←═══════════│ ┌──────┐ ┌──────┐ │ │
│ - 配偶者が社会的に選択される│        │ │<社会> │ │<個人> │ │ │
└─────────────────┘                │ │多くの人が│ │その社会で│ │ │
        ↓                          │ │それに即し│ │はそれに即│ │ │
┌─────────────────┐                │ │て行動  │ │した行動に│ │ │
│ 当該社会規範に適合する方向に│        │ │      │ │メリット │ │ │
│ 遺伝子分布が変化（比較的速い）│       │ └──────┘ └──────┘ │ │
└─────────────────┘                └─────────────────────┘ │
        ↓                                 ↓        ↓       │
┌─────────────────┐                       │    ┌──────┐   │
│ 当該社会規範を尊重する人が増加し│        │    │それに │   │
│ 当該社会規範が強化される│              │    │適合する│──┘
└─────────────────┘                     │    │新産業 │
        ↓                                │    │も発達 │
┌─────────────────┐                ┌─────────────────┐
│ 自然環境の重要性が低下しても│        │ 自然環境の重要性が低下すると│
│ 変化した遺伝子分布が│               │ グローバリゼーションの中で│
│ 社会規範を支えるので│               │ 社会規範の差が次第に弱まり│
│ ソーシャル・キャピタルの│            │ ソーシャル・キャピタルも│
│ 多様性は残る│                      │ 均一化の方向に│
└─────────────────┘                └─────────────────┘

（遺伝子分布の差を想定）　　　　　　（遺伝子の分布は同じと想定）
```

停滞の中で，結婚相手として収入の安定している男性公務員の人気が高まっている。この結果，図序 - 4（次頁）にみられるように，男性公務員の有配偶率が高まり，公務員は比較的多くの子孫を残すと考えられる（職業別の子供数のデ

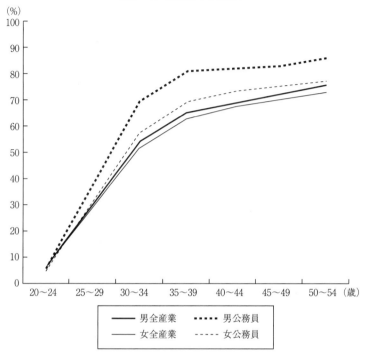

図序 - 4　公務員の有配偶率

出所:「2015年国勢調査」を基に筆者作成。

ータはないので直接的な検証はできない)。公務員を志望する性格に遺伝の要素があるとすれば，公務員の子は，遺伝的要因に加えて，親を見て育つという環境要因の影響も加わって，公務員を目指す性向が強いであろう。その結果，公務員を目指す競争が激化し，公務員の社会的なステイタスが高まり，公務員はいっそう「望ましい」結婚相手として認識されるようになる。

　一方で，生涯未婚率の上昇が顕著で，2035年には男性は3割程度になると見込まれており，子孫を残さない人がかなりの割合になりそうである。このため，このような社会的選択の影響はかつてより強まっていく可能性が考えられる。こうしたことが，日本の起業率の異常な低さとも関係しているように思われる。

　社会的選択の状況が解明されれば，ソーシャル・キャピタルの多様性にとどまらず，文化多様性や資本主義の多様性などに対する私たちの認識も大きく変

わっていく可能性を秘めているように思われる。

参考文献

安藤寿康（2011）『遺伝マインド——遺伝子が織り成す行動と文化』有斐閣。

稲葉陽二ら（2011）『ソーシャル・キャピタルのフロンティア——その到達点と可能性』ミネルヴァ書房。

稲葉陽二ら（2016）『ソーシャル・キャピタルの世界——学術的有効性・政策的含意と統計・解析手法の検証』ミネルヴァ書房。

大守隆（2004）「ソーシャル・キャピタルと経済」宮川公男・大守隆編『ソーシャル・キャピタル——現代経済社会のガバナンスの基礎』東洋経済新報社，第5章。

大守隆（2011）「ソーシャル・キャピタルと経済」稲葉陽二ら編『ソーシャル・キャピタルのフロンティア——その到達点と可能性』ミネルヴァ書房，第3章。

Dasgupta, P. & Serageldin, I. (2000) *Social Capital, A multifaceted Perspective*, World Bank.

（大守　隆）

第Ⅰ部　ソーシャル・キャピタルと経済の多様な関係

|第１章|経済発展とソーシャル・キャピタル ——市場・政府・コミュニティの枠組みから[1]|

1　3つの資源配分メカニズム

　若年層の社会的孤立，高齢貧困層の「孤独死」が社会問題となっているように，日本は人間関係が希薄な「無縁社会化」しているという見方がある。一方で，東日本大震災後の復興過程では，「絆」という言葉に象徴される人々の間での強いつながりや助け合いが復興の原動力として注目されてきた。また，市場が未発達であり，政府のガバナンスが弱い開発途上国においては，コミュニティの「絆」の重要性が強調されている。速水佑次郎が提示した枠組みに従い，一般に，社会における様々な資源の配分のメカニズムは，図1-1に示すように，「市場メカニズム」「公的メカニズム」「コミュニティメカニズム」の三者の関係性の観点から整理することができる (Hayami 2009)。

　まず，「市場」は価格シグナルを手掛かりにして，競争を通じて利潤を追求する個人や企業の行動・資源配分を調整するメカニズムである。当然のことながら，市場の需要と供給で配分できる私的財の需給マッチングにおいて有効であるが，独占・公共財や外部性あるいは情報の偏在によって一般に市場の価格調整機能が十分には働かない「市場の失敗」の問題があり，特に市場が未発達である開発途上国ではそうした問題が顕著となっている。

　「政府」は，公権力によって人々の行動を制御し，様々な資源を割り当てることができるメカニズムである。典型的には，国内の純粋公共財や国際公共財を供給する上で重要な役割を果たしている。しかしながら，特に開発途上国では政府の統治機構・行政能力，いわゆる「ガバナンス」が弱く，政府もまた資源の配分に失敗する。

　これとは対照的に「コミュニティ」は，共同体社会の協力関係を通じて互酬的な社会セーフティネット，共有地の保全や，必ずしも契約によらない取引の

図1-1 Hayami (2009) の市場・政府・コミュニティ
モデル

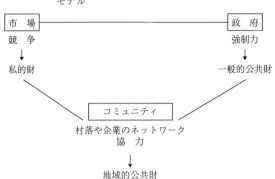

出所：Hayami (2009).

非公式の履行強制メカニズムを提供するなど，特に地域限定的な公共財の供給を促進する点で有効なメカニズムを持っている。

本章では，「市場メカニズム」「公的メカニズム」「コミュニティメカニズム」が相互に補完的であることを議論し，「絆」あるいは「コミュニティメカニズム」を読み解く鍵である「ソーシャル・キャピタル（社会関係資本）」について，市場の失敗と政府の失敗を補正するというその役割を整理し，ソーシャル・キャピタルに関する既存研究とその計測方法をまとめる。その上で，特に経済発展におけるその役割について，市場や政府との対比の中から明らかにする。

本章の構成は以下の通りである。第2節では，経済学における市場・政府・コミュニティの役割とそれらの補完性について整理する。その上で，第3節では，ソーシャル・キャピタルの定義と既存研究をまとめ，第4節では，ソーシャル・キャピタルの計測方法について紹介し，第5節において経済発展におけるソーシャル・キャピタルの役割について議論する。

2 経済学における市場・政府・コミュニティ

まず，経済学における「市場」についてまとめる。ミクロ経済学において基本となる考え方は，無数の生産者と消費者が存在し，情報も完全であるなど市場が完全に機能する諸条件が整っている場合には，市場における「完全な競

争」が,「パレート最適」と呼ばれる社会にとって最も望ましい資源配分状態を達成するというものである。これを「厚生経済学の第一定理」と呼んでいる。[2]こうした考え方は,いわゆる限界革命やアダム・スミスが「見えざる手」と呼んだ市場経済の効率的機能の考え方に端を発しているが,1950~1960年代にケネス・アローらの貢献によって数理モデルを用いた精緻なミクロ経済学理論として完成をみた。こうした考え方は,自由放任主義あるいは自由主義経済思想の理論的基礎を築いたということができ,たとえば国際的な財の取引において,自由貿易を支持する主張や,公的なサービスの民営化という流れにも顕著に現れている。

(1) 囚人のジレンマと市場の失敗・政府の失敗

とはいえ,特に,厚生経済学の第一定理が成り立つためには,独占や寡占のような状況が存在せず,すべての財・サービスについて所有権が確立しており,情報も共有されているなど,完全に競争的な市場が存在していなければならない。この定理は,いわば市場が理想的に機能するという仮想的状況での理論的結論を述べているに過ぎず,現実社会における経済活動でそうした定理がそのまま成り立つわけではない。市場が様々な理由から機能不全に陥り,効率的な資源の配分に失敗することを経済学では「市場の失敗」と呼んでいる。市場の失敗の例としては,インフラストラクチャーなどの公共財や外部性が存在することや情報が偏在していること,そもそもある財の供給が特定の企業に独占されており,市場が競争的でないことなどが挙げられる。

こうした市場の失敗をより統一的な視点から明らかにしてきた分野の一つがゲーム理論である。ゲーム理論では,第三者の干渉がない自由放任の状態で,経済主体が相手の行動を読み合って行動するとナッシュ均衡が実現することになるが,そうした結果はかなり一般的な条件の下で非効率であり,「市場の失敗」が生み出されていることが知られている[3](神取 1994)。

このことを最もわかりやすく示したのが「囚人のジレンマ」とよばれるゲームである。図1-2は,2人のプレーヤーが存在する場合の囚人のジレンマ・ゲームの利得行列を示している。各プレーヤーは,協力するかあるいは裏切るかという2つの戦略のどちらかを自由に選ぶ。両プレーヤーが選んだ戦略によ

第1章　経済発展とソーシャル・キャピタル

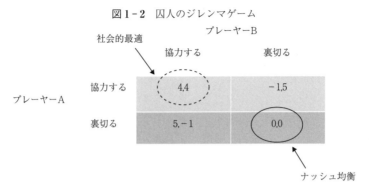

図1-2　囚人のジレンマゲーム

って各プレーヤーがそれぞれ得る利得を示すのが図1-2の利得行列である。[4]
このゲームは「非協力ゲーム」と呼ばれる一般的な枠組みに従っており，両者が協力する場合にはそれぞれ（4, 4）の利得が得られるものの，そうした協力関係を強制する仕組みや第三者は存在しない。そのため，図1-2のような状況では，仮にAが協力するとすれば，プレーヤーBにとっては，協力した場合には4，裏切った場合には5の利得が得られるので，利己的な判断に基づけば「裏切り」を選ぶことになる。また，Aが裏切りを選んでいるとすれば，Bは協力すれば-1，裏切れば0が得られるので，やはり裏切りを選ぶことになる。つまり，Aが選択する戦略にかかわらず，Bにとっては裏切りを選ぶことが合理的となる。この場合のBの裏切りの戦略のことを「支配戦略」と呼んでいる。

他方，Bの行動を一定にしてAの意思決定についても全く同様の議論が成り立つので，Aにとっても裏切ることが支配戦略となる。結局のところ，このゲームでは，非協力的な状況で両者が合理的に裏切りを選び，それぞれ0の利得（0, 0）を得るということが均衡となる。仮にこの均衡から一方的に逸脱して協力すれば，利得が下がるため，AにとってもBにとってもこの均衡状態から逸脱する動機が無い。このような均衡のことを「ナッシュ均衡」と呼んでいる。しかしながら，（0, 0）の利得を与えるナッシュ均衡は，明らかに両者が協力して得られる利得の組み合わせ，つまり社会的な最適状態（4, 4）よりも悪い状況である。このことは，自由放任の状態で実現するナッシュ均衡が，社会にとって必ずしも望ましい状況を実現しない「市場の失敗」を生み出してしまうことがわかる。

第Ⅰ部　ソーシャル・キャピタルと経済の多様な関係

　囚人のジレンマの構造を持つとして挙げられる現実の問題例としては，公共財の供給や共有地の悲劇，非公式の社会的セーフティーネットなど互酬的な関係，破産・倒産時の資産差し押さえ競争に加え，国家間での関税競争や通貨切下げ競争，軍拡競争などがある。

　囚人のジレンマによって生み出される「市場の失敗」を解決する第１の方法は，政府の介入政策である。まず，政府は公権力を用いて，人々の協力行動を直接に強制し，従わない場合に懲罰を加えることができる。さらに，政府は公権力によって徴税を行い，公共支出を行うというメカニズムを通じて例えば公共財を公的に供給し，社会的な協力関係を人工的に達成することもできる。

　しかしながら，政府の一角をなす政治家や行政機構は，現実にはこうした市場の失敗と非効率性の補正のためだけに政策を設計し実施するとは限らない。特に，公共選択論において長らく論じられてきたように，政治家は自らの再選確率を最大化するような行動もとるし，官僚機構はいわば省益の最大化行動を少なくとも部分的には取っている。つまり，市場の失敗を補正すべき政府も，社会的最適状態を達成するために十分機能するとは限らないのである。これを「政府の失敗」と呼んでいる。

（2）コミュニティメカニズムとソーシャル・キャピタル

　市場が失敗し，政府も失敗する状況で，囚人のジレンマを克服する重要な鍵が，共同体の持つコミュニティメカニズムである（速水 2000）。図１-２の囚人のジレンマゲームにおいて，コミュニティメカニズムが社会的協力関係を達成しうる一つの経路は，プレーヤー同士の長期関係，あるいは暗黙の陶片追放の仕組みをコミュニティが持ち，それを通じて利己的なプレーヤーそれぞれが自らの費用便益を周到に計算することで自主的に協力することを選ぶという方法である。つまり協力への自己的履行強制が行われるというものである。これは，図１-２のゲームが１回限りではなく，無限回繰り返されるときに協力が達成されるという等のケースとして知られている。[5]　もう一つのコミュニティメカニズムは，以下に詳述するソーシャル・キャピタルによる協力関係の達成であり，たとえば共同体の内部で，人々が自己の利得のみならず他の共同体構成員の利得も考慮して意思決定を行うような緊密な関係性がある場合，囚人のジレンマ

的な状況が克服されうる。[(6)]

3　ソーシャル・キャピタル

　ソーシャル・キャピタルとは一般に，さまざまな社会関係やネットワーク・グループなどの仕組み，あるいはそれが生み出す相互の信頼関係や互酬性・紐帯，暗黙のルールや社会規範などのことを指している。これには，農村や企業内部・同窓会などにおけるいわば共同体的な人々のつながりのみならず，ソーシャル・ネットワーキング・サービスによってインターネットを通じて形成される仮想的な関係性をも含み得る。一般にソーシャル・キャピタルには3類型があり，共同体などグループ内部での結束によるものを「結束型ソーシャル・キャピタル（bonding social capital）」，異なるグループ同士での関係性を「橋渡し型ソーシャル・キャピタル（bridging social capital）」，役場や学校とコミュニティ・親との関係のような垂直的な関係性のことを「連結型ソーシャル・キャピタル（linking social capital）」と呼んでいる（図1-3，次頁）。

　1999年に世界銀行から出版された「ソーシャルキャピタル」と題する本の中で，ケネス・アロー，ロバート・ソロー，エリノア・オストロムらは，ソーシャル・キャピタルの定義の曖昧さと厳密な研究の欠如について様々な批判を行っているが，一般にグループ構成員間での信頼関係が重要であるということについては意見が一致している（Dasgupta & Seregredin 2000）。

　ソーシャル・キャピタルの概念は広い事象をカバーしているため，経済学のみならず，社会学や政治学あるいは公衆衛生の分野において様々な研究が行われてきた。経済学におけるソーシャル・キャピタル研究は，グレン・ラウリーが1977年に著した論文に始まる（Loury 1977）。彼は，ソーシャル・キャピタルとは家族関係やコミュニティに内在する諸資源の束であり，それが子供や若者の認知能力や社会性の習得の決め手となるとし，後述のコールマンなどの議論に大きな影響を与えた。ソーシャル・キャピタルの考えを一般に広く知らしめたのは政治学者ロバート・パットナムである。パットナムは1993年の著書『哲学する民主主義』の中で，イタリアの各州政府の統治状態を比較。ソーシャル・キャピタルが蓄積されていた北部・中部では，そうした蓄積が浅かった南

第Ⅰ部 ソーシャル・キャピタルと経済の多様な関係

図1-3 ソーシャル・キャピタルの諸類型

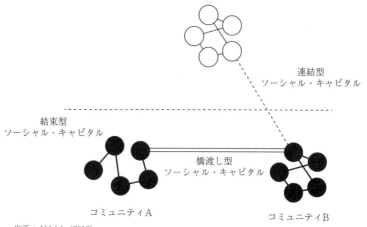

出所：Aldrich (2012).

部よりも民主主義がより機能し経済的にも発展してきたことを発見した（Putnam 1993）。さらに，2000年には『孤独なボウリング』を著し，アメリカにおけるソーシャル・キャピタルの低下を指摘。アメリカ社会は一人ぼっちでボウリングをするかのような状況に陥っていると論じた（Putnam 2000）。

このほか，ジェームズ・コールマンは1988年の論文で，アメリカのカトリックコミュニティにおけるソーシャル・キャピタルが若者の教育水準を高めていることを発見した（Coleman 1988）。さらに，ソーシャル・キャピタルが健康を改善すると論じたのが，イチロー・カワチらの一連の研究である（Kawachi, et al. 1997）。

これら一連の研究では，ソーシャル・キャピタルが経済や社会の発展において重要な貢献を果たすことが示されている。しかし，マンサー・オルソンはソーシャル・キャピタルが利益団体などの結束力を高め，それが「しがらみや呪縛」となり，かえって社会経済に負の影響を生み出し得るという側面をあわせ持つと指摘している（Olson 1982）。つまり，コミュニティもまた失敗しうるのである。

速水（2000）もまた，共同体が失敗することが本源的問題であることを指摘している。第1に，共同体の構成員間における信頼・協力関係は，外部への対

抗意識やさらには敵意に支えられて発達することが多く，コミュニティ協力関係の形成を通じた取引費用の削減という共同体の利点は，共同体による独占的なメカニズムの形成による非効率性と表裏一体である。第2に，共同体内の協力関係が一種の共謀を生み出し，経済効率性を低下させる方向に働く可能性がある。こうした共同体の失敗は，改革前の中国の国営企業，民営前の日本の国鉄などに共通して見られた現実の問題であると考えられる（速水 2000）。

4 ソーシャル・キャピタルの計測

ソーシャル・キャピタルが市場の失敗・政府の失敗を効果的に補完するのかあるいは，Olson（1982）や速水（2000）が指摘したように，コミュニティもまた失敗するのか，こうした相反する仮説を検証するためには，ソーシャル・キャピタルの水準を正確に把握することが欠かせない。とはいえ，ソーシャル・キャピタルとは，目に見えない社会や人間の関係性を指しているため，それを計測することは容易ではない。

（1）主観質問

ソーシャル・キャピタルの根幹をなすのが「信頼」であるため，多くの既存研究は個人が持つ信頼感や共同体全体の信頼関係を計測することでソーシャル・キャピタルを把握しようとしてきた（Sawada 2014）。これまでの多くの研究では，General Social Survey（GSS）に代表される，個人に対する質問票を用いたアプローチがとられてきた。GSS の信頼に関する質問は，たとえば「あなたは他人が信頼できると思いますか？」といった問いを直接たずねるというものであり，これによって個々人のソーシャル・キャピタルについての主観指標が得られる。また，「外出時に鍵を閉めて出かけますか」「友人にお金を貸したことがありますか」といった行動指標や，「週何時間ボランティアに参加しますか？」といった参加指標によるソーシャル・キャピタルの計測もしばしば行われてきた（Anderson, et. al. 2004）。たとえば，世界銀行のスティーブン・ナックとフィリップ・キーファーは1997年の論文で，信頼関係に関する GSS の主観的な質問への回答を用いてソーシャル・キャピタルを数量化し，

第Ⅰ部 ソーシャル・キャピタルと経済の多様な関係

図1-4 経済成長率とソーシャル・キャピタルの関係

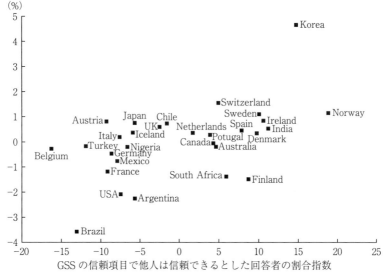

出所：Knack & Keefer (1997).

それが経済成長率に対して正の関係を持っていることを発見した（図1-4, Knack & Keefer 1997）。

（2）経済実験によるソーシャル・キャピタルの計測

以上見てきた主観的な質問による信頼の計測においては，そもそも「信頼」という言葉の捉え方が調査対象者によって異なり得ることに加え，調査対象者に正確な回答をする動機づけが薄いため，回答の精度が落ちることが指摘されてきた。たとえば，2000年の論文でエドワード・グレーサーらは，ナッシュ均衡からの人々の行動の乖離として信頼関係を把握する，「信頼ゲーム（trust game）」と呼ばれる実験経済学の手法を用いて，こうした主観的な質問に基づくソーシャル・キャピタルの計測データの問題点を厳密に検証，その限界を指摘した（Glaeser, et al. 2000）。

「信頼ゲーム」とは，実験者の指示の元で提案者と応答者のペアによって行われる経済実験である。提案者がまず，現金T円を実験者から受け取り，応答

者に対して x 円を渡し T-x 円を自らに残すという意思決定を行う。実験者は x 円を 3 倍し，3x 円を応答者に渡す。応答者は，3x 円のうち，y 円を提案者に返し，3x-y 円を自らに残す。このゲームでは，応答者にとっての最適な戦略は y=0 であるので，そうした反応を前提とすれば，提案者は x=0 と決定することが最適となる。この組み合わせがナッシュ均衡である。しかしながら，両者で構成される言わば「社会」にとって最も最適な組み合わせは，提案者がすべてを応答者に渡し，社会的なパイを最大の 3T にした上で両者で分けるというものであり，x=T が社会的最適の一部分をなす。しかしながら利己的な個人にはそうするインセンティブが存在しないため，x=0 が最適となっており，y=0 という利己的な選択と合わせて囚人のジレンマ状況となっている。

　こうしたゲームのルールの下で実際に決定される額 x 円（つまり x=0 から x=T に向けての乖離）は提案者の「信頼度」，y 円（つまり y=0 からの乖離）は「信頼されたことに答える度合い」と解釈することができる。つまり，ナッシュ均衡からの乖離がソーシャル・キャピタルの水準を示していると考えるのである。

　その後，リサ・アンダーソンらは，2004年の論文で公共財ゲームを用いたソーシャル・キャピタルの計測を試みている。公共財ゲームは複数人，たとえば 4 名で行われるが，そのルールは次のようなものである。4 人の実験参加者の各人にまず T 円が実験者から渡される。参加者は，T 円のうちいくらを手元に残し，いくらを公共財として全員のためにプールするかをそれぞれ独立に決定する。その後，公共財としてプールされた金額の総額を実験者が 2 倍し，均等に 4 等分して戻すというルールである。このゲームでは，個々人が公共財に独立に貢献した額は 2 倍され，4 等分されて戻ってくる，つまり，個人の目からすると半分になって戻ってくるため，他の条件を一定として，公共財への貢献は自己の利得を向上させず低下させることになる。他方，他人が貢献した額については必ず非貢献者にも半分が再配分されることになるため，他人の貢献にただ乗りする動機づけがある。従って，公共財に一切貢献しないという戦略が支配戦略となり，このゲームのナッシュ均衡は 4 人全部がまったく公共財に支出しないというものとなる。とはいえ，全員が全額を拠出すれば，元手の 2 倍になって戻ってくるため，社会的最適は全員が全額を公共財に拠出するという

ものであり，自由放任によって達成されるナッシュ均衡は非効率な状況を生み出す。このゲームもまた囚人のジレンマのゲームとなっている。実際の拠出額はナッシュ均衡からの乖離を示しているが，参加者がお互いに信頼している場合には多くの拠出額が見込めることから，公共財ゲームにおける個々人の貢献額は，相互信頼関係という意味でのソーシャル・キャピタルの水準を示していると考えることが可能であろう（Camerer & Fehr 2004；Levitt & List 2007）。

このような経済実験は，社会心理学の分野で行われてきた実験による「信頼」の計測の流れを汲むものであるが，基本的に信頼感の経済・心理実験指標は，囚人のジレンマゲームにおける，社会的最適の方向へのナッシュ均衡からの乖離でソーシャル・キャピタルの水準を計測しようとするものである。このような考え方に基づき，「信頼ゲーム」や「公共財ゲーム」が幅広く用いられてきた。既に見たように，これらの2つのゲームはいずれも囚人のジレンマゲームの一種であり，「信頼」のいくつかの側面を，統制された実験環境における被験者の行動として直接厳密に観察することが可能となる。このような実験が質問票による計測方法と決定的に異なる点は，被験者の行動に応じて，実際に謝金が支払われるということである。こうすることで，経済実験は適切なインセンティブを通じて，統御された環境で被験者の偽りのない行動を引き出していると考えることができる。

ジュアン・カルデナスとジェリー・カーペンターの2008年の展望論文でも，このような実験経済学の手法を用いたソーシャル・キャピタルの数量化が有効であることが示されている（Cardenas & Carpenter 2008）。このようにして，現在では，経済実験を用いることで，本来は「目に見えない」ソーシャル・キャピタルを正確に計測方法することが可能になってきた。計測方法の進化も相まって，ソーシャル・キャピタルが果たす役割についても様々な研究成果が出つつある。

5　経済発展とソーシャル・キャピタル

こうした計測方法の進化も踏まえ，次に経済発展とソーシャル・キャピタルの関係を見てみることにしよう。ここでは，第1にマイクロファイナンスを取

り上げてこの関係性を論じたい。マイクロファイナンスは，開発途上国における市場の失敗・政府の失敗をいわばコミュニティの仕組み・ソーシャル・キャピタルで補完するものと考えることができる。第2には，より幅広い見地から経済発展とソーシャル・キャピタルについて論じる。

（1）マイクロファイナンス

　マイクロファイナンスとは，金融取引から排除されてきた貧困層に対する小規模金融プログラムの総称で，融資，貯蓄，保険，送金などが含まれる。中でも小口融資「マイクロクレジット」は，バングラデシュ・グラミン銀行の成功もあり，注目を集めてきたが，実際の利用者も世界中で急増している。グラミン銀行を設立したムハマド・ユヌスはヴァンダービルト大学で博士号を取得した経済学者だった。1974年にバングラデシュで飢饉に遭遇。大学を飛び出し，マイクロクレジットの実践を始めた。その功績が認められ，ユヌスとグラミン銀行は2006年にノーベル平和賞を受賞している。

　マイクロクレジットが世界で驚きをもって迎えられたのは，返済率が高かったためだ。1970年代にいわば市場の失敗を克服すべく，開発途上国で実施された低利の公的な農業融資の返済率が60％など極めて低かったのに対し，貧困層向け無担保融資でありながら，しばしば返済率が95％を超えたのである。この成功は経済学にも大きな影響を与えた。アメリカ経済学会のデータベースによると，マイクロファイナンスに関する論文は1,000本以上もある。

　マイクロファイナンスは，情報の非対称性に起因する，信用市場における市場の失敗をコミュニティの仕組み・ソーシャル・キャピタルで軽減するものだと考えられてきた。グラミン銀行の融資は個人向けだが，グループを組んで毎週の集会時に返済していく「グループ融資」が当初の特徴であった。1990年代，研究者らはこの仕組みが成功した理由の解明に取り組んだ。まず，ジョセフ・スティグリッツは1990年に発表した論文で，グループ融資で借り手が相互に資金使途を監視することで返済率が高まるメカニズムを示した（Stiglitz 1990）。貸し手と借り手の間の非対称情報により，借入金を浪費するモラルハザードが，連帯責任を通じて抑止される仕組みである。

　マトリーシュ・ガタックは，1999年に発表した論文で別の側面に注目した

第Ⅰ部　ソーシャル・キャピタルと経済の多様な関係

(Ghatak 1999)。銀行が借り手のリスクを判別できないという情報の非対称性があると、その分、金利を高く設定せざるを得ず、結果として高金利でも借りようとする高リスクの借り手だけが市場に残る。この現象は経済学では「逆選抜（逆淘汰）」と呼ばれる、市場の失敗の代表例である。一方、連帯責任の下では、借り手は返済の肩代わりをしなくて済むよう、リスクが低そうな人を選んで組む。高リスクの借り手は借り入れ自体が困難になり、市場から退出するため、逆選抜が起きにくくなると指摘した。

　連帯責任制度については、ティモシー・ベイズレーとステファン・コートも分析を加えた（Besley & Coate 1995）。開発途上国では法制度が未発達で返済を法的に強制しにくく、能力があるのに返さない「戦略的債務不履行」が発生し得る。2人は、グループ融資が潜在的な社会的制裁（陶片追放）を通じ、この問題を抑止できることを示した。

　ただ、こうした「逆選抜」「モラルハザード」「戦略的債務不履行」の抑止効果は理論的なもので、現実のデータから直接観察できるものではない。そこで近年、フィールド実験という手法で、これらを実証しようとする動きが出てきた。実験経済学では、政策などで外部環境が変わると人間行動や市場がどのように反応するかを、統御された実験に基づいて調べる。典型的な実験は大学生を被験者にし、実験室でコンピューターを用いて行う。これに対し、マイクロファイナンスの参加者や事業者・農民・漁民など実際の政策対象者を被験者とし、現実の環境の中で行う実験をフィールド実験と呼んでいる（Harrison & List 2004；Levitt & List 2009）。その結果、返済率向上の鍵が、1990年代の理論研究が強調したような相互監視の仕組み以外にあることが分かってきたのである。

　ディーン・カーランは、ペルーの小口金融（マイクロファイナンス）機関であるFINCAから融資を受けている借り手の返済状況がソーシャル・キャピタルとどう関係しているかを分析した（Karlan 2005）。実際のFINCAメンバーを「信頼ゲーム」の被験者とし、フィールド実験を実施したのである。Karlan (2005) の分析結果によれば、「信頼に答える度合い」が高いメンバー、すなわち信頼ゲームの応答者として提案者に返す額がより多いメンバーは、現実の返済状況も良好であり、堅実な借り手となっていることを発見した。このことは、

34

第1章 経済発展とソーシャル・キャピタル

図1-5 経済発展とソーシャル・キャピタルの社会的収益率

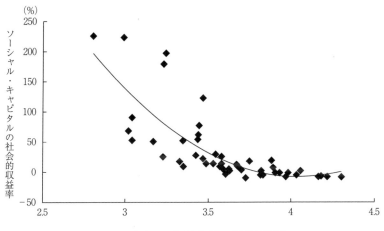

2000年の一人当たりGDP（自然対数値）

出所：Ishise & Sawada（2009）中のデータを基に筆者作成。

市場機能や法制度が未発達であり，市場の失敗や政府の失敗の問題が深刻である開発途上国において，ソーシャル・キャピタルがその未発達性・市場と政府の機能不全を補完するものになっていることを示している。

（2）経済発展とソーシャル・キャピタル

事実，こうした補完性を通じてソーシャル・キャピタルは社会経済活動に重要な貢献を果たす。たとえば，ファフシャンらは2002年の論文で，マダガスカルではソーシャル・キャピタルを持つ農産物商人の利益率がより高いことを見出している（Fafchamps & Minten 2002）。また，筆者らは Ishise & Sawada (2009) で，Mankiw, Romer & Weil（1992）の「拡張されたソローモデル」にソーシャル・キャピタルを考慮することでさらに拡張し，世界各国におけるソーシャル・キャピタルの社会的な収益率を推定した。この結果によれば，ソーシャル・キャピタルの社会的な収益率と一人当たり所得水準との間に強い負の関係が見出された（図1-5）。この収益率は特に開発途上国では高くなっており，ソーシャル・キャピタルが市場の失敗や政府の失敗を補完していることが示唆される。他方，先進国では低くなっており，先進国ではオルソンが指摘し

35

第Ⅰ部 ソーシャル・キャピタルと経済の多様な関係

図1-6 ソーシャル・キャピタルと貧困

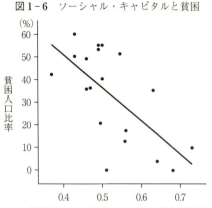

出所：Cardenas & Carpenter (2008：Figure 2).

たようなソーシャル・キャピタルの負の側面がより大きくなっていると考えられる。

とはいえ，ソーシャル・キャピタルは人が集まれば常に蓄積されるとは限らない。JICA（国際協力機構）研究所の研究成果の中から出版された筆者らの論文では，日本の円借款援助を通じて整備されたスリランカ南部の灌漑地域における住民のソーシャル・キャピタルを緻密に分析している（Shoji et al. 2012）。この論文では，ソーシャル・キャピタル欠如が貧困につながるのみならず，貧困であることがソーシャル・キャピタルの欠如につながるという，双方向の因果を通じた「貧困の罠」が示されている。Cardenas & Carpenter (2008) でも，国別貧困率と経済実験の結果からみられる他人への信頼度の間には強い正の相関関係がみられる（図1-6）。図1-5で見たように，貧困問題がより深刻な開発途上国であるほどソーシャル・キャピタルの社会的収益率は高いものの，図1-6の関係は，貧困であることそのものが収益性の高い投資を達成できない問題をはらんでいることを示唆する。市場の失敗・政府の失敗があるがゆえにソーシャル・キャピタルの蓄積も阻まれている可能性もある。

6　市場の失敗・政府の失敗を補正するソーシャル・キャピタル

Glaeser et al. (2000) では，人間が安定した社会経済活動を営むためには，従来の経済学も想定してきた技能や健康などの所得稼得能力だけでなく，社会関係も不可欠であると指摘している。本章でみてきたように，市場の失敗・政府の失敗が深刻である開発途上国において円滑な取引を可能にし，安定的な社会経済状況を達成するためにソーシャル・キャピタルが重要な役割を果たしうる。

第1章　経済発展とソーシャル・キャピタル

　しかしながら，ソーシャル・キャピタルが市場や政府の資源配分メカニズムを補完するという役割は，経済発展や貧困削減の文脈にとどまるものではない。開発途上国や先進国の違いを超えて，物理的な被害に見舞われた被災地の復興においてこそ，この社会関係の資本が重要な要素となることは，ダニエル・アルドリッチが2012年に出版した本の中で示している（Aldrich 2012）。同氏は関東大震災，阪神淡路大震災，インド洋津波，ハリケーン・カトリーナのデータを詳細に分析し，ソーシャル・キャピタルの水準が復興の速度と程度を決定づけるという共通点を発見している。

　このようにソーシャル・キャピタルを蓄積し，他方でオルソン的な弊害を最小化することができれば，東日本大震災など災害被災地の復興を加速できる可能性がある。また，高水準のソーシャル・キャピタルは復興後により良い安心社会を実現する鍵にもなりうる。事実，東日本大震災の被災市区町村データを解析した Aldrich & Sawada（2015）は，震災前の犯罪率と津波による死亡率が有意に正の相関関係を持っており，多くの社会科学的な既存研究において議論されてきたように（Buonanno et al. 2009），犯罪率の低さを結束型ソーシャル・キャピタルの代理変数とみなせば，ソーシャル・キャピタルが津波による人的被害を軽減する役割を果たしていたと考えられる。従って，東北で進むインフラ中心の復旧も，住民同士，共同体同士，共同体と行政のつながりなどソーシャル・キャピタルの水準を高めるものでなくてはならないといえるであろう。そのことによって，復興が進むとともに，復興後の安全・安心なコミュニティが構築されうるだろう。

注
(1)　本章は，澤田（2012a・b）を元に新たな論考として書き下ろしたものである。作成においては，稲葉陽二教授，大守隆教授，「ソーシャル・キャピタルと経済」ワークショップ（2014年8月29日）の参加者の皆様より有益なコメントをいただいた。記して感謝したい。なお，あり得べき誤りはすべて筆者の責任である。
(2)　厚生経済学の基本定理については，たとえば神取（2014）を参照されたい。
(3)　ナッシュ均衡とは，価格競争や軍拡競争など，自分と相手が協力せず，戦略的な相互関係があるときの安定的な状態を記述するための，ゲーム理論における中核的な概念である。1994年にノーベル経済学賞を受賞したジョン・ナッシュによって定

第Ⅰ部　ソーシャル・キャピタルと経済の多様な関係

式化された。自分だけが一方的に戦略を変えたとしてもより望ましい状況が現れず，相手にとっても同じように一方的に戦略を変える誘因がない状態をナッシュ均衡と呼ぶ。ナッシュ均衡は，戦略的な関係にかかわるすべての参加者がそれぞれ一方的に自分の利得を最大化しているという状態に対応している。ただし，囚人のジレンマのケースに代表されるように，ナッシュ均衡が社会全体にとって最も望ましい状況に対応しているとは限らない。

⑷　囚人のジレンマゲームは，ゲーム理論における最も有名なゲームの一つである。より詳しい解説については，たとえば神取（2014）を参照されたい。

⑸　ゲーム理論において「無限繰り返しゲーム」と呼ばれるものである。

⑹　人々が有するこのような効用関数のことを other-regarding preference と呼んでいる。

参考文献

神取道宏（1994）「ゲーム理論による経済学の静かな革命」岩井克人・伊藤元重編『現代の経済理論』東京大学出版会，15-56頁。

神取道宏（2014）『ミクロ経済学の力』日本評論社。

澤田康幸（2012a）「"絆は資本"の解明進む」『経済教室・エコノミクストレンド』「日本経済新聞」2012年12月18日付朝刊。

澤田康幸（2012b）「復興に役立つか，小口金融」『経済教室・エコノミクストレンド』「日本経済新聞」2012年4月16日付朝刊。

速水佑次郎（2000）『開発経済学──諸国民の貧困と富』創文社。

Aldrich, D. P.（2012）*Building Resilience*, University of Chicago press.

Aldrich, D. P. & Y. Sawada（2015）"The physical and social determinants of mortality in the 3.11 tsunami" *Social Science & Medicine* 124, pp. 66-75.

Anderson, L. A., J. M. Mellow & J. Milyo（2004）"Social capital and contributions in a public-goods experiment" *America Economic Review* 94(2), pp. 373-376.

Besley, T. & S. Coate（1995）"Group Lending, Repayment Incentives, and Social Collateral" *Journal of Development Economics* 46(1), pp. 1-18.

Buonanno, P., D. Montolio & P. Vanin（2009）"Does social capital reduce crime?" *Journal of Law and Economics* 52, pp. 145-170.

Camerer, C. & E. Fehr（2004）"Measuring Social Norms and Preferences Using Experimental Games: A Guide for Social Scientists" in Henrich, J., R. Boyd, S. Bowles, C. Camerer, E. Fehr & H. Gintis（eds.）*Foundations of Human Sociality: Economic Experiments and Ethnographic Evidence from Fifteen Small-Scale Societies*, Oxford University Press, pp. 55-95.

第1章　経済発展とソーシャル・キャピタル

Cardenas, J. C. & J. Carpenter (2008) "Behavioural Development Economics: Lessons from Field Labs in the Developing World" *Journal of Development Studies* 44(3), pp. 311-338.

Coleman, J. S. (1988) "Social capital in the creation of human capital" *American Journal of Sociology* 94(Supplement), pp. S95-120.

Dasgupta, P. & I. Serageldin (2000) *Social Capital: a Multifaceted Perspective*. The World Bank.

Durlauf, S. & F. Marcel (2005) "Social Capital" in Aghion, P. & S. Durlauf (eds.) *Handbook of Economic Growth*, Elsevier, pp. 1639-1699.

Fafchamps, M. & B. Minten (2002) "Returns to Social Network Capital Among Traders" *Oxford Economic Papers* 54, pp. 173-206.

Ghatak, M. (1999) "Group Lending, Local Information, and Peer Selection" *Journal of Development Economics* 60(1), pp. 27-50.

Glaeser, E. L., D. I. Laibson, J. A. Scheinkman & C. L. Soutter (2000) "Measuring trust" *Quarterly Journal of Economics* 115(3), pp. 811-846.

Harrison, G. & J. L. List (2004) "Field Experiments" *Journal of Economic Literature* XLII(December), pp. 1013-1059.

Hayami, Y. (2009) "Social Capital, Human Capital, and Community Mechanism: Toward a Consensus among Economists" *Journal of Development Studies* 45(1), pp. 96-123.

Ishise, H. & Y. Sawada (2009) "Aggregate returns to social capital: Estimates based on the augmented augmented-Solow model" *Journal of Macroeconomics* 31(3), pp. 376-393.

Karlan, D. (2005) "Using experimental economics to measure social capital and predict financial decisions" *American Economic Review* 95(5), pp. 1688-1699.

Kawachi, I., P. K. Bruce, L. Kimberly & D. Prothrow-Stith (1997) "Social Capital, Income Inequality, and Mortaliy" *American Journal of Public Health* 87(9), pp. 1491-1498.

Knack, S. & P. Keefer (1997) "Does social capital have an economic payoff? A cross-country investigation" *Quarterly Journal of Economics* 112, pp. 1251-1288.

Levitt, S. D. & J. A. List (2007) "What Do Laboratory Experiments Measuring Social Preferences Reveal about the Real World?" *Journal of Economic Perspectives* 21(2), pp. 153-174.

Levitt, S. D. & J. A. List. (2009) "Field Experiments in Economics: The Past, the Present, and the Future" *European Economic Review* 53, pp. 1-18.

第Ⅰ部　ソーシャル・キャピタルと経済の多様な関係

Loury, G. (1977) "A Dynamic Theory of Racial Income Differences" in Women, Minorities, and Employment Discrimination, P. Wallace & A. LeMund (eds.) "*Women, Minorities, and Employment Discrimination*" Lexington Books.

Mankiw, N. G., D. Roomer & D. N. Weil (1992) "A Contribution to the Empirics of Economic Growth" *The Quarterly Journal of Economics* 107(2) pp. 407-437.

Olson, M. (1982) *The Rise and Decline of Nations, New Haven*, Yale University Press.

Putnam, R. D. (1993) *Making Democracy Work: Civic Traditions in Modern Italy*, Princeton University Press.

Putnam, R. (2000) *Bowling Alone*, Simon and Schuster.

Sawada, Y. (2014) "Is Trust Really Social Capital? Commentary on Carpiano and Fitterer" *Social Science and Medicine* 116, pp. 237-238.

Schechter, L. (2007) "Traditional trust measurement and the risk confound: An experiment in rural Paraguay" *Journal of Economic Behavior & Organization* 62 (2), pp. 272-292.

Shoji, M., K. Aoyagi, R. Kasahara & Y. Sawada & M. Ueyama (2012) "Social Capital Formation and Credit Access: Evidence from Sri Lanka" *World Development* 40 (12), pp. 2522-2536.

Stiglitz, J. (1990) "Peer Monitoring and Credit Markets" *World Bank Economic Review* 4(3), pp. 351-366.

（澤田康幸）

| 第2章 | 日本企業と高齢者が果たすべき役割 |

1　はじめに

　ソーシャル・キャピタル（社会関係資本）に関する議論には，抽象的でわかりづらいものも多いが，本章では，ビジネスの第一線を離れた後，NPO法人や社会起業に関わりを深めてきたという立場から，具体例を踏まえつつ筆者の考えを述べてみたい。また，第3章では市民の活動や社会起業について広く論じているが，筆者の在英勤務経験が長かったことからイギリスの福祉政策の動向や最近の事情等については本章で論じることとした。

　ソーシャル・キャピタルはこれまで"経済学"にはなじみの少ない分野であった。ソーシャル・キャピタルの概念が必ずしも明確でなく，計測も困難であること，ソーシャル・キャピタルという捉え方でどのような新しい付加価値が期待できるか不明確なこと，概念が不明確なままに厳密さに欠ける議論も多く見られてきたこと等から経済学者に好まれる用語にはなっておらず，懐疑論が多い（大守 2011：55）。

　しかしながら，ソーシャル・キャピタルをわかりやすく，人々が他人に対して抱く「信頼」，それに「情けは人の為ならず」「お互い様」「持ちつ持たれつ」といった「互酬性の規範」「人や組織の間のネットワーク（絆）」と市場では評価しにくい価値であると定義することもできる（稲葉 2011：1）。

　本章では，そのような観点から，まず第2節でボランタリー経済とその系譜についてみることとする。自由主義市場経済の理論は人々の利己的行動を前提にしている。一方，市場の失敗，経済のグローバル化と知識産業化による所得格差の拡大，政府の失敗とガバナンスの問題等から，NPO法人やコミュニティでの支え合いを中心とするボランタリー経済の台頭が重要性を増している。そこで，ソーシャル・イノベーションの台頭や，日本を取り巻くNPO業界の

第 I 部　ソーシャル・キャピタルと経済の多様な関係

状況をみてみよう。

　第3節では高齢化社会を迎えた今，日本が活力を維持し，明るい未来を展望するために検討を加えるべき課題について考察する。特に企業社会が貢献できる分野について若干の個人的な取り組みと見解について付言する。

　第4節では，イギリスにおける福祉政策の歴史的変遷と最近の動向について検討する。ボランティアやチャリティの歴史は日本とイギリスでは異なっているが，日本の政府や自治体中心の福祉政策のこれまでのあり方は，アメリカよりイギリスの事例とより強い相関が見られ，イギリスの事例は日本が今後目指すべき方向に示唆を与えると考えられる。特に前保守党党首，デービッド・キャメロン率いる連立内閣が打ち出した「大きな社会」構想は今後の日本にとって参考になると思われる。

　第5節では前節で見たイギリスの「大きな社会」構想を念頭に，日本の人口動態，長寿社会を迎えて，企業社会，個人のあり方もまた大胆な社会変革に向かって挑戦すべきとの説を展開する。

2　ボランタリー経済とその系譜

（1）ボランタリー経済の定義と日本におけるソーシャル・キャピタルの調査

　経済の領域において，ボランティアや NPO など，個人の自発的な参加と人的つながりがベースになって成立している経済活動やシステムの重要性が高まっている。これらは，一般的にボランタリー経済と呼ばれる。そこでは，市場においても流通可能な財やサービスが，無料あるいは低価格で提供される。このシステムは，政府による「公的サービス」や，市場を通じた民間部門による「私的サービス」に対して，市民活動による「共的サービス」と位置づけることができる。

　こうしたボランタリー経済は，何らかの形でコミュニティ（地域）が基盤となって成立している。代表的な例としては，地域の中だけで流通する地域通貨や，インターネット上のコミュニティにおける情報の交換，流通といったものが挙げられる。ボランタリー経済の特徴としては，自発性，相互性，情報性，開放性，多様性，フラットなネットワーク型構造，自生的秩序，柔軟性などが

指摘できる。ボランタリー経済は，個人の自発的な参加に基礎を置き，コミュニティ内で相互に利益を与え合うことで成立している。また，その組織形態は，非常にゆるやかで柔軟な構造をもったネットワーク型のものが多い。

　ボランタリー経済においては，財やサービスの提供者が得る経済的利益は市場を通じた場合に比べて小さくなるために，自己利益以外の動機が経済活動の推進力となっている。その動機としては，利他性，自己実現，他者からの尊敬の獲得，参加意識，連帯意識などが考えられる。

　今後も経済システムの中心は市場経済に置かれるが，ボランタリー経済はそれを補完する役割をますます強めていくものと思われる。ボランタリー経済がうまく機能するかどうかは，コミュニティの構築とその内部における相互の信頼の醸成にかかってきている。即ち，ソーシャル・キャピタルは第1節で述べたようなわかりやすい稲葉の定義に従えば，市場経済を種々の理由で補完するボランタリー経済を支える基盤であるともいえる。この点，藻谷ら（2013：117）も，マネーに依存しないサブシステムも同様な概念を表わしていると考えられる。

　ここで日本総合研究所が2007年8月に実施した全国アンケート調査に簡単に触れておきたい。ソーシャル・キャピタルに関する既往の調査としては山内直人の「都道府県別市民活動インデックス」（2003年）や，内閣府によるアンケート調査（2003年）があるが，これらは一時点での把握である。これに対しこの調査（「日本のソーシャル・キャピタルと政策」〔2008年〕）は，2003年，2005年の内閣府の調査を参考に経年変化を独自に分析している。その結果として，2003年から2年ごとに見た，近所付き合いの推移（付き合いのある人の比率）は48.8％，48％，45.2％と低下している。また，社会的な交流の推移では，友人・知人の職場外での付き合いの頻度は低下している一方，親戚との付き合いは微増傾向，スポーツ・趣味・娯楽活動への参加状況は増加してきている。社会的な活動状況では地縁的な活動が大幅に減少している一方，ボランティア・NPO・市民活動への参加状況は8.9％，12.5％，9.0％，と基調的な変化は見られない。その後の状況は不明である。東日本大震災後の人々の意識変化や，高齢化がますます進行する都市部や地方でのコミュニティ崩壊という状況の中で，ボランタリー経済の動向には注意を要し，経年変化を継続的に調査する意義は，ますま

第Ⅰ部　ソーシャル・キャピタルと経済の多様な関係

す重要になってきている。

（2）ボランタリー経済が注目を浴びる背景

　市民社会の形成過程は各国における歴史的，社会的，文化的要因が関係する。チャリティやボランティアの文化は宗教的な背景にも依存するが，日本ではボランタリー経済のGDPや総雇用数が経済全体に占める比率は，少なくともこれまでは欧米に比べ低水準にあった。しかしながら，1995（平成7）年1月17日の阪神・淡路大震災後にNPO法（特定非営利活動促進法）が施行され，NPOの総数は急増してきた。また，2011（平成23）年3月11日の東日本大震災という未曾有の国難に直面し，市民社会の支え合い，「絆」の重要性が大きく認識されてきている。東日本大震災における津波や福島原発事故の恐怖と悲惨さは今なお癒えない。震災直後に国内からも多くのボランティアや義援金による支援が寄せられたことや，大災害にもかかわらず，秩序ある整然とした支援活動がなされ，被災者間でもお互いが寄り添い，助け合ってきた事実は日本社会において手厚いソーシャル・キャピタルが存在していることを物語っている。これらの不幸な経験を契機にして，日本の市民活動が活性化し，市民社会の成熟に大きく資することになるであろう。

　翻って，ボランタリー経済が拡大し注目を浴びてきた背景をみると，行き過ぎた新自由主義経済政策や，市場や政府の失敗，経済のグローバル化と知識産業化による所得格差の拡大，ガバナンスの欠如などを背景に市民の手による「共助」の概念が補完的に広がってきているものと考えられる。ソーシャル・キャピタル論は各方面からの学際的領域として研究されてきたが，同時に最近では実務者たちによっても重要な分野として注目されている。政治の世界では左右両派から注目され，ビル・クリントンやトニー・ブレアの中道左派の政治家たちは「第三の道」を求めて，政府機関を肥大化させることなく社会問題を解決する可能性を追求した。また，保守派は家族，宗教心，伝統的価値，同胞愛を基盤に「思いやりのある保守主義」を展開し，ソーシャル・キャピタル論に着目している。

（3）小さな政府と大きな社会

　1960年代から1970年代にかけて，日本を含む多くの先進民主主義国ではケインズ的な福祉国家体制の下で，政府による公共サービスの提供が積極化し，経済活動への規制や社会福祉も拡大した。ところが石油危機以降の低成長期を迎えることになった1970年代後半に入ると，財政赤字の拡大，政策課題の多様化・複雑化，少子高齢化，経済のグローバル化，住民ニーズの多様化から従来型の福祉国家体制は行き詰まりを見せることになる。経済の活性化を旗印に市場原理を重視した新自由主義が民主主義国家の目指す目標となり，規制緩和，民営化，小さな政府が，国家財政の立て直しのため標榜されるようになった。

　公共投資が減少した一方で，民間資金によりファイナンスされる PFI（Private Finance Initiative）や PPP（Private Public Partnership）が重視されるとともに，市民の自発的組織（NPO, NGO）への期待も高まった。ガバメントから市民団体によるガバナンスへと公共領域の担い手に変化がみられてきた（詳細は坂本〔2010：46-49〕参照）。

（4）ボランタリー経済の変遷

　まず，日本の NPO 法人の現況を見てみよう。内閣府によれば2018（平成30）年5月時点で，NPO 法人数は5万1,829，また税制上の優遇を受ける認定法人数は1,079となっている。2013（平成24）年4月から寄付税制が変更された後，認定 NPO の数は急増している。また，認定 NPO 法人の増加に伴って，今後徐々に寄付文化が定着することが期待されている。

　一方，NPO 法人の収入を見ると65％の NPO 法人は年間収入500万円以内の脆弱な基盤にあることがわかる。また，内閣府は国民のボランティア活動への意識調査や参加実績に関する興味深いサンプル調査も公表し，情報公開を進めている。総務省も地方自治体にさらなる情報公開を求めていることから，インターネット上で国や自治体が保有する情報の公開が進めば，ボランタリー経済や市民社会の活動の実態が判明し理解が深まることになる。市民社会の活動領域が拡大し，「公助」を補完する「共助」領域が拡大することは，公的債務が増加を続け，財政負担に苦しむ日本にとっては望ましい社会の変革である。

　内閣府の NPO ホームページや，国・都道府県公式公益法人情報サイト等を

通じ，国や自治体の公益政策に関する情報公開がさらに進展することを期待したい。

　前述のように，東日本大震災を機に日本におけるボランタリー経済の領域はさらなる拡大の方向にある。ただし，この動きを加速化させるためには，ボランタリー経済を支える公共部門の支援や教育との関係強化が急務である。また，アドボカシー（政策提言，啓蒙活動）や中間支援型NPO（NPOを支援するNPOなど）の存在と活躍もボランタリー経済を支える「共通インフラ」として重要であり，さらなる質・量面での充実が期待される。

　筆者が特別顧問として関わているNPOサービスグラントは中間支援組織として，新しい形のボランティアのあり方を提案してきた。同社が展開するプロボノ仲介活動が付加価値の高いサービスとして注目されている。プロボノとは，ビジネスの世界で培った専門知識（スキル）を利用した社会貢献のことである。2017年6月現在，同社に登録されたプロボノ・ワーカーは設立以来，3,404名，累積プロジェクト数は499件に達している。詳細はサービスグラントのホームページを参照されたい。

　このようなビジネス・モデルが社会変革に与える影響は単にボランティアとしての側面だけでなく，企業とNPOの両組織間で相互に働き方の違いを学ぶことによって，個人が社会的意識を向上させることができるという点でも注目に値する。この団体では，企業の社員教育の一環として「プロボノ価値共創プロジェクト」としてサービスを提供している。また，東京都（東京ホームタウン・プロジェクト）や大阪府（大阪ええまちプロジェクト）が進めるプロボノ活動で地域内のNPO基盤強化を図り，地域包括ケア推進の一環として，地域インフラ強化のための事務局を務めている。

（5）**社会的企業の台頭とソーシャル・イノベーション**

　ソーシャル・イノベーション，即ちビジネスの手法を活用して増大する社会の諸課題に挑戦し，社会の変革を試みる動きが，近年世界的なうねりとなっている。特に欧米では，優秀な新卒者は社会的企業に直接就職する人も多く，たとえば，Teach For Americaは一般企業を押さえ，アメリカ新卒文系学生のトップランクの人気企業となっている。日本でも，病児保育のビジネス・モデ

ルで成功した認定 NPO 法人フローレンス（代表：駒崎弘樹氏），ワンコイン診療で医療費削減にチャレンジするケアプロ株式会社（社長：川添高志氏），留職プログラムで大企業の若手社員を教育する，特定 NPO 法人クロスフィールズ（代表理事：小沼大地氏）等の成功事例は特筆に値する。

　社会的企業により社会の変革を支援する例として，ここではワシントンに本拠を置くアショカ・グループについて記しておきたい。アショカの組織は1981年にビル・ドレイトンにより設立された，社会変革の仕組みを研究する世界最大の社会起業家支援ネットワークである。世界各地に拠点を持ち，財団から資金支援を得て専業で社会変革にチャレンジするアショカ・フェローが3,500名（2018年７月同財団ホームページ）活動している。また，2011年にはアショカ・日本が設立されている。筆者は2013年にロンドンで開催された第２回 ASN・アショカ・サポート・ネットワーク国際会議に参加した（第１回2012年はマイアミ，2014年はパリで開催）。各国から参加した，アショカ職員，アショカ・フェロー，アショカ・サポーター（専門分野支援や各国のアショカ団体への資金協力者たち）などの活発な議論を見て大変触発された。多岐にわたるアショカの諸活動の中で，筆者の関心は経済発展途上にあり，今後大きな消費市場となる可能性を秘めた，中国を含むアジア諸国や，インド，アフリカ，中南米諸国等での BOP（Base Of Pyramid）ビジネスにある。BOP のビジネス・モデルはアショカの組織内部ではハイブリッド・バリュー・チェーンと定義されており，企業社会とのコラボレーションによる低所得・低開発地域での生活水準改善と雇用の増大を目的にしている。特に，今後とも人口増加の著しい開発途上国では，多くの国民は年間所得3,000ドル以下の生活水準を余儀なくされている（世界中では全人口の72％，40億人がこうした層であるといわれている）。これらの地域では，単に外部から金銭的援助を受けるのではなく，自ら生活の糧としての所得を得られること，すなわち雇用創出がより重要である。

　アショカ・フェローたちは，世界各地で生活の糧を得るための“魚の釣り方”を指南し，社会のあり方を根本的に変革すべく，チェンジ・メーカー（社会の変革者）として挑戦している。一方企業側から見ても BOP 市場は将来の潜在的に巨大な顧客層でもあり，企業の社会的責任（CSR）の観点だけでなく，将来市場への先行投資の観点から熱い目を向け始めている。「公益資本主義」

第Ⅰ部　ソーシャル・キャピタルと経済の多様な関係

なる考え方を広めた，原丈二は早くから事業により開発途上国の貧しさを解決する手法に着目してきた（原 2013：201）。

3　変貌する高齢社会とソーシャル・キャピタル

（1）超高齢社会の予測

　まず，日本の高齢社会の状況と今後の予測についてみておきたい。2017年10月1日時点の日本の総人口は1億2,671万人，65歳以上の高齢者の人口は3,515万人（全人口に占める割合は27.7％，内男性，1,526万人，女性，1,989万人），前期高齢者（65-74歳）の人口は1,767万人（13.9％），後期高齢者（75歳以上）の人口は1,748万人（13.8％）となっている。総人口が9,284万人に減少する2060年には，高齢者の比率は38.1％，後期高齢者の比率は25.7％，一方，生産年齢人口（15-64歳の人口）は2016年には7,596万人（60.0％）であったものが，2060年には4,793万人（51.6％）と約2,803万人減少する。日本の総人口，生産年齢人口は既に2010年から2017年の間で，それぞれ，135万人，507万人減少している。

　超高齢化とともに，医療の発展と生活水準の向上から長寿社会の到来が同時に予測される。近年，実質定年が60歳から65歳に延長されたが，健康で意欲と能力ある高齢者が生涯現役として働くことのできる慣行を目指すべきであろう。また，社会問題としては一人住まい世帯の増加傾向，孤独死の問題や，早晩，「多死時代」の到来も予想しておく必要があろう。

　2025年には，年間250万人の死亡が予測されている。今は病院で看取られるのが一般的になっている終末期の医療は，病院不足と費用負担の観点から，かかりつけ医師による自宅での医療体制に移行せざるを得ない。また，医療保険と介護保険とを一体的に管理する体制も検討する必要がある。健康，介護，医療等，生涯にわたる健康づくり，認知症支援政策，地域における持続的在宅医療や介護，高齢者の社会参画，学習，バリア・フリーで高齢者に優しい街づくり，次世代交通システムの構築等検討すべき課題は多い。日本の高齢化問題は近い将来のアジア諸国のモデルになりうるが，そのためにも今後各種の社会制度の変更と整備が必要となってくる。

　一般的に人口動態の変化のスピードが速い国において社会制度の対応が遅れ，

制度の歪みから社会課題を拡大する傾向がみられる。日本の年金制度の問題点などはその典型的な例である。人口全体に占める65歳以上の比率を「高齢化率」と呼ぶが，7％（1970年）から14％（1994年）に達するのに日本ではわずか24年と西欧先進国に比べ著しく短い。近隣アジア諸国では，中国で25年と日本と同様であるが，シンガポールで20年，韓国では18年とさらに短くなっている。

労働力人口のピークは日本では1998年であったが，韓国，シンガポール，香港，中国は2015年，タイでは2020年，インドネシアでは2035年と見込まれ，近隣諸国においても高齢化問題は今後深刻さが増すことになる。日本の定年制度は1980年代に徐々に55歳から60歳定年に移行し，現在65歳への延長が進んでいる。2013年4月には韓国で，最近インドネシアでも60歳定年への移行が法制化され，その他のアジア諸国でも同様の動きがみられる。特に一人当たり所得の比較的低い地域や，年金制度，医療保険制度等が不十分な地域では高齢化がもたらす社会問題はより深刻さを増す。今後，日本で取り組まれる高齢化社会が直面する社会課題への挑戦は，アジア諸国への道標となるであろう。

（2）人口減少による生産年齢人口の減少

生産年齢人口の減少については前述の通りであるが，移民受け入れ政策と，女性労働力の活用，シニア層の労働力化等が社会的課題となる。外国人及び，女性労働力の活用は諸外国と比較しても遅れており，大幅な増加策を検討すべき時である。

一方，高齢者の労働力化（事実上の定年延長）については，これまで年金給付年齢との関係から議論されてきた。本来各人の状況は異なっており，実質定年を政策的に決め，私企業や個人に強制適用するのは邪道である。長寿社会の到来で，健康で意欲溢れ生涯現役を希望する高齢者も多い。労働の自由，多様な雇用契約，仕事に応じた報酬などの原則の下に，今後の改正は定年制度を廃止する方向で議論されるべきである。労働力不足の状況は既に各所で生じつつあり，「働き方改革」も議論される中で，企業は年齢で縛るのではなく，健康で，働く意思と能力がある個人を戦力として活用すべきであろう。

一方，企業内は生産性を継続的に上昇させるためにも，スキルや「知」の伝承にもこれまで以上に注力すべきである。また，働き方やライフ・スタイルに

第 I 部　ソーシャル・キャピタルと経済の多様な関係

中立的で，持続可能な公的年金制度を「社会保障推進法」の中で検討すべきである。

（3）シニア層の期待される社会での"居場所"

　政府は「高齢社会対策基本法」（1995年）に基づき，高齢社会対策大綱（2001年12月閣議決定）において，以下の6つの基本的な考え方を示した。

- ・「高齢者」の捉え方の意識改革
- ・老後の安心を確保する社会保障制度の実現
- ・地域力強化と安定的な地域社会の実現
- ・安心・安全な生活環境の実現
- ・若年期からの「人生90年時代」への備えと世代循環の実現
- ・社会参加と学習

　いずれも重要な項目であるが，ここでは「高齢者」の社会参加と学習が，その他の項目とも関連して重要であると考えられるので言及したい。高度教育が普及している日本社会においては，「高齢者」の知識欲は旺盛で，近年自治体や大学が主催する社会人教育は，地域社会で展開されている趣味・教養を目指したカルチャー・センターなどと並んで拡大・充実しつつある。大学は，少子化時代を迎え一般学生が減少する一方で，社会人を新しい顧客として取り込もうとしており，今後ますますこの種の取り組みは拡大し，競争による質の向上，サービス内容の充実が期待される。

　現在開催されている社会人教育の中で成功している一つの例として立教大学の「立教セカンド・ステージ大学」が挙げられる。50歳以上の学生を対象に，"学び直し"と"再チャレンジ"をコンセプトにした仕組みで，まさに「人生100年時代」に備えた先進的な試みである。大阪府の財政悪化から橋下元知事の下で，大阪府老人大学が整理の対象となったが，その後関係者の賢明な努力で受け皿としてNPO法人大阪府高齢者大学校が設立され，現在行政の資金支援なく自立しているという経緯は特筆に値する（2017年度の経常収入は1億6,525万円，2018年7月現在の授業科目65，受講生2,700人強とのことである）。このような

50

社会人教育の場を通じ，単に教養や知識を満足するばかりでなく，シニア層が
どのように積極的に社会参画に関わり，地域社会を再構築できるかが今後ます
ます重要になる。シニア層が「支えられるのみならず，支える側に転じ」「学
習から行動へ」，そして「社会貢献活動」に目覚める時，市民社会のさらなる
発展への期待が持てる。有償であれ無償であれ，長寿社会では高齢者が社会で
の居場所を持ち続け，個人個人の健康に配慮しながら，生涯現役社会を実現す
ることが自己実現できる秘訣でもある。

　ところが実際には，これまで終身雇用制度の中で企業戦士として活躍してき
た人たちにとって，早期退職して再チャレンジするケースを除き，65歳で退職
してからボランティアや社会貢献の道を歩み始めるのは組織文化の違いもあり，
かなりハードルが高い。個人個人が自分の将来を見つめ，企業に在籍中にボラ
ンティアや社会貢献（たとえばプロボノ活動など）を体験し，現役時代に退職後
の社会参加の準備期間を持つことが必要である。企業内で自社のシニア層を対
象に「気づきゼミナー」を企画することなども考えられる。

（4）NPO法人プラチナ・ギルドの会の挑戦

　シニア層が核になって各種サービスを提供するNPOの数も昨今増加してき
ている。たとえば，メーカー経験者が中心になり，小・中学校で出前技術支援
授業を行ったり，大手製造業の退職者が中小企業向けに技術支援を提供したり
するなど，シニア層の社会貢献の活動領域は広がりつつある。しかしながら，
60歳，65歳で企業を定年退職した後に突然社会デビューを果たそうとしても，
NPOの組織文化は一般企業の文化と異なり，なかなか簡単に社会参画できな
い。

　そこで，プラチナ・ギルドの会は，2013年10月に1年以上の任意団体として
の活動実績を踏まえてNPO法人化し，シニア世代が社会貢献活動に参画しや
すい仕組み作りへの永続的な挑戦を始めた。この会はこれまでビジネスの世界
にいた人たちが中心に集まり，それぞれ関心のある分野でボランティアや社会
貢献活動をしつつ，毎月1回の例会の場を通じて相互に学び合い，また，これ
から退職してくる後輩たちに社会デビューへの道筋を示したいと考えている。
単なるシニアの居場所づくりに留まらず，NPOとして継続的事業展開を始め

るため発足と同時に事業として，社会で裏方として活躍するシニアを顕彰し，同年代や後輩たちに模範（ロール・モデル）を示すという，プラチナ・ギルドアワードを実行中である（2018年2月24日には，第5回プラチナ・ギルド　アワードの表彰式を開催，6名の方を顕彰した）。また，既退職者や50代，60代の企業内シニア向けに，2017年1～2月の土曜日に座学とNPO研修等を組み込んだ，第2回プラチナ・ギルド・アカデミーを実施した。終了後は，NPO法人サービス・グラントと共催し，NPOと，NPO法人のために理事や顧問，事務局等で働きたいと考えている人材のマッチング事業（ボードマッチ）を実施した。2回のボードマッチを通じ，成果も明らかとなってきたので，今後とも継続的な活動としたい。また，大手企業の企業内シニア向けにテーラーメードの"気づきセミナー"を実施することも予定している。さらにアドボカシー（広報・啓蒙）事業を開始し，これまでのアワード受賞者や当会の関係者で社会貢献活動に従事中の人たちを広く社会に周知するための『プラチナ応援サイト』というホームページを新設した。この新しいHPには，中央区の防災ラジオでもある中央FMで毎月一回20分の「プラチナ・スピリッツ」番組内で収録した受賞者インタビューをアーカイブとして掲載している。2018年7月現在約80名の会員（内，約半数は現役）を擁しているが，中間支援型のNPOを目指すと同時に，NPO法人サービスグラントと協力して，現役時代に培ったスキルや経験を活用した「シニア版プロボノ」プロジェクトの開発も視野に入れている。また，シニア層が社会で活躍する居場所を提供し，世代を超えた交流を通じて市民活動が活性化することを展望したい。

4　イギリスの「新しい公共」

　次に，イギリスにおける社会的起業やそれに関する政策に関する考察を行う。イギリスの取り組みは様々な面で先進的であり，日本にとっても参考になるものが多いと考えられる。最終節ではイギリスの経験の含意も踏まえつつ，日本の進むべき路について考察したい。

（1）イギリスの福祉政策の変遷

　イギリスは西欧先進国の中でも最も福祉政策の充実した国といわれてきた。「ゆりかごから墓場まで」という言葉に象徴されるように，1960年代までは行き届いた高福祉社会を実現していた。ところが，労働党政権下で，労働運動の激化，低成長，財政の破綻などから，1960年代後半にはポンド危機を引き起こし，「英国病」と揶揄される時代に突入した。その後，サッチャー政権（1979-1990年）の大胆な新自由主義的改革により，「小さな政府」即ち民営化と規制緩和，減税策，民間活力の利用が進められ，1980年代の後半から経済は成長軌道に乗った。サッチャー路線を引き継いだメジャー首相に担われた保守党政権下では，強力な健全財政政策を追求するあまり社会保障や医療関係費は大幅に抑制された。

　1995年5月，18年ぶりにブレア首相率いる労働党政権が誕生する。ブレア政権はこれまでの労働党左派の理念を捨て，脱社会主義政策（保守党に近い政策枠組み）と福祉国家の現代化，即ち，市場の効率と社会主義・平等を目指す「第三の道」を歩み始めた。本節をイギリスの「新しい公共」と題したのは，日本の鳩山民主党政権下で推進されようとした「新しい公共」をもじったものであるが，当の民主党政権崩壊により，日本では進捗が見られなかった。

　「第三の道」でブレア政権は従来の労働党左派が主張していた国家財政による手厚い社会福祉政策から脱却し，弱者救済と雇用創出による，新しい福祉政策を模索した。すなわち市場の効率化と社会主義・平等路線を打ち出した。

　2010年5月の総選挙により13年ぶりに労働党政権から，保守党と自由党の連立内閣が成立し，第一党である保守党の党首，デービッド・キャメロンが新首相に就任した。労働党政権下で財政状況は悪化し（財政赤字はGDPの11.5％），連立政権は最重要政策として，税制改革と歳出削減に取り組むこととなった。連立内閣は伝統的な福祉政策にも切り込み，「大きな政府」から「大きな市民社会」へ舵を切ることになった。キャメロン首相は自ら政府や自治体による福祉政策の効率の悪さを認め，国民に協力を呼びかけ，市民社会の活性化により多様な住民ニーズに代替することとした。大きな市民社会を目指して，NPOやチャリティ等の市民活動を活性化する手段として，国家主導によるボランタリー・セクター向け投融資専門機関が設立された。The Big Society Capital

（以下，大きな社会基金）の導入を決め，世界的にみても新しい実験が始まっている。

（2）大きな社会基金（The Big Society Capital）

サッチャー政権下の1980年代中頃，ロンドン近郊の街で暴動が多発し，その頃からイギリスの企業に，学校，病院，教会などと同様，市民社会の一員であるとの自覚が芽生え始めていた。当時筆者はイギリス駐在中で，イギリス経団連（Confederation of British Industries）傘下の多くの企業がBITC（Business in the community）に加入し，社会貢献活動に積極的になっていたことを肌で感じていた。この団体のホームページには444社の会員企業名が列挙されている（2018年7月現在）。BITCへの往訪を含め，NPOの中間支援組織であるCan Mezzanine，オックスフォード大学の社会起業家教育施設であるスコール・センターなどを訪ね，イギリスボランタリー・セクターについての基礎的認識を深めた。

その後，筆者はロンドン・オリンピックが開催された2012年夏にイギリスに約1カ月滞在し，イギリスの市民セクター（NPOやチャリティー）について勉強する機会を得た。丁度，日本でNPOサービス・グラントの特別顧問に就任し，欧米諸国での市民活動のあり方に興味を持っていたのがきっかけとなった。

翌2013年春にアショカ・サポート・ネットワーク（ASN）のロンドン国際会議に参加するため再度イギリスに出張し，新設の「大きな社会基金」の本社の社長室（Company Secretary）を訪ねた。シティーに事務所を構える真新しい組織で，投融資実績もまだまだ限られてはいたが，この団体の経緯と活動について簡単に触れておきたい。

大きな社会基金設立の目的は，政府や自治体による公共サービスを代替・補完し得るものとして，市民活動を重視し，資金面で支援することにより，市民社会の持続可能な活動を担保することにある。2000年にゴードン・ブラウン大蔵大臣の下でSocial Investment Task Force（社会的投資の研究会）が設立され，2005年にはロナルド・コーエン氏の下で銀行の休眠預金（15年間動きのない預金口座）の活用について政府から独立した調査委員会が設立された。2007年に独立調査委員会は休眠預金の資金を公的部門（social sector）で利用することを勧告，

2008年に休眠預金の活用に関する立法が成立した。そして，2010年には政府が社会的投資をするための仲介銀行設立を決定，2012年4月に「大きな社会基金」が設立された。

　特徴としては，資金はすべてNPOやチャリティなどのボランタリー・セクターに融資または投資される。投・融資は，市場からの同額のマッチングを条件とし，中間団体を通じて実行される。貸出対象先を熟知している中間支援団体経由にすることで，審査を容易にすると同時に貸出金の不良化を極力避けるよう配慮していることが挙げられる。

（3）「社会的企業」について

　2006年6月，イギリス政府は会社法の概念を拡大し，ビジネスの手法を活用して社会に貢献する企業，「社会的企業」（CIC：Community Interested Company）の法人格を新設した。CIC監督庁が所管し，CIC企業の認定を行う。申請に当たっては定款に社会貢献活動を明記させ，商業的活動で上げた利益を社会に還元することを確認している。配当や役員報酬は認められるが，一定の制限が課せられる。特段の税制上の恩典はない。現在，チャリティ，NPOは6万件以上存在するが，2013年時点でCICの累計認可件数は3,572件となっている。イギリスでCIC制度ができるとほぼ同時期に韓国でも同様の法整備がなされ，「社会的企業」が活動を始めている。「社会的企業」は社会的課題を解決するという点では，政府や自治体と同じ目的を共有するが，官僚機構の非効率性に比し，民間ビジネスの手法を導入することにより民間部門の経営感覚で社会問題の解決に挑戦し，同時に企業として利益を上げることにも成功している。

　具体的な事例研究としてCIC企業のチャンピオンでもあるHTC Groupの社長Dai Powell OBE（CEO）を訪ね，会社経営の実態について聴取した。同社は1982年Hackney地区にあった30の社会的弱者向け交通サービスのボランティア団体が合併してできた。2001年に，ロンドン交通局からロンドン・バスの運営委託契約を獲得（現在ロンドン赤バス全体の1％のシェアを有する）し，この事業収益を社会的弱者（障害者など）の送迎サービス事業にまわしている。同社の法人形態はチャリティ財団ながら，東西ヨークシャー等その他地域の同種サービスを合併し，傘下にCIC企業を有する。

55

第Ⅰ部　ソーシャル・キャピタルと経済の多様な関係

　同社はロンドン・バスの運行については競争入札で受託契約を獲得しており，競争相手の私企業と全く同一の競争条件の下にある。CEO の説明によれば本人の報酬も含め，同社の社員は世間並みの給与を得ているが，CIC 企業であるという事実に誇りを持ち，収益の一部が社会貢献活動に回されていることが社員に意識変革をもたらし，効率的な会社運営に繋がっているという。また，大きな社会基金からも資金支援を受ける予定で，効率的な運営からロンドン以外の地域でも拡大を続けている。一般民間企業のようにチャリティや NPO が大きな社会基金から買収資金の融資を受ける日も近いとのことであった。

（4）市民社会を育てる社会的インフラとしての中間支援組織

　大きな社会基金を論じた際，支援資金の仲介機関として中間支援組織の存在が重要であることに触れた。具体例として，チャリティや NPO に事務所を提供し，各種の支援活動をする Can Mezzanine と，社会起業家や起業家を支援し育成するオックスフォード大学のスコール・センターを往訪したので合わせ報告する。

　Can Mezzanine は1998年にイギリス政府の支援を受けて設立されたチャリティ機関で，NPO やチャリティに対して市場価格より安価な活動の場所（拠点・ハブ又はクラスターと呼ばれる）を提供し，多くの NPO のための共同オフィスとなっている。また，同時に活動のためのノウハウや，営業・資金支援も行っている。イギリスには 6 万件を超えるボランタリー企業が存在するが，新規設立の「社会的企業」も多く，ハブ（又はクラスター）の存在意義は大きい。これらのハブやクラスターはロンドン市内に数カ所存在し，地方都市にも波及している。また，ヨーロッパ各地，アジアの主要都市にも広がりつつある。最近日本でも初めてハブ・東京が目黒区に設立された。

　オックスフォード大学のサイード・インスティチュート内に設立されたスコール・センターはイーベイの創業者スコール氏の資金支援で設立された。同研究所は起業家・社会起業家支援のための研究機関で，起業家，社会起業家の別なく，イノベーションをどのように活用し，起業するかに重点が置かれている。研究所内に Emerge Venture Lab. を持ち，事前にビジネス・モデルの試験に合格した若き起業家たちが学内・外の協力を得て，新規事業を立ち上げている。

同大学では社会的企業の社会に与える非金銭的価値，社会的影響（Social Impact）などの計測手法などを研究し，社会的投資の判断基準についての学問的研究を行っている。これらの手法は「社会インパクト債券」（Social Impact Bond）に対する投資判断基準等にも応用されることになるであろう。

（5）「社会インパクト債券」について

2013年6月にロンドンで開催されたG8サミットにおいて，主催国であるイギリスのキャメロン首相は「社会的投資市場」がグローバル化してきた事実に着目し，これをG8の主要テーマとして取り上げた。社会的課題を解決する目的で発行されたSocial Impact Bond（SIB 社会的インパクト債券）はこれまでインドなどの開発途上国の所得水準を改善する目的で一部の企業がBPOビジネスに関連して発行されてきた経緯がある。イギリスでは2010年に初めて国内で開発され，2014年4月までに受刑者再犯防止，ホームレス社会復帰，児童養護等世界で20件以上の実績がある。

2012年にロンドン市と地方自治省が共同でSPV（特定目的会社）を設立，発行した期間4年の社債，200万ポンド（約3.4億円）のケースでは元本保証はなかったが，事前に定義された事業の社会的成果に応じて，ロンドン市が元本とリターンを合わせ，最大500万ポンド（8.5億円）の支払いを保証した。事業の対象となったホームレスの内，路上生活から定住し社会復帰を果たした人の割合により投資リターンが変動する仕組みになっている。2010年に発足したキャメロン連立内閣は4年間で810億ポンド（約14兆円）の予算削減を約束し，政府は財政健全化の途上にあり，財政圧迫から民間資金によるSIB発行に踏み切った。ロンドンにおけるホームレス対策の行政コストはホームレス1人当たり5年間3.7万ポンド（630万円）で，11％程度のホームレスが社会復帰できれば投資効果が出ることが試算されている。イギリスでは各種の社会課題に民間資金を投入する，インパクト投資（Impact Investment）の手法による社会変革（Social Innovation）に期待が持たれている。

同時に，インパクト投資の分野はアメリカやオーストラリアなどでも自治体が発行するほか，開発途上国の発展に向けたBOPビジネスでも取り上げられつつある。欧米ではインパクト投資に興味を持つ企業（イギリスのシアソン・グ

第Ⅰ部　ソーシャル・キャピタルと経済の多様な関係

ループやフランスのダノン・グループ等）や個人の富裕層も増加してきている。日本でも2014年，ベネッセが1,500万ドル（約15億円）のインパクト投資ファンドを組成したことが報じられている。前述の「大きな社会基金」制度に合わせ，財政が逼迫している日本の自治体でも大いに検討の余地がある。

5　日本社会が進むべき方向

　日本では，超高齢化社会を迎え人口減少が始まり，経済は低迷し，そして福祉政策に制度疲労が顕在化してきた。こうした中で，日本社会が向かうべき進路について考えてみたい。

　まず，日本の当面の課題を考えてみよう。喫緊の課題として，休眠預金活用がある。2016年末に休眠預金等活用法が成立し，2017年5月には休眠預金活用等審議会が開催された。約1年間をかけ基本方針の策定，指定活用団体の決定（2019年春の予定）と事業計画等の認可が行われる予定になっている。本審議会での議論は「イギリスの新しい公共」にも関連し，日本において市民社会の健全な発展とそれを支えるシステムを構築する上で，重要な分岐点であると考える。

　次に企業のあり方，そして企業と従業員（社員）の関係がある。日本ではこれまでの終身雇用制度や定年制度の下で企業と社員の関係が歪められてきた。「働き方改革」等でも議論されてはいるが，これを正常化していく必要がある。

　最後に，これまでのプラチナ・ギルドの会の活動を通じて筆者が感じてきたこととして，超高齢化社会の中で益々大切になると考えられる，共助，助け合い，地域コミュニティの育成等「ソーシャル・キャピタル」の醸成の重要性を強調しておきたい。

（1）何故イギリスから学ぶのか

　かつて日本は明治維新の大改革で，イギリスの議会制民主主義の政治体制を学び，その後もイギリスの諸制度を導入し，イギリスから多くを学んできた。今，日本は超高齢社会の到来で経済は成長力を失い，国家財政は破綻をきたしつつあり，多くの社会的課題を抱える「課題先進国」となった。如何なる国家

も多くの課題を抱えている点では同様ではあるが，それらの，国家的，社会的
課題に対し具体的に実現可能な対策を講じているかが問われている。

　2017年に，メイ首相はBREXIT（EUからの離脱）交渉を有利に展開するため
に強力な政治基盤の樹立を目指し総選挙を主導した。ところが，逆に保守党は
政権基盤を弱める結果となり，北アイルランド民主統一党と連立政権を樹立し
与党としてかろうじて過半数は抑えたものの，メイ首相失脚の可能性すらある
状況になった。イギリスはサッチャー政権以降，いかなる政権下でも自主権の
確保には固執しており，通貨統合にも加わることを拒否してきた。予断は許さ
ないが，これから厳しいBREXIT条件交渉でイギリスが困難な局面に直面す
るとしても，一方のEU諸国の連携もまた苦難の未来を予見せざるを得ない。
したがって，離脱後もイギリスとEUの関係が，双方にとって致命的な結果を
もたらすと想定すべきではないであろう。

　アメリカ社会に学ぶ点ももちろん多いが，歴史と固有の文化，島国という国
土的均質性，社会基盤や構造，保守的な国民気質等から，今一度日本は謙虚に，
最近のイギリスの挑戦を学び，財政支出に依存した官主導の福祉政策から大き
く方向転換し，強い市民活動の育成によるボランタリー経済を強化するための
インフラを制度設計するべきである。将来イギリスで労働党への政権交代の可
能性は残るが，労働党左派の政権は別として，ブレア政権の福祉政策も保守党
と近く，「新しい公共」の考え方には大きな変化はないものと思われる。

　ボランタリー・セクターを強化するためのハブやクラスターの新設や，政・
官・学と市民社会が協力し，社会起業家を輩出するインフラ，また，その指導
者を養成する仕組み，公共セクターと民間セクターが平等の立場でパートナー
シップを組む「イギリス・グラウンド・ワーク」による地域創生活動等，「イ
ギリスの新しい公共」に学ぶべき点は多い。

（2）休眠預金活用法案

　休眠預金の活用については日本でも長らく議論され，イギリスや韓国におけ
る先進的な事例研究もある程度進んでいる。日本の金融機関に眠る休眠預金
（10年間移動なく，「休眠」と定義される預金口座）は年間約1,000億円といわれる。
今後10年経過後の休眠預金は預金保険機構に移管され，預金者から請求があれ

第Ⅰ部　ソーシャル・キャピタルと経済の多様な関係

ば支払いが行われる。最終的に請求されない休眠預金は控えめにみても半分程度，約500億円とみられている。本法案成立により，制度設計が終了すれば公益に資する活動（法第17条）に基づきNPO法人などの公益セクターで活用される。詳細制度設計はこれからの審議会の議論を待たざるを得ないが，資金の活用は資金分配団体を通じて2019年秋頃から民間公益活動を行う団体に対し，助成，貸付，出資が開始される予定となっている。

　前述のように，イギリスの休眠預金（預入から15年を超え請求されない預金）の活用は，「大きな社会基金」が担っているが，日本では指定活用団体がその役割を果たすことになる。重要なことはイギリスでは転貸機関が長らく公益セクターを熟知したプロフェッショナルな民間転貸業者で，最終支援を受ける公益団体に対しては原則，貸付金（3-5年）または投資（7-10年）を行うのみで，助成金を支給することは原則想定されていない。また，融資に対しても最低融資額の100％以上のコー・ファイナンスが条件となっている。日本における立法過程でも休眠預金が安易に利用されないように，資金が活用できるセクターを法第17条で限定していること，また，ソーシャルイノベーションや社会的インパクト評価の手法を利用し，助成や，融資，投資の経済的・社会的効果を判断基準にしていることは評価に値する。

　日本で休眠預金等活用法案が成立したことは誠に素晴らしいことであり，制度設計には大きな関心を有している。個人番号制度の導入と普及で，日本の休眠預金の金額が今後大きく減少することも考えられるので，この資金をイギリスの先例に習って，民間資金との抱き合わせで融資，投資する仕組みとすれば，これまで未成熟であった日本の公益セクターを革新する"起爆材"となる。休眠預金を単に助成金として「消費」するためだけではなく，この機会に日本でも「大きな市民社会」建設に向かって，大きな構想を練り，社会変革のための触媒として資金が活用されることを期待したい。

（3）これからの日本企業のあり方

　第4節でBITC（Business in the Community）の概念について述べたが，残念ながら一部の地方企業を除いて，日本の企業は地域の一員としての意識が薄い。経団連はBITCの活動を学ぶためにミッションを出してはいるが，いまだ具体

的な動きはみられない。

　東芝，富士写真グループの最近の例にも見られるように，ガバナンスが弱い点も指摘されている。企業の社会貢献は，メセナ，フィランソロピーからCSR（企業の社会的責任），ESG（環境，社会，ガバナンス）経営，そして現在SDGs（持続可能な開発目標）へとその領域が広がっているが，新しい分野への日本企業の認知度並びに企業行動への取り組みは，欧米企業比遅れているといわざるを得ない。2015年9月，国連はSDGs2030（ミレニアム開発目標を引き継いだ，「持続可能な開発のための2030アジェンダ」）を採択した。即ち，2016年から2030年までの持続可能な（Sustainable），開発目標（Development Goals）として国際社会の共通課題である17の目標と169項目の達成基準が盛り込まれた。

　人口減少社会を迎えた今，日本のグローバル企業は今後成長が見込める海外マーケットの市場開拓を急ぐべきである。とりわけ，アジア，アフリカ，中南米等の開発途上国のマーケットを開拓し，BOP（Bottom of Pyramid）に取り組むことが期待される。最近の科学技術の進歩（IOT, Cloud Computing, AI, Fintech）において欧米先進企業に後塵を拝していることも懸念される。

　企業文化・風土，慣習などの後進性から，労働市場が極度に人材不足になりつつあるにもかかわらず，優秀な外国人経営者を呼び込めず，優秀な留学生を採用しても定着率は低い。働き方改革が議論されているが，年功序列や定年制度を廃止し，成果に応じた給与の仕組みを導入し，随時採用も含め多様な人材をフレキシブルに活用していくことを検討すべきであろう。労働市場は今後需給の関係から流動化が進み，優秀な人材から順番に働きがいのある（労働環境や，企業風土の良い，そして自分に投資してくれる）会社に移動していくことになるであろう。

（4）これからの個人と企業のあり方

　日本ではこれまでサラリーマンは就職ではなく，就社していた。即ち，職種ではなく会社を選択し，企業内における仕事はローテーションで経験を積み，給与も年功給がベースにあった。企業と個人の雇用契約は一方的で，終身雇用者として企業は社員に対して事実上，肉体的にも精神的にも過大な要求をしてきた。サービス残業や，燃え尽き症候群などは明らかに企業と個人の片務契約

に基づいている。勿論問題はサラリーマン側にもあり，企業に忠実で滅私奉公することが生涯所得を極大化すると想定していた。

ところが近年，平均寿命，健康年齢が延伸し，年金支給開始が財政制約から繰り上げられ，法的定年は65歳まで延長されることになった。しかしながら，企業は厳しい競争の中にあり，企業内の労働需給の状況も一様ではない。本来雇用契約は年金制度等とリンクされるべきものではない。また，科学技術の進歩により，企業自体の平均寿命は今後短くなることが予想される。従って，終身雇用そのものの有効性も疑問視される可能性もある。

一方，グラットンら（2016）が指摘しているように，平均寿命も健康年齢もまだまだ伸長する。個人の人生設計とそれを支え，生活を守るためには今まで以上に長期間働く必要がある。科学技術の進歩の成果と効率化により生産性向上が見込まれることから，リクリエーション（自分を変えるための投資）を惜しまない人は，より高い所得を得ることが可能であろう。逆に単純労働者は職場自体がロボットやAIによりとって代わられ，働き口すらなくなり，所得格差はますます増大する。

（5）NPO法人プラチナ・ギルドの会を通じて学んだこと

課題先進国として，アジア諸国に先立ち超高齢社会を迎えた日本は，政府自ら健康な高齢者の社会貢献のあり方について率先して検討し，推進する必要がある。支援を必要とする20％の高齢者のための福祉政策に加えて，80％の健康な高齢者が社会を支え，そのことにより益々生き甲斐を感じる長寿社会を創造する仕組みを検討すべきである。

一方，企業は地域社会の一構成員であり地域社会と共生しているという事実を自覚し，単に環境経営に注力するのみならず，地域活動に積極的に参画し，従業員を地域社会の貢献活動に従事させることを検討すべきと考える。

NPO法人プラチナ・ギルドの会では非力ながら，これらの社会課題に挑戦すべく，社会で活躍するシニアの顕彰や広報活動，そして既退職者や，企業内シニア向けに長い人生の中で「次の自分」を見つけるための「気づきセミナー」などの活動に注力してきた。これまでの活動を通じて，活動の成果を徐々に実感しはじめている。1人でも多くの元気なシニアが社会参画，社会貢献す

ることは私たちの世代の「世代責任」でもあると考えている。企業 OB は，自分が幸福な人生を歩むことは勿論であるが，健康である限りは，次世代の日本のために，そして地域社会のためにこれまでに培ってきた経験やスキルを活用し，少しでも社会貢献活動に従事することが求められている。しかしながら，現実には自分自身の趣味や知識欲を満足されるための学習意欲は強いが，「学びから，行動へ」へのプロセスは弱いのも事実である。

「経営の神様」であるドラッカーが非営利組織は新しい社会の創造に役立つこと，NPO はチェンジ・エージェント（人のあり方を変える触媒）であると指摘していることは注目に値する。高齢者は健全な生活習慣とセカンド・ライフの充実を目指してほしい。コミュニティーの一員としてボランティアや社会貢献活動に従事することが，仲間づくりや，自己実現にも通じることになる。その意味で，退職後の社会参画は地域のソーシャル・キャピタルの増進と直結している。

参考文献

稲葉陽二（2011）『ソーシャル・キャピタル入門――孤立から絆へ』中公新書。

大守隆（2011）「経済」稲葉陽二ら編『ソーシャル・キャピタルのフロンティア――その到達点と可能性』ミネルヴァ書房，55-79頁。

グラットン，リンダ・スコット，アンドリュー／池村秋訳（2016）『LIFE SHIFT――100年時代の人生戦略』東洋経済新報社。

坂本治也（2010）『ソーシャル・キャピタルと活動する市民――新時代日本の市民政治』有斐閣。

シュワルツ，ビバリー／藤崎可香里訳（2013）『静かなるイノベーション――私が世界の社会起業家たちに学んだこと』英治出版。

谷本寛二・下河部淳監修，根本博編著（2002）『ボランタリー経済と企業――日本企業の再生はなるか』日本評論社。

日本総合研究所（2008）『日本のソーシャル・キャピタルと政策――日本総研2007年全国アンケート調査結果報告書』。

パットナム，ロバート，D. 編著／猪口孝訳『流動化する民主主義――先進 8 カ国におけるソーシャル・キャピタル』ミネルヴァ書房。

服部篤子・武藤清・渋沢健編（2010）『ソーシャル・イノベーション――営利と非営利を超えて』日本経済評論社。

第Ⅰ部　ソーシャル・キャピタルと経済の多様な関係

原丈二（2013）『増補 21世紀の国富論』平凡社。

藻谷浩介・NHK 広島取材班（2013）『里山資本主義——日本経済は「安心の原理」で動く』角川書店。

山内直人・田中敬文・奥山尚子編（2011）『ソーシャル・キャピタルの実証分析』大阪大学大学院国際公共政策研究所 NPO 研究情報センター。

（奥山俊一）

	社会起業と地域イノベーション
第3章	

1 社会起業の意義

（1）社会起業とは

　近年，社会起業家，社会的企業，社会イノベーションといった「社会」を冠した用語が国際的にも，国内的にも広く用いられるようになった。本章では，これらを包含する表現として「社会起業」を用いる。具体的には，社会的な課題を解決しようとする進取の気性に富む人々や組織や時にはコミュニティを指している。英語では，Social Entrepreneurship（社会起業家・企業家精神）が類似している。進取の気性とは「これまでの慣習にとらわれず意欲的に新しい事に挑戦すること」である。一体なぜ，既存の言葉に「社会」を付して新たに意味づけを行ってきたのだろうか。これらの概念に含まれる本質は何であろうか。

　多様な社会課題が長期化し負の連鎖が生じるなど，社会状況が深刻化する傾向は国際的に共通してみられることである。それらの解決に挑戦する人財としての「社会起業家（ソーシャルアントレプレナー）」と組織体である「社会的企業（ソーシャルエンタープライズ）」については，1990年代初頭から欧米を中心に議論が高まってきた。社会起業家育成を意図した大学院や支援組織の設立が活発化し，イタリア，イギリス，韓国等では，社会的企業を推進する法律を制定し[1]，社会課題に取り組む事業や組織を積極的に推進している。日本においては，グラミン銀行創設者であるムハマド・ユヌスが2006年にノーベル平和賞を受賞したことを契機に，ベンチャーとは異なる新たな「起業家」としての社会起業家に関心が集まるようになった。そして，ユヌスが起こしたように社会に生じた仕組みや価値観の変革を「社会イノベーション」と称して広く使うようになっている。

　社会起業研究は既に多岐にわたっているが，Dees（1998），Emerson（2003），

第Ⅰ部　ソーシャル・キャピタルと経済の多様な関係

Alter（2004）らは，社会課題解決を担う組織を類型化し，本分野の研究を非営利セクターの研究の枠を超えて，新たな学問領域へと押し進めた。

　まず，先行研究から，社会起業家がどのように特徴づけられてきたのかを整理し，社会起業の役割と課題を考察していくことにしよう。Dees（2001：2）は，社会起業家を起業家の一部だと位置づけたが，一般に起業家にとって価値がどれだけ生み出されたかを計る尺度は富であるが，社会起業家にとって富は目的を遂行するための手段である点，そして，市場は社会起業家が創出した価値を判断できない点で異なるとした。また，社会起業家のビジネス環境は利害関係者が多様であるため生態系を意味する「エコシステム」という言葉を用いて，社会起業家を取り巻く環境を把握し，それが戦略立案の基盤となっていると理解することが重要であるとした（Dees 2008：47-48）。社会価値や経済価値の双方が的確に理解されるためにはどうすればいいのか，どう社会に伝えていくことができるのか，社会起業家のコミュニケーションと事業の普及の関係は社会起業全体を理解する上で重要な視座といえる。

　Dees をはじめ，社会起業研究は，欧米で事例研究を基に理論化されてきたといえるが，たとえば，イギリスで社会起業家が着目される契機となった事例は，地域経済の再活性化を実現したイノベーション事例であり，第2節で後述する通り，社会起業家が地域のネットワークを醸成したことで地域創造が成功した。本書が紐解く「ソーシャル・キャピタル」には，信頼，ネットワーク，互酬性など様々な側面がある。社会起業が地域に変化を及ぼす過程を「地域イノベーション」と位置づけ，そこでは信頼，ネットワークなどがイノベーションに必須であることから，本章を通じて社会起業にとってのソーシャル・キャピタルの重要性を明らかにしていきたい。

（2）なぜ社会起業家は注目されたのか――社会起業家台頭の背景

　社会起業家という言葉が定着する以前，1980年から1990年代には，多様な言葉が欧米で使われていた。たとえば，「非営利アントレプレナー」「地域ウエルス・エンタープライズ」「非営利エンタープライズ」（Skloot 1988），「草の根リーダー」（Henton et al. 1997），「パブリック・アントレプレナー」「シビック・アントレプレナー」（Leadbeater & Goss 1998），「非営利ベンチャー」などであ

る。

　「非営利アントレプレナー」や「非営利エンタープライズ」と表現したスクルート (Skloot 1988：1-9) は，かつては，「これらは相反する用語の組み合わせであったが，その距離が縮まってきた」とし，非営利セクターが持続可能であるための新たな方向性を示した。アメリカでは，従来，慈善活動のために収益事業を行うチャリティは存在した。非営利セクターにとって収益事業を高める動きは，「1970年代後半の不況によって推し進められてきたが，1981年のレーガン大統領時代にとられたレーガノミクスが一層，非営利セクターの収益性を重視しなければならない環境においた」としている。つまり，非営利セクターが収益事業を発展させ，社会課題解決の目的をもった事業へと広がったのは，政治的背景によるものであるしたのである。

　Henton et al. (1997) は，「草の根リーダーである市民起業家」は慈善家とは異なり，ビジネスリーダーと類似の特性を持って地域を再活性化させる市民のリーダーであるとした。「市民起業家は，コミュニティの長期的発展のために，時間，才能，個人のネットワーク，金銭を提供する」(Henton et al. 1997＝1997：113)，「コミュニティに経済的資源を開拓して組織化し，公的セクター，企業セクター，市民セクターの間に強固で活力のあるネットワークを構築するための協働を支援する」(Henton et al. 1997＝1997：71) という特徴をもつことを明らかにした。特にネットワークの構築にあたっては，「自らがもつネットワークを超えて他の社会的ネットワークと接続する」(Henton et al. 1997＝1997：179) こと，「市場とコミュニティにまたがる協働のネットワークを構築する」(Henton et al. 1997＝1997：118) と表現して，市民起業家の役割は，ネットワークの触媒にあると強調した。

　Dees & Anderson (2006：44) によると，「パブリック・アントレプレナー」は，1980年アメリカで非営利組織のアショカを創設したビル・ドレイトンが，これまでとは異なる方法で地域を変えていく人々に焦点を当て，彼らを表現する語として用いた。アショカは，「すべての人がチェンジメーカーになりうる」と謳い，社会起業家の世界的なネットワークを構築している。そして，2002年から2003年に選抜された世界の300人近い社会起業家を掲載し，どのようなアイデアを持っているのか，どのような課題に，どのような戦略をもって取り組

第 I 部　ソーシャル・キャピタルと経済の多様な関係

んでいるのか，そして，どのような環境で育ったのかというプロフィールを含む4つの視点で起業家の情報を広く発信した[2]。現在，アショカネットワークは93カ国を超えて拡大している[3]（アショカについては第2章も参照）。

「シビック・アントレプレナー」とは，公的セクターに属する公務員の進取の気性を指し，公的サービスの向上につながったイギリスの複数の事例から，非営利セクターだけではなく，公的セクターの人々にも社会起業精神が必要であることを主張するものであった。

これらの用語が意味するところは，技術的，経済的に変化しつづける現代社会にあって，置き去りにされた領域，不均衡を生じた領域，格差が拡大した領域など，対応を必要とする分野やコミュニティに，新たなリーダーが必要とされているということである。そのリーダーは，政治，企業セクターだけではなく，公的セクターや市民セクターからも輩出されるべきであるということである。

2　社会起業研究

（1）イギリスの社会起業研究の嚆矢

Leadbeater（1997）は，ロンドンの東に位置するブロムリ・バイ・ボウという町の地域経済再生事例での社会起業家の役割に焦点を当てた論文である。この論文は，財政的に，もはや従来の方法で福祉国家が維持できない中，イノベーションが必要との認識の下，一つの方向性としてシンクタンクが提案したものである。緊要な課題であったコミュニティの再生に社会起業家が革新的な解を見出したこと，社会起業家はイノベーションを起こす可能性があること，そして，従来提供してきた社会サービスよりも効果的なサービスを提供できる可能性があること，社会起業家が活躍する領域は，公的セクター，企業セクターそして非営利セクターの接点にあることなど，詳細に特徴を列挙した。

具体的にどのような手法を使ったのだろうか。ブリティッシュ・カウンシル（2001）[4]，Mawson（2008）によると，1984年，ブロムリ・バイ・ボウに赴任した若い牧師であるアンドリュー・モーソンは，まず，地域の人々のニーズを聞くことから始めた。この町は，多民族文化地域であり，失業率が高く社会的に疎

68

外された人々が多く住んでいた。

　保育園がなく仕事に行けない若い母親たちのために，年配の信者を説得し，日曜礼拝以外あまり使用されない教会の礼拝堂の一部を保育スペースとして使用した。そして，教会の建物の所有権をコミュニティに移譲し，コミュニティセンターとして位置づけ，地域住民が運営することで地域のことを住民自らが考える機会を提供していった。隣接する荒廃した公園に地域のアーティストや医師の協力を得て，人間の体内を象徴する胃腸を模した砂場や，舌をイメージした滑り台などを置き，デザイン性豊かな公園とし，ボランティアの力を借りて地域を見直していった。つまり，地域にあった教会や危険とみなされた公園を「見過ごされた資源」と考え，改めて価値を見出したのである。

　その後，健康生活センター（診療所）にも，教会，保育園，カフェなどの機能を持たせ，地域の人々が集う目標通りのコミュニティセンターとして発展した。医療機関だけではなく，社会的弱者が集い，高齢者が憩い，子どもたちが遊ぶ場所となることを住民が希望したからである。オブジェなどデザイン面で工夫されたセンター内には，アート，健康，環境，生涯教育，起業に関するプロジェクトがあり，ハード面においてもソフト面においても住民が積極的に集まってくるスペースづくりがなされた。

　アンドリュー・モーソンという社会起業家が推進したことは，地域内のネットワークの醸成であった。地域住民の積極的な参画を促したこと，住民同士の学び合いから相互に信頼関係が構築されたこと，新たなネットワークが創造されると既存のネットワークにも働きかけが行われたこと，そして，企業セクター，公的セクターと市民セクターとが対等な関係でのネットワークづくりを行ったことなどが指摘できる。その結果，地域に主体的に関わる人々を育成でき，コミュニティ内のつながりが強化され，相互に協力する体制を築けたといえる。さらに，各セクターから賛同者が集ったことで創造的な手法で問題解決を成し遂げていった。

　ブロムリ・バイ・ボウの事例は国内外で注目され，アンドリュー・モーソンは社会起業家を支援するネットワークを各地に広げていった。地域社会にいる潜在的な社会起業家を発掘し，人々の知識や地域資源の情報の共有を図ることで各地域の地域活性を促進している。

その後，イギリスでは，社会的企業，社会イノベーション研究が深まり，政府は，社会的企業の推進を図る。2002年に当時の貿易産業省が「社会的企業——成功のための戦略」を策定し，「社会的企業は，幅広い社会問題及び環境問題に取り組むことで，あらゆる経済分野に影響を及ぼす。社会的企業は，持続可能な，社会的包摂を実現する経済の創造において明確かつ重要な役割を果たす。社会的企業は多種多様であり，地方のコミュニティビジネス，ソーシャルファーム，協同組合のような組合団体，国内及び国外で活動する大規模なNGO団体を含んでいる。社会的企業に法的な基準はなく，株式会社，組合，非営利団体，登録チャリティなど多様である」と述べた（石井 2010：101）。現在，認証制度など法制度化は進み，内閣府によって多様な支援施策が導入されている。

（2）営利と非営利の境界を超えたハイブリッド組織

社会的企業の研究は，1993年，ハーバード大学ビジネススクールにソーシャル・エンタープライズコースが設置されて以後，アメリカの著名なビジネススクールから各国に広がっていった。社会的企業の定義や特性に関する論文は，多数論じられてきたが，詳細な理論的解釈においては現在でも各国で議論が続いている。主な研究には Emerson & Twersky（1996），Dees（1998；2001），Pestoff（1998），Borzaga & Defourny（eds.）（2001），Dees & Anderson（2002；2006），Alter（2004），Mair & Marti（2004），Peredo & McLean（2005），Light（2006），Kerlin（2006；2010），Mulgan（2006），Wei-Skillern et al.（2007），Martin & Osberg（2007），Phills, Deiglmeier & Miller（2008），Hall（2012）がある。

Dees（1998：60）は，社会的企業は，「非営利組織と営利組織の両方の特徴を兼ね備えたハイブリッドな組織である」と述べた。社会起業研究の父と呼ばれたディーズの論文は頻繁に引用され，ハイブリッド組織である点は国際的に合意を得たといえる。しかし，2つの特徴の組み合わせのバランスについては多様化していることがわかる（図3-1）。図3-1では，社会的企業を非営利セクター寄りに位置づけたが，イギリスでは，社会的企業に対して複数の統計調査が行われており，Lyon et al.（2010：17）は，調査対象となる組織グループが必ずしも一致せず，非営利セクターから営利セクターまで幅広くまたがるとの

第3章 社会起業と地域イノベーション

図3-1 アメリカのハイブリッド組織の類型

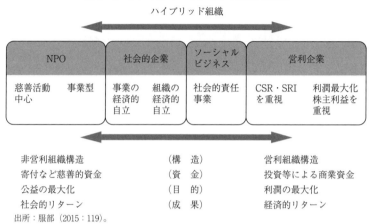

出所：服部（2015：119）。

実態を明らかにした。

つまり，社会的企業は非営利組織と同様，社会課題を解決するというミッション（使命）目的をもち，かつ，ビジネスの世界と同様に事業戦略を構築し，市場を通じた手法でその課題を解決する組織として注目されている。一方で，営利と非営利セクター間で最も異なる点として，利害関係者がどのように意思決定に関わるのか，といったガバナンスは重要な視点となる（服部 2014：35-37）。その相違に着目した研究がある。

ヨーロッパにおいて協同組合の研究をコアとする連帯経済の研究者ネットワークである EMES（社会的企業の台頭を意味する名称）は，社会的企業を抽出するための基準を導き出した。その上で，「新たに台頭した社会的企業だけではなく，伝統的な組織が新しい内部のダイナミックスによって変化した社会的企業との両方の実態を明らかにし，深く研究対象とする」活動をしてきた。Defourny & Nyssens（2012：8-9）は，経済的，社会的な側面に加え，参加のガバナンスに注目している。

社会セクターにおける社会的企業に関しては，「自律的プロジェクトをベースとした人々のグループで構成され，運営される。公的補助に頼ってもいいがそれによって，公的権威や他の組織（連盟，営利企業その他）に直接的間接的に管理されてはならない。彼らは自分自身の位置を決める権利（ボイス）と活動

第Ⅰ部　ソーシャル・キャピタルと経済の多様な関係

を終わり（エグジット）にする権利の両方を持つ」として，自律的なガバナンスが社会的企業の要件であるとしている。その上で，参加のガバナンスとは，「活動によって影響を受ける様々なグループが参加する特性をもっている」こと，ただし，組織の意思決定は，「1メンバー1票」であり，資本の所有割合によらないことを強調している。つまり，「地域での経済活動を通して地域レベルの民主主義をより深めることが社会的企業の1つの目的である」と特徴づけた。

　他方，企業セクターにおいては，社会環境の変化に応じて社会課題解決に向けたビジネスモデルを構築する事例が増えてきた。新興国で，社会課題の解決と経済的利益の両立を意図するビジネスや，オーガニックコットンを用いた製品を製造販売するといった環境面での社会的責任を明確にしたビジネスなどである。このような倫理性を兼ね備えたビジネスが，消費者の支持を得て新たな成長市場になりえるかどうか，国際的に関心が高まってきた。図3-1は，営利と非営利セクターの境界が曖昧になってきていること，そして，社会起業研究を非営利セクターにとどめず，経済と社会の接点の領域に研究対象をおくことの意義を示している。

　かつて，AOLの創業者スティーブ・ケースは，「多くの人々は，未だ，あたかもビジネスセクターと社会セクターとが全く異なった軸をもっているように行動する。しかし，よりよいアプローチは，営利のみを追求するのではない企業と，そして，社会変革に貢献する営利事業を行って社会サービスを提供する非営利の団体との融合にある」とウォールストリート・ジャーナルに寄稿した（服部 2010：36）。営利と非営利セクターの境界を超えたハイブリッド組織台頭の潮流は，協働のネットワークの重要性を示すとともに，営利企業に対しても，社会と共存する企業のあり方を見直す契機を与えたのではないか。

　Henton et al.（1997）は「公的セクター，企業セクター，市民セクターの間に強固で活力のあるネットワークを構築するための協働」，そして，Leadbeater & Goss（1998）は「公的セクター，企業セクターと市民セクターとの対等な関係でのネットワークづくり」を重視した。協働のネットワークが社会起業にとって重要な要素であり，地域にそのネットワークを構築することができると，地域経済の活性化に影響を及ぼすことができるのではないかと考え

72

られる。

3 社会起業と経済

（1）地域経済へのインパクト

社会起業が協働のネットワークを創造し地域経済に変化を与えるのではないか，という特性に着目して，具体的に地域経済にインパクトを与えた例をみることにする。[5]

2005年，ハリケーンカトリーナによって被災したアメリカのニューオーリンズは，現在，「アメリカで最もクールなスタートアップ（起業）の町！」と米紙で報じられる都市へと変貌をとげた。毎年，非営利組織のアイデアヴィレッジ（Idea Village）が「アントレプレナー・シーズン」という起業を支援する大型イベントを実施し，ニューオーリンズを起業の町へと再生させた。

ハリケーン災害にあう以前より，地域経済は既に停滞し，教育水準は全米の中でも低く，犯罪率は上がり，頭脳流出が起こり，特に，23歳から35歳の若年労働人口の流出は激しかった。起業家のティム・ウィリアムソンは，出身地にUターンし，ニューオーリンズが人々を惹きつける都市になったらどうだろうか？　という夢を描いて仲間5人で話し合いを始め，2000年，アイデアヴィレッジを立ち上げた。最初は，「起業家が変化を起こす存在であり，変化の媒介者である」という考えをもってビジネスプランコンテストで発表し，助成金を得て活動を進めていったが，周辺からは彼らの夢が実現するとは思われていなかった。

これまでアイデアヴィレッジは，主として，地域のために活動する地元の起業家を支援してきた。支援とは，「起業家のエコシステム」を構築することである。投資家，企業，政府がネットワークに参加して相互にリソースを提供し，2009年以降，5,854人の起業家と仕事を共にしてきた。[6]ここで，起業家のエコシステムとは，「連携のとれたネットワーク」を意味するとウィリアムソンは，以下のように説明している。

「エコシステムは，地域の文化や状況にあわせて創造されるものである。

第Ⅰ部　ソーシャル・キャピタルと経済の多様な関係

投資家や企業など資本提供者，大学，政府機関など多様な人々や組織をまとめ，かつ，彼らが積極的に動き出すように，地域のリソースを結びつけていく。エコシステムは，長期にわたるコミットメントがあってはじめて創造できるものであり，地域の資産となる。それを起業家が活用するには地域のエコシステムは有機的でなければならない」。

　ネットワークは緩やかに存在するだけでは地域イノベーションを起こすほどインパクトをもつことはない。複雑な生態系が自然体系に及ぼす影響が大きいように，地域のエコシステムが豊かになるよう，戦略的な働きかけ，持続的な働きかけが必要であることを示していると思われる。
　Williamson（2010：35-38）によると，起業家のためのエコシステムを構築するには，5つのステップが重要である。課題を特定し（Identify the Issue），起業家となる人材をみつけて定着するよう（Find the leader and Retain）ネットワークを構築し（Organize the network），そのネットワークを拡大して（Scale the network），維持していく（Sustain the network）ことである。ニューオーリンズのエコシステムの構築には10年かかったが，一度できあがれば変化が起こり，持続可能になることを実証した。
　課題を特定するとは，地域の本当の問題とは何かを明らかにすることである。若者の流出が課題であると特定しがちであるが，ウィリアムソンは，地域に資本，インキュベーター，技術支援など起業をサポートする機会が様々あったにもかかわらず起業家が去っていったことに着目した。そして，「既存のネットワークはあったが，それは，閉鎖的なものになっていたこと」が課題だと特定した。課題を明確にすることで，新しいネットワークの創造とそれを主導するリーダーが必要だという，解決に向けた仮説をもつことができた。さらに，エコシステムの構築を加速化できたのは，「ハリケーン被害を被った際に，大手企業の支援を受けたことによって生まれたネットワークと，ニューオーリンズ出身者の国際的ネットワーク」を維持したことによる。
　コアとなるネットワークを創出したのはウィリアムソンであったが，地域のエコシステムを形成していったのは，地域内に育ったリーダーたちであった。ウィリアムソンは，地域のリーダーとはコミュニティの多様な人をまとめる力

第3章　社会起業と地域イノベーション

をもつ人であり，彼らのモチベーションは，未来を創造することに影響を及ぼしていることへの充足感である，としている。そして，地域イノベーションに必要な起業家精神とは，「変化を起こすだけではなく，変化を受け入れる許容力であった」としている。

　「協働のネットワーク」は地域の資産となり，地域にイノベーションを起こす要因となった。この取り組みは，東日本大震災からの復興過程にある日本にも示唆を与えているのではないだろうか。

（2）地域イノベーションへの期待

1）南相馬ソーラー・アグリパーク

　日本においても社会起業の観点から復興に取り組む事例は少なくない。中でも福島県の子ども達を対象として，「地域の未来を創造する人材」を育成する社会事業を取り上げたい。

　福島県南相馬市原町地区に「南相馬ソーラー・アグリパーク」がある。津波で被災した南相馬市の市有地のうち2.4 ha に，2,000枚を超えるソーラーパネルを敷き詰めた太陽光発電所，体験学習やセミナーを行うセンターハウス，オリジナルの装置をもつ太陽光発電や水力発電の体験ゾーン，そして，水耕栽培を行うドーム型植物工場2棟が建つ。

　教育プログラムであるグリーンアカデミーは，南相馬市内の小学生と中学生を対象に，2013年3月に開講した。太陽光発電を教材として自然エネルギーを学習し，あわせて仕事体験を行うものである。たとえば，太陽光発電所でパネルやケーブル線などの設備を点検すること，可動式太陽光パネルを使って角度や方角による発電量の相違を研究すること，などをグループに分かれて実施する。太陽光パネルの点検では，地道な作業を責任をもって迅速に行うことが求められ，緊張感をもって取り組む子どもたちの姿があった。南相馬市内のすべての小学校がソーラー・アグリパークを訪れ，総合学習の授業として体験学習に参加した。体験学習終了時に実施した10校の小学生高学年へのアンケートからは，太陽光発電を中心に学んだ子どもたちが，自然エネルギー全体に対する学習意欲を高めたことが読みとれる。自由記入欄には以下のような意見が記されていた。

75

「ソーラーパネルは何でできているのか。自然エネルギーはどのように使われているのか。太陽パネルを設置できる条件は何か。3種類の自然エネルギーによる発電を1つにしたものを作りたい。パネルのキズを守る仕事をしたい。皆の意見をしっかり聞くことが大切。自分の意見をもって発表することが大切，大人になっても忘れない」。

　グリーンアカデミーの企画・運営は，2012年4月に設立された一般社団法人福島復興ソーラー・アグリ体験交流の会が行い，太陽光発電所は，2011年9月に設立された福島復興ソーラー株式会社が運営する。農林水産省からの補助金9,000万円に加えて，東芝が出資した1億円で設備投資費を調達した。太陽光発電所は，国の固定買取制度の下で収入を得るほか，電力を植物工場にも供給している。自然エネルギーによって栽培された野菜は，地元大手スーパーのヨークベニマルが買い取り，販売を行っている。

　この一連のビジネスモデルを短期間で構築できた背景には，両団体の代表である半谷栄寿氏（以下，半谷さん）の社会起業精神とビジネスのキャリアがある。

　南相馬市小高地区の出身者であり，2010年まで東京電力執行役員であった半谷さんは，「加害者でもあり被害者でもあった」と語っている。彼は，1991年，東京電力の若手社員時代に「オフィス町内会」を設立した。当時，企業は，膨大な古紙を費用を払って処分していた。そこに着目し，金銭的にも環境的にも成立するリサイクルのしくみを創出した。つまり，他社を巻き込んで継続的に実施できる共同回収のしくみを定着させた。現在もその活動は広がりを見せ，参加企業は1,000社を超え，さらに，紙の元である森の健全な保全を目的とした新たなNPO「森の町内会」が活躍している。

　2）スケール・アップ

　彼の活動は，日本で企業内イノベーターが起こすソーシャルビジネスの嚆矢だったといえよう。組織を改善するとともに，社会的環境的貢献を図り社会価値を共有するCSV（Creating Shared Value）の先駆けだったともいえる。CSVの概念は，近年，アメリカから提示され各国で関心が高まっている。

　その後，半谷さんは，東京電力で新規事業開発部の責任を担い，Jヴィレッジの設立や自然エネルギー事業など様々な事業を推進した。

第3章　社会起業と地域イノベーション

　民間企業の新規事業開発の手法と同様，ソーラー・アグリパークは，行政，企業，大学との連携を強化することで，最初の数年でスケールアップを図り，事業の持続可能性を高める展開をとっている。

　グリーンアカデミーは，学校の授業の一環として体験学習を行っているだけではなく，週末のオープンスクール，長期休暇時期のサマースクールやウインタースクールへと展開していった。その対象は，南相馬市から福島県下の小学校から高校生に広がっている。これは，アカデミーのゴールが「復興を支える地元人材の育成」とされ，中長期的視座をもって活動が設計されているためである。開講から1年の間に，子ども達に自分の将来や地域の未来を考える『契機を提供する』体験学習，継続的に子どもたちの『成長を見守る』オープンスクール，子ども達の成長に『積極的に関与する』高校生向けスクールの組み合わせにより人材育成のための学習モデルを形成している。

　さらに，復興の進展を支える人材を「アントレプレナー」だと位置づけた点にも注目できる。アントレプレナーとは，新規事業を起こすだけではなく，経済の進展を支える人，変化のきっかけを創る人を意味する（Dees 2001：1）。半谷さんは，そのような人材を育成するためには，地域内にしくみが必要だと考えた。その仕組みをサッカー界の人材育成に例えて，以下のように説明している。

　　　「サッカーに興味がある子ども達は，サッカースクールを通じて楽しくサッカーに親しむことができる。一方で，アンダー12，15，17等と発達年齢ごとにジュニア選手の世界大会があり，子ども達に目指す先を提示している。つまり，楽しむ延長線上にJリーガーや日本代表選手という，子ども達にとって明確な憧れの存在がいる点で優れたシステムになっている」。

　他方，地元から復興を目指した事業が生まれ，地域を変えていくきっかけが創造されると，そのアントレプレナーが地域の憧れの対象となり，彼らに続く新たな地域のリーダーが生まれてくるというわけである。地元の子ども達は，「震災から復興を通じて多様な人々と触れ合う経験を青少年期にしている。支援に対する感謝の気持ちと，自分も人の役に立ちたいと考える環境にある」と

第 I 部　ソーシャル・キャピタルと経済の多様な関係

いう。よって，半谷さんは，その循環を創ることで復興を成し遂げうる，という考えを提示し，これまで培ってきたネットワークだけではなく，新たなネットワークが形成をされ始めている。

　アイデアヴィレッジが示したように，協働のネットワークのコアの部分を社会起業家が創造し，その後台頭する地域の新たなリーダーたちがそれらを発展させてエコシステムを構築していくと，地域に変革が生じる。今後，ソーラー・アグリパークを核として，地域のエコシステムをどのように展開していくのか，地域にどのような事業や産業が生まれ，復興を加速させていくことができるのか，南相馬での，さらには福島での地域イノベーションに期待が高まる。

4　社会起業のビジネス環境

（1）新たな価値観をどう伝えるのか？

1）社会価値と市場

　社会起業は，社会課題解決に，新たな価値の提案を伴うことが少なくない。しかし，その有用性を誰がどこで判断することができるだろうか。Dees（2001：3）は，「市場は社会起業家にとっては十分に機能しない」と述べた。一般に，付加価値は，売られている財やサービスを生み出すのにかかるコストよりも，消費者がより多くを払おうとするところに生じる。よって多くの企業はよりコストを下げることで，生産性を高める工夫をしてきた。ところが，それに加えて，社会起業は，たとえば，専門性や経験のない社会的弱者を雇用する場合や，環境に配慮した素材を量産されていないものであっても，あえて使用して製造する場合などがあり，コスト面で一層負荷がかかる。競合する既存の商品やサービスの方が価格は安くなる。こうした中で新たな市場を創造するのは，容易なことではない。Dees（2001：3）は，「市場は，社会の向上や公共の利益あるいは損害，さらに，払う余裕のない人々に対して生じた利益を評価する役目を果たすことはない」とし，社会起業が創造した価値を市場では判断できないと考えたのである。新たな価値を提示する場合，人々の理解をどのように促進し，事業を継続することができるのだろうか。

2）アトリエ・エレマン・プレザン

　色鮮やかに華麗で，そしてエネルギーにあふれたデザインの鞄やオーガニックコットンの洋服が寄付付き商品として販売されている。若者層を中心に人気があるイギリス発の石鹸メーカーが販売する包装箱にもそのデザインがある。これらは，アトリエ・エレマン・プレザンに通うダウン症の人々が描いた作品である。一般に，社会目的をもった活動と大手企業との協働は容易ではないが，アトリエ・エレマン・プレザンは，複数の企業と数々のコラボレーション商品を誕生させてきた。しかし，ここで注目すべきは，障害者の自立を支援する社会事業ではなく，ダウン症の人々には，現代社会が忘れかけている幸福感や平和観があり，それを人々に与えうる感性を持っている，という新たな価値観の提示がなされている点である。

　アトリエ・エレマン・プレザンは，ダウン症の人々の絵画を見守ってきた。描き方を教える絵画教室ではない。美術の専門教育を受けていない人々のアート，特に障害者の人々が描く作品をアウトサイダー・アートやアール・ブリュットと呼ぶがその分野とも異なる。1980年代，ダウン症の人々に共通した世界観があることに気づいた画家夫妻は，アトリエ・エレマン・プレザンを創設し，彼らの知られざる才能を引き出していった。その世界を「アール・イマキュレ──無垢の芸術」と表現している。

　現在，三重県志摩市と東京都世田谷区に拠点を置き，画家夫妻の長女の佐藤よしこさんと東京代表の佐久間寛厚さんは，「ダウン症の人々の感性を文化として発信する」ことに挑戦している。それは，人々に「幸福」や「平和」を与えるものだと確信したからである。中原（2014：18）によると，その感性には普遍性があり，多様である個性の表出が，決してぶつかりあうことのない美しく響き合う要素をもっている。そこにダウン症の人たちの最大の特徴があり，それは「調和する能力」にあるのだという。

　長年，ダウン症の人々は，福祉政策の中で支援対象としてみなされてきたが，異なる尺度を持てば，彼らは，鋭く繊細で，深く瑞々しい感性を持っている人々であり，言語と異なる表現方法を持っている人々である。近年，国内外の芸術，医学，教育，福祉，宗教の各専門家が，アトリエを訪れる機会が急増している。しかし，どのようにこの価値観を社会に広く伝えることができるだろ

第Ⅰ部　ソーシャル・キャピタルと経済の多様な関係

うか。

　アトリエ・エレマン・プレザンは，大きく2つのアプローチをとってきた。美術の展覧会活動と「ダウンズタウンプロジェクト」という芸術村をイメージさせる新たなコミュニティの創造である。これまで，榊原記念病院，聖路加国際病院，東京大学医学図書館，クジラグループのレストランなど複数の施設で常設展示を行ってきた。展覧会は，国内外で数多く開催されている。

　2014年，7月から10月にかけて65日間，「楽園としての芸術展（Art as a haven of happiness）」が開催された。主催は，1926年開館の東京都美術館で，2012年の大規模リニューアルにあたって「新しい価値観に触れ，自己を見つめ，世界との絆が深まる創造と共生の場＝アート・コミュニティを築き，生きる糧としてのアートと出会う場とします」というミッションを掲げ，「東京都美術館11の取組」を策定した。その1つに「アーツ＆ケア」があり，その第1回目となる展覧会である。より多くの人々に作品と，その背景を伝える機会を提供したのは，美術館の使命と学芸員の存在が大きかった。今回担当した同美術館学芸員の中原淳行さんは，「創造と共生の場を体現しているアトリエ」から作品の魅力と芸術性を紹介した。「アートとは，本来，人の営みの中でどのような役割を担うものか，その解を見たような気がした」と語っている。[9]「芸術の醍醐味とは，つくり手にも鑑賞者にも特別な経験が与えられること」「人を幸福にするあらゆる芸術の可能性」を問いかけたという（中原 2014：20）。実際，驚きに満ちた受け手の反響が帰ってきた。

3）社会インパクト

　Dees（2001：3）によると，「社会価値の評価基準は社会に対する影響力“社会インパクト”であり，社会に生じた変化と，財務の双方の成果から事業の進展を評価する」ことが重要であると述べている。新たな価値観を伝えるために，専門性の高い人々が提案をすることに説得力があり，生活者に共感のきっかけを提供することができる。しかし，既成概念を超えたアイデアを広く伝えるためには，専門家だけでは十分とは言えず，その趣旨を理解して実行に移す力をもった企業などの協力が重要である。

　2014年，三越伊勢丹が実施したイベントの一つに「チェンジ　オブ　ビュー　視点を変えて世界を眺める」と題したグリーン消費を意識するキャンペーンが

第3章　社会起業と地域イノベーション

あった。新たな消費スタイルの提案であり，「社会のつながり」「人にも環境に
もやさしい」「自然を想う」といった切り口で環境や社会に配慮した商品が数
多く紹介された。ニールセンの調査によると，倫理性の高い消費の普及度は，
各国と比して日本は高いとはいえないが，大手企業は，デザイン性や創造性の
高い手法で一般の人々へ訴求することができる。市場を掘り起こしていくには，
多様な担い手によって社会起業のビジネス環境を整備することが不可欠である。

（2）地域のエコシステムづくりと社会インパクト投資

　民間の大手営利企業と社会起業の関わりをみると，大きく5つの傾向をみる
ことができる。1つ目は，企業が CSR 活動として社会起業を支援する場合で
ある。たとえば，国際協力，災害復興，社会福祉分野などにおける社会起業に
寄付金や助成金を出す。2つ目は，従業員が社会起業を支援する場合であり，
仕事で得た経験を活かして社会起業に関与する人々が増えてきた。3つ目は，
企業が社会的企業をグループ傘下に置くなど資本関係をもつことである。社会
的企業の買収事例は海外では珍しくない。4つ目は，より積極的に社会事業を
自ら展開する場合である。たとえば，新興国を中心とした BOP ビジネスのよ
うに，新たな市場開拓を試行する際にみられる。5つ目は，その試行的事業を
発展させ，企業にとっての収益性と社会の課題解決の双方を実現する事業を継
続的に実施することである。

　これら複数の手法を組み合わせた大手企業の例[11]から，社会起業がビジネス環
境をどう整備できるのかを考えてみよう。

　三菱商事は，東日本大震災発生時，少なくとも4年間の復興支援を約束し，
100億円の資金を提供することを発表した。1年後の2012年3月に，60億円を
出捐して三菱商事復興支援財団を設立した。この財団では，奨学金や助成金の
提供に加えて，これまでの企業財団，かつ公益財団法人には例のない社会イン
パクト投資を行うこととした。

　復興段階に移行し，大手企業に期待されることの一つは，雇用の創出と産業
の再生である。そこで，地元企業に投融資を行うことで事業再生を手助けする
ことを検討し，地元金融機関である気仙沼信用金庫をパートナーとして事業の
可能性を探った。国内外から多くの寄付や補助金が提供されていたが，ニーズ

第Ⅰ部　ソーシャル・キャピタルと経済の多様な関係

は不透明であった。

　信用金庫は，震災前から地元の事業者と密接な関係を持っていたため，経営者の人となりを含め経営状況の情報を有している。投資対象の選別にあたって，審査を最低限のものにとどめ迅速に資金を回すために，信用金庫が以前より取引のある組織から投資対象を選ぶこととした。そして対象事業を沿岸部からの人の流出をつなぎとめることに寄与するものとし，雇用を創出するか，地域経済にプラスの影響が出る案件かどうか，を選別基準とした。たとえば，建設業のように明らかに市場が上向きの事業，事業主以外に雇用を生まない店舗への設備投資費などは対象としていない。対象となった事業者達は，震災前は必ずしも地域の活性化をうたっていたわけではないが，今回，改めて事業の目的を考え直す機会を持ち，今後，地域の核として再生を担うことを確認しあった。

　投融資案件は，旅館や食品加工工場など民間企業を中心に，農業生産法人，社会福祉協議会，一般社団法人など38件となり，15億円規模となった。資金を借りてでも継続する意識をもった事業者が手を挙げることとなり，スクリーニング効果が働き，復興に向けた迅速で効果的な資金配分の方法として投融資が有効であることがわかった。

　この他にも短期間で案件をみつけることができた理由がある。それは，この財団の助成事業を通じて多様な市民活動の人々と出会いがあったことや，現場を見て話し合うことで地域の優先課題がみえてきたこと，継続して社員ボランティアを送り続けたことによって，社員から的確な情報を入手することができたことである。つまり，地域との関係を複合的にもったことが迅速な選定につながったといえる。さらに，助成金と投融資双方の手段をもっていたため，地域の課題がみえてきた際に，その解決策として非営利と営利のどちらの業態でやることが効果的であるのかを検討できたことも，地域の事情にあった復興事業へとつながった。

　投融資で利益が生じた場合には，配当を受け取り，全額地元自治体に寄付するしくみとした。資金が地域で循環することになる。契約は，最長10年であり長期にわたって伴走することになる。投資先の経営に口は出さないが，要請に応じて情報提供は行う。サプライチェーンを活かす商社らしく，生産・加工・販売のそれぞれを行う業者に点で支援するところから出発し，相互に連携づけ

た面展開の支援へと展開してきた。しかし，東北という地域性からみると全体的な売り上げや市場での扱いは限られている。東京での流通につなげる必要はあるが，東京の市場は，既存ビジネスと同様の基準で取扱いの有無が決まる。「社会性が高いものであっても，競争力のあるものにしていかなければならない」。

　災害支援と復興への取り組みは，大企業としての社会的役割であるが，社内へのインパクトもあったという。三菱商事は，企業理念である「三綱領」（初期奉公，処事公明，立業貿易）を日常より随所で経営トップが話をしてきた。その言葉の意味を体感し，困難な時に何をすべきか，社員一人ひとりが理解する機会となったからである。三菱復興支援財団が行ったインパクト投資は，地域にエコシステムを創る動きであった。地域創造には，資金に加えて，多角的に地域の情報を把握しつつ地域に信頼を築いていくという，市民活動が得意とする手法とビジネスがもつ迅速性の双方をもって，包括的に事業を進めることの重要性と有効性を示したといえる。そこには，大手企業と市民活動の間で協働のネットワークがあり，インパクトある成果に導いた企業側の担当者がもつ社会起業精神があった。

5　社会起業とソーシャル・キャピタル

　エコシステムとは，公的セクター，企業セクター，市民セクターの間に生じる連携のとれたネットワークを意味し，地域経済の観点からは，活性化への土壌となるものである。社会起業の役割は，そのエコシステムを形成すること，そして，地域にある限られた資源をエコシステムをてことして，てこの原理を働かせることであり，その結果，地域経済に変化ももたらすことができる。

　イギリスのブロムリ・バイ・ボウのケースでみた通り，地域内のネットワークは，住民同士の学び合いから相互に信頼関係を築いたことにより醸成されていった。その結果，地域に主体的に関わる人々を育成でき，コミュニティ内のつながりが強化された。地域社会に潜在している市民のリーダーたちを発掘し，情報の共有を図り新たなネットワークを創造したこと，そして既存のネットワークにも働きかけたことが重要であった。

アメリカのニューオーリンズの例でも，コアとなるネットワークを創出したのはウィリアムソンであったが，エコシステムを複雑に，豊かに形成していったのは，地域内に育ったリーダーたちであった。エコシステムは，地域の文化や状況に合わせて創造されるものであり，多様な人々や組織が積極的に動き出すように，地域のリソースを「結んでいく」。豊かなエコシステムは多様な人々の長期にわたるコミットメントがあってはじめて創造できるものであり，その結果，地域の「資産」となる。福島での半谷さんの挑戦もこうした事例と言えよう。

社会起業にとって，ソーシャル・キャピタルは重要な指標となる。ソーシャル・キャピタルは，存在するだけでは地域イノベーションを起こすほどインパクトをもつことはない。戦略的な働きかけ，持続的な働きかけが必要であり，その働きかけをしていく人財を地域内にどれだけ育成することができるのかが求められている。そして，地域の本当の問題とは何かを明らかにする分析力と，変化を受け入れる許容力が地域に必要となる。

注

(1)　イタリアでは1991年に社会的協同組合法が制定され，イギリスでは2005年にCIC：Community Interest Company（コミュニティ利益会社）が導入された。韓国では2007年に社会的企業育成法が制定された。

(2)　Ashoka (2004) Leading social entrepreneurs: changing the world, Ashoka.

(3)　ASHOKA HP (https://www.ashoka.org/en/focus/social-entrepreneurship, 2017. 9.2).

(4)　2001年5月8日，ブリティッシュ・カウンシル主催・㈳ソフト化経済センター共催「社会起業家のネットワークの有効性と地域の変革」より。

(5)　2012年6月11日，アメリカ大使館・東京アメリカンセンター主催，「あなたも起業家に，投資家になりませんか 復興と起業をつなげるアイデアを今一番ホットなニューオーリンズから！」と題した講演及びワークショップより。

(6)　Idea Village HP (http://www.ideavillage.org/pages/detail/121/our-impact, 2017. 9.2).

(7)　南相馬ソーラー・アグリパークの運営母体一般社団法人福島復興ソーラー・アグリ体験交流の会は，2016年，一般社団法人「あすびと福島」に名称を変更。

(8)　2016年7月12日，南相馬市は，帰還困難区域を除く避難指示区域が解除された。

第3章　社会起業と地域イノベーション

(9)　2014年3月中原淳行氏への取材から。

(10)　Nielsen Global Survey of Corporate Social Responsibility.

(11)　2014年6月，三菱商事株式会社中川氏への取材。

(12)　匿名組合契約。「資本制借入金」の位置づけ。金融庁では，2011年11月22日に資本性借入金を積極的に活用する文書を発表した。資本性借入金とは，貸付であるが，返済期間が長いこと，利息が低いなどを条件とする。会計上借金ではなく，「預り金」となる。

参考文献

石井芳明（2010）「英国と韓国政府の社会的企業支援」服部篤子・武藤清・渋澤健編『ソーシャルイノベーション──営利と非営利を超えて』日本経済評論社，95-119頁。

中原淳行（2014）「楽園としての芸術──アトリエ・エレマン・プレザンとしょうぶ園」『「楽園としての芸術」展』東京都美術館，10-21頁。

服部篤子（2010）「ソーシャルイノベーションとその担い手」服部篤子・武藤清・渋澤健編『ソーシャルイノベーション──営利と非営利を超えて』日本経済評論社，23-40頁。

服部篤子（2014）「社会的企業の視点と戦略に学ぶ」『福祉施設士』303，日本福祉施設士会，35-40頁。

服部篤子（2015）「新しい公共の担い手── NPO とソーシャルビジネス」松永佳甫編『公共経営学入門』大阪大学出版会，116-133頁。

ブリティッシュ・カウンシル（2001）『英国の市民社会』ブリティッシュ・カウンシル。

Alter, K. (2003) "Social Enterprise: A Typology of the Field Contextualized in Latin America," Virtue Ventures LLC, (https://publications. iadb. org/handle/11319/2711#sthash.oCobuk37.dpuf, 2017.9.2).

Borzaga, C. & J. Defourny (eds.) (2001) *The Emergence of Social Enterprise*, Routledge. (＝2004, 内山哲朗・石塚秀雄・柳沢敏勝訳『社会的企業──雇用・福祉の EU サードセクター』日本経済評論社。)

Dees, G. (1998) "Enterprising Nonprofits" *Harvard Business Review*, January-February 1998.

Dees, G. (2001) "The Meaning of Social Entrepreneurship" CASE, Duke University (https: //centers. fuqua. duke. edu/case/wp-content/uploads/sites/7/2015/03/Article_Dees_MeaningofSocialEntrepreneurship_2001.pdf, 2017.9.2).

Dees, G. (2008) "Cultivating your Ecosystem" *Stanford Social Innovation Review*,

第 I 部　ソーシャル・キャピタルと経済の多様な関係

2008 winter, pp. 46-53.

Dees, G. & B. B. Anderson (2002) "For-Profit Social Ventures" in Kourilsky, M. L. & W. B. Walstad (eds.) "Social Entrepreneurship" *A special issue of the International Journal of Entrepreneurship Education* 2, Senate Hall Academic Publishing, pp. 1-26.

Dees, G. J. & B. B. Anderson (2006) "Framing a Theory of Social Entrepreneurship: Building on Two Schools of Practice and Thought" in Mosher-Williams, R. (ed.) *Research on Social Entrepreneurship: Understanding and Contributing to an Emerging Field* (ARNOVA occasional Paper Series) 1(3), pp. 39-66.

Defourny & Nyssens (2012) "The EMES Approach of Social Enterprise in a Comparative Perspective" *EMES European Research Network Working Paper* 12/03.

Emerson, J.(2003) "The Blended Value Proposition: Integrating Social and Financial Returns" *California Management Review*, summer 2003, Vol. 45, pp. 35-51.

Emerson, J. & F. Twersky (1996) " New Social Entrepreneurs: the Success, Challenge, Lessons of Non-profit Enterprise Creation" REDF (https://community-wealth.org/content/new-social-entrepreneurs-success-lessons-and-challenge-non-profit-enterprise-creation, Community Wealth, 2018.3.16).

Emerson, J. (2008) "Moving Ahead Together: Implications of a Blended Value Framework for the Future of Social Entrepreneurship" in Nicholls, A. (ed.) *Social Entrepreneurship: New Models of Sustainable Social Change*, Oxford University Press, pp. 391-406.

Hall, P. D. (2012) "Philanthropy and the Social Enterprise Spectrum" in Lyons, T. S. (ed.) Social Entrepreneurship: How Business Can Transform Society. Praeger/ ABC-CLIO, 2012, 2, pp. 24-67.

Henton, D., J. Melville & K. Walesh (1997) *Grassroots Leaders for a new economy: How Civic Entrepreneurs are Building Prosperous Communities*, Jossey-Bass. (= 1997, 加藤敏春訳『市民起業家──新しい経済コミュニティの構築』日本経済評論社。)

Kerlin, J.(2006) "Social Enterprise in the United State and Europe: Understanding and Learning from Differences" *Voluntas* 17(3), pp. 247-263.

Kerlin, J. (2010) "A Comparative Analysis of the Global Emergence of Social Enterprise" *Voluntas* 21(2), pp. 162-179.

Leadbeater, C. (1997) *The Rise of the Social Entrepreneur*, DEMOS.

Leadbeater, C. (2006) "The Socially Entrepreneurial City" in Nicholls, A. (ed.) *Social*

第3章　社会起業と地域イノベーション

Entrepreneurship: New Models of Sustainable Social Change, Oxford University Press, pp. 233-246.

Leadbeater, C. & Goss, S. (1998) *Civic Entrepreneurship*, DEMOS.

Light, P. (2006) "Reshaping Social Entrepreneurship" *Stanford Social Innovation Review*, fall 2006, pp. 46-51.

Light, P. C. (2008) *The Search for Social Entrepreneurship*, Brookings.

Lyon, F. et. al. (2010) "Approaches to Measuring the Scale of the Social Enterprise Sector in the UK." *Third Sector Research Centre, working paper* 43.

Mair, J. & I. Marti (2004 updated 2006) "Social Entrepreneurship Research: A Source of Explanation, Prediction, and Dlight" *IESE Business School Working Paper*, University of Navarra.

Mair, J., J. Robinson & K. Hockerts (2006) "Introduction" in Mair, J., Robinson, J. & Hockerts, K. (eds.) *Social Entrepreneurship*, Palgrave Macmillan, pp. 1-13.

Martin, R. L. & S. Osberg (2007) "Social Entrepreneurship: The Case for Definition" *Stanford Social Innovation Review*, spring 2007, pp. 28-39.

Mawson, A. (2008) *The Social Entrepreneur: Making Communities Work*, Atlantic Books.

Mulgan, G. (2006) "The Process of Social Innovation" *Innovations: Technology, Governance, Globalization*, Volume 1, Issue 2, Spring 2006, MIT Press, pp. 145-162.

Nicholls, A. & A. Murdock (2012) "The Nature of Social Innovation" in Nicholls, A. & A. Murdock (eds.) *Social Innovation: Blurring Boundaries to Reconfigure Markets*, Palgrave Macmillan, pp. 1-30.

Pestoff, V. A. (1998) *Beyond the Market and State: Social Enterprises and Civil Democracy in a Welfare Society*, Ashgate Publishing. (＝2000, 藤田暁男ら訳『福祉社会と市民民主主義──協同組合と社会的企業の役割』日本経済評論社。)

Peredo, A. M. & M. McLean (2005) "Social Entrepreneurship: A Critical Review of the concept" *The Journal of World Business*.

Phills, J. A. Jr., K. Deiglmeier & D. T. Miller (2008) "Rediscovering Social Innovation" *Stanford Social Innovation Review*, fall 2008, pp. 34-43.

Skloot, E. (1988) "Introduction: The Growth of, and Rationale for, Nonprofit Enterprise" in Skloot, E. (ed.) *The Nonprofit Entrepreneur: Creating Ventures to Earn Income*, The Foundation Center, pp. 1-9.

Wei-Skillern, J., J. E. Austin, H. Leonard & H. Stevenson (2007) *Entrepreneurship in the Social Sector*, SAGE Publications.

Williamson, T. (2010) "Toward a Tipping Point for Talent. How the Idea Village is

第Ⅰ部　ソーシャル・キャピタルと経済の多様な関係

Creating an Entrepreneurial Movement in New Orleans" *Innovations: Technology, Governance, Globalization*, Volume 5, Issue 3, Summer 2010, MIT Press, pp. 25-43.

（服部篤子）

<table>
<tr><td>第 4 章</td><td>イノベーション促進の触媒機能を
果たすソーシャル・キャピタル</td></tr>
</table>

1 イノベーション創出に向けた最適なネットワーク構造

（1）ネットワーク構造論とイノベーション論の関連づけ

　ジェームズ・コールマンは，「閉鎖性のあるネットワーク，すなわち緊密に相互結合したネットワークがソーシャル・キャピタルの源泉である」と論じた。一方，ロナルド・バートは，「構造的隙間（structural holes)」，すなわち異なる背景を持つ個人やグループ間に存在するネットワーク上の空隙を重視した。そして，組織が最も高いパフォーマンスを発揮できるのは，集団内で1人の明確なリーダーや1つの緊密なネットワークがメンバーを結びつけていると同時に，集団外の組織へとつながるメンバーのネットワークが，異質な視点，技術，資源を豊富に含んでいる場合であるとの実証分析を踏まえ，「構造的隙間を仲介することによってもたらされるソーシャル・キャピタルは，集団内にネットワーク閉鎖性が存在する集団にとって価値が高い」と主張した（バート 2006)。

　この議論は，イノベーションについても当てはまると考えられる。外部組織との連携によって，組織外の多様な叡智や知見を積極的に取り入れることを「オープンイノベーション」という。筆者はこの発想を組織内にも適用して，部門間のオープンな連携を「組織内部でのオープンイノベーション」と呼んだ。[1]企業組織内で部門・職務の壁を越えた活発なコミュニケーションやコラボレーションを通じた，アイデアやイノベーションの創出という「内なるオープンイノベーション」を志向するような「企業内ソーシャル・キャピタル」を育むことが，外部とのオープンイノベーションを推進する上での必要条件である，と事例観察を基に考えた（百嶋 2007)。

　こうした考えは，前述のバートの統合論と整合的であるが，ネットワーク閉鎖性（凝集性）については，低すぎると組織内部の協調性が損なわれて組織力

が全く活かせない一方，高すぎても組織が内部志向に陥り外部組織の力を全く活かせないため，適度なバランスが重要であると思われる。特に，過度なネットワーク閉鎖性は，組織外と交流・連携しない組織文化を醸成しかねないことには留意が必要である。たとえば，自社技術に固執し，外部組織との共同研究開発を拒む「クローズドイノベーション」あるいは「NIH 症候群」(Not Invented Here Syndrome)[2] につながりうると考えられる。

凝集性の高い組織が，集団として誤った意思決定を行ってしまう現象をグループシンク（groupthink）というが，企業組織がこれに陥らないためには，最高経営責任者（CEO：Chief Executive Officer）や最高技術責任者（CTO：Chief Technology Officer）など経営層が，ネットワーク閉鎖性を適度に保つような，組織風土を醸成することに意識的に取り組まなければならない。すなわち，経営層が志の高い社会的ミッションを企業理念として掲げ，それを全社に浸透・共有させることで，社内が一致結束する体制を構築するとともに，そのミッションを実現するためには，必ずしも自社の資源にこだわらずに，外部のネットワークを積極的に活用することを選択するような組織風土を根づかせることが極めて重要である。

（2）組織内外に形成されるソーシャル・キャピタルの多様な全体構造

1）企業内ソーシャル・キャピタル

企業を例にとると，企業内で単なる情報共有にとどまらず，経営層や従業員同士が志の高い社会的ミッションの下で一致結束して醸成する，強固な信頼関係・人的ネットワークが重要である。

社内の部門は，研究開発部門（コーポレート研究を担う）や事業部門（事業部研究，調達・購買，製造，販売・マーケティングなどを担う）など本業に関わるバリューチェーンに対応した部門と，経理・財務，人事，IT，物流，不動産管理など社内で専門的・共通的役務を提供し企業活動を支えるシェアードサービス部門に分類できる。後者は，経営層，他部門，従業員などの「社内顧客」のニーズを十分に把握し，社内の顧客満足度（CS：Customer satisfaction）の向上につなげるための社内顧客との関係構築，言わば「社内 CRM（Customer Relationship Management)」が極めて重要となる。このためには，社内顧客との

間にソーシャル・キャピタルが十分に醸成されていることが必要である。

さらに，新事業・新技術などのイノベーションを創出するためには，研究開発部門と事業部門の連携が不可欠である。このため，経営層には，両部門間に壁が形成されないような工夫・取り組みを実施することが求められる。

たとえば，両部門を含む部門横断的な開発プロジェクトの実施や両部門が情報共有できる仕組みの整備（両部門が一堂に会する定期的な検討会議の開催等）に加え，両部門を同じオフィスビルに入居させ，構成員間のインフォーマルなコミュニケーションを喚起する共用スペースを設置するなど，オフィス環境づくりに創意工夫を凝らすことが挙げられる。ここでは，不動産管理部門が社内顧客のニーズをしっかりと把握していることが求められる。

2）外部組織との連携

企業が強みを発揮すべきコア業務に経営資源を集中し，業務の高度化・効率化を図るためには，バリューチェーンの各段階やシェアードサービスに関わる業務の一部について，外部組織との連携やアウトソーシングなど外部資源の活用を図り，自社に欠けている経営資源を補完しシナジー（相乗効果）を追求することが求められる。

ここで重要なことは，まず業務ごとに担当部門が最適な連携先を見極める目利き力を持つことである。さらに，担当部門は連携先とのインターフェースを担って，社内のニーズと連携先が持つ知識・ノウハウ・スキルなどシーズ情報をつなぐリエゾン（橋渡し）機能を果たすことが極めて重要である。そのためには，社内からニーズ情報を的確に吸い上げるとともに，連携先から重要なシーズ情報を引き出すことが不可欠である。

このように担当部門が社内外の組織と質の高い情報のやり取り・共有を行うためには，企業内ソーシャル・キャピタルが十分に醸成されているとともに，社外の連携先に対しては，単なる外注先や下請けと見下したり，あるいは任せきり・丸投げにしたりするのではなく，戦略的な「コラボレーションパートナー」と捉え，双方向の人的ネットワークをしっかりと形成することが求められる。このように考えれば，アウトソーシングの戦略的活用にも，単なる外部委託という発想を超えて，オープンイノベーションの視点が不可欠となってくる。

なお，企業と外部組織の間の効果的な連携のためには，組織間のフォーマル

第Ⅰ部　ソーシャル・キャピタルと経済の多様な関係

な関係に加え，個人間のインフォーマルなコミュニケーションなど個人レベル
のチャネルの重要性が高いと考えられる。

　社外との関係では，前述した業務工程ごとの連携先の視点の他に，企業を取
り巻く多様なステークホルダーの視点が考えられる。経営トップの役割として
は，前述のように志の高い社会的ミッションを全社に浸透・共有させ，組織風
土として醸成し根づかせるとともに，社外のステークホルダーからも共感を得
て，多様なステークホルダーと一致結束する関係を構築することこそが，最も
重要であると考えられる。

　社会課題解決による社会変革（ソーシャルイノベーション）は，営利・非営利
を問わず，あらゆる組織の社会的責任であると考えられ，企業では CSR（企業
の社会的責任）と捉えることができる（百嶋 2009a）。CSR は，従業員，株主，
他企業（サプライヤー，連携先等），顧客・消費者，地域社会，大学・研究機関，
NGO・NPO，行政（国・地方）など多様なステークホルダーとの高い志の共有，
言わば「共鳴の連鎖」があってこそ実践できる，と筆者は考える。高い志への
共鳴の連鎖を通じて醸成される，企業とステークホルダーとの信頼関係は，ソ
ーシャルイノベーション＝CSR を実践するための土壌となる。

2　オープンイノベーションの必要性とイノベーションの方法論の転換

（1）イノベーションを巡る環境変化とオープンイノベーションの必要性

　製品・サービスのライフサイクルが短縮化する中，顧客ニーズの多様化や産
業技術の高度化・複雑化に伴い，異分野の技術・知見の融合なしには，イノベ
ーションのスピードアップが難しくなってきている。とりわけ社会を変える革
新的な製品・サービスの開発を自社技術のみで完結させることは，ますます困
難となってきている。

　このような変化に加え，欧米のグローバル企業やアジア企業の躍進・台頭な
どグローバル競争が激化する中で，企業は社内の知識結集だけでなく，大学・
研究機関や他社などとの連携によって，外部の多様な叡智や技術も積極的に取
り入れる「オープンイノベーション」を推進する必要性が高まっている。自社
技術に固執するクローズドイノベーションや NIH 症候群からの脱却が求めら

れる。

（2）主要産業におけるオープンイノベーションの方法論

1）ハイテク産業の比較——半導体・IT と医薬品・バイオ

　最先端の高度な科学的知見が研究開発に活用される産業領域では，オープンイノベーションの必要性が顕著に高まっている。ハイテク産業の代表格である半導体・IT と医薬品・バイオテクノロジーでは，共にオープンイノベーションの取り組みが世界的に進展しているが，その方法論は，これまで両者の間で大きく異なっていたとみられる。

　半導体・IT は，基本的に多様な要素技術によって構成されることから，元々少数の企業が技術を囲い込むのは難しい。また，技術の難度が急速に高まっている点も見逃せない。たとえば半導体産業では，これまで集積回路の指数関数的な集積度の向上（加工線幅の微細化）により，トランジスター性能を飛躍的に向上させてきた一方で，半導体プロセス技術は微細化の進展に伴い，様々な物理限界に直面し，消費電力（発熱量）の急増やフォトリソグラフィ工程（半導体製造工程において露光装置により基板上に回路パターンを描く工程）のコスト増大などが大きな課題となっている。[3]

　これらの技術課題はデバイスだけでなく，材料・装置技術と密接に関連しているため，半導体メーカー単独で解決することは難しく，材料メーカーや製造装置メーカー，さらには大学・研究機関との連携が欠かせない。半導体産業では，技術ロードマップを共同で策定し，将来の技術課題への認識を共有している。[4] さらに後述するように，多様な研究者・エンジニアが集うコラボレーションの場が欧米を中心に構築されている。

　このように半導体・IT 産業では，業界全体でイノベーションの歩調を合わす必要があり，ハードウエアおよびソフト・サービスなどサプライチェーンに属する多様なベンダーが相互作用を及ぼしながら連携を図る「イノベーション・エコシステム」[5] の構築や技術の標準化の取り組みが重要となる。

　半導体メーカー世界大手のインテルは，パソコンやサーバーなどコンピューター領域のエコシステムの構築を主導し，同社のマイクロプロセッサーを核とする「インテルアーキテクチャー（略称：IA）」の普及を図ってきた。同社の

共同設立者であるゴードン・ムーアは，1965年の時点で半導体チップを構成するトランジスターの集積度が1年で倍増することを予測し（1975年に2年で倍増に修正），これは「ムーアの法則」と呼ばれている。この法則は，必然的にそうなるという「自然法則」ではなく，半世紀の間，業界を挙げて幾多の技術課題を克服し実現してきた「技術的ターゲット」である。この法則がイノベーションの拠り所として業界全体で共有され，半世紀にわたって半導体・IT産業の進化を牽引してきたことは特筆に値する。

　一方，医薬品・バイオ産業では，これまでは特定の微生物や化合物の化学構造式の新規性が重要であり，その特許を取得できれば，ごく少数の企業が独占的利益を得られる可能性が大きかった。このため，大手製薬企業とバイオベンチャー，あるいは大手企業同士など相対の排他的な提携関係が採られるケースが多かったとみられる。しかし，最近では，ゲノム創薬や抗体医薬，さらにはiPS細胞を活用した再生医療など新しい創薬技術の台頭により，これまでの合成化学や発酵工学にとどまらず，遺伝子工学，医療機器・分析機器やコンピューター・ITを駆使した解析・診断技術など，多様な科学的知見を開発に取り入れる必要性が高まっている。すなわち，イノベーションの方法論は，幅広い連携先とのコラボレーションが必要となる「半導体・IT型のオープンイノベーション」への転換を迫られている。

2）イノベーションの方法論の転換を迫られる自動車産業

　自動車産業においては，ガソリン車の開発ではメカトロニクス系の技術が中核を占めており，開発を主導する完成車メーカーと少数の系列部品メーカーとの間ですり合わせ作業が行われてきた。これまでの医薬品・バイオ産業のように，比較的狭い範囲の連携であったとみられる。

　しかし，自動車の電装化の進展，エコカーとしてのハイブリッド車（HV）の台頭，次世代エコカーといわれる電気自動車（EV）や燃料電池車（FCV）の開発・投入に対応し，マイコンやパワー半導体などの半導体，ニッケル水素電池やリチウムイオン電池などのバッテリーといったデバイス技術や，リチウムイオン電池や燃料電池に関わる化学・材料技術など，多様な科学的知見を導入する必要性が高まっている。さらに次世代車の本格普及には，EVでは充電スタンド，FCVでは水素ステーションといったインフラ整備が欠かせない。車

両価格のさらなる低減に加え，これらのインフラの整備費用の抜本的な引下げを可能とする，イノベーションの創出が求められる。

百嶋（2007）は，医薬品・バイオ産業と同様に「自動車産業では，半導体・IT 型のオープンイノベーションへの転換を迫られている」と主張した。これは，EV や FCV などエコカー開発には，完成車メーカーや部品メーカーだけでなく，半導体や電池などのデバイスメーカー，部材メーカー，ソフトウエアベンダー，インフラ事業者，大学・研究機関なども加えた多様なプレーヤーが相互連携する「コラボレーション型オープンイノベーション」が重要であるからだ（百嶋 2009b）。

実際，日本メーカーが強みを持つ車載用リチウムイオン電池については，これまでに自動車メーカーと電池メーカーが相次いで合弁会社を立ち上げるなど，こうした動きがみられている。さらに，イノベーションのオープン化の流れを加速する新たな動きとして，これまで自動車産業では見られなかった特許開放の動きが出てきている。まず，2014年 6 月にテスラモーターズが，業界全体のEV 開発を加速させるために，同社保有の EV 関連の全特許（約200件，加えて出願中の280件）を無償開放することを発表した。続いて2015年 1 月には，前年12月に世界初の量産 FCV となる「MIRAI」を発売したトヨタ自動車が，FCVの普及に向け，同社が単独で保有している燃料電池関連の全特許（審査継続中を含む約5,680件）の実施権を無償で提供することを発表した。

新技術の占有より普及を優先し，自社技術を無償公開するイノベーション手法は，IT 業界では「オープンソース化」と呼ばれ，グーグルのスマートフォン向け基本ソフト（OS）「アンドロイド」などが成功事例として挙げられる。多様な技術が結集されるエコカーの普及促進には，1 社単独の取り組みでは難しく，他社の市場参入を促し，業界全体でイノベーションの歩調を合わせることが欠かせなくなってきている。

2017年に入って，英仏両政府が2040年までにガソリン車の販売を禁止する方針を決定したのに続き，中国政府が2019年から自動車メーカーに EV を中心とする新エネルギー車を一定割合で生産・販売するよう義務づける規制を発表したことを受け，世界的に EV への移行が急速に進む可能性が高まっている。

また，次世代モビリティ社会を支える自動運転技術の開発では，ソフトウェ

第Ⅰ部　ソーシャル・キャピタルと経済の多様な関係

アとしての人工知能（AI）技術や，AI用として高速処理に対応したGPU（画像処理用プロセッサー）や専用プロセッサーなどの半導体技術がキーテクノロジーとなり，グーグルなどIT大手が自動運転車の開発に参入するなど，「コラボレーション型オープンイノベーション」が一層加速し鮮明化している。

3　オープンイノベーションを成功させるための要件

（1）留意すべき重要なポイント

オープンイノベーションが成功するためには，前述の諸点に加え，以下の3点も重要であろう。

1）事業化を見据えた連携

外部連携が事業化を見据えたものであることについて，連携する組織間で意思統一がなされていることが重要である。

産学連携による研究開発の場合，大学側に技術普及への強い思いが望まれる。大学が企業側の開発スケジュールを無視して自分のペースで研究を進めたり，技術普及による社会貢献より経済的対価を優先して法外なロイヤリティの支払いを企業に要求したりすれば，開発プロジェクトは頓挫するだろう。

2）明確なルールの運用

企業が，産学連携など外部資源の活用を意思決定する際の明確なルールを持つことが重要である。

たとえば，社内外の研究リソースの使い分けについて，研究開発のリードタイムによる明確な基準を決めておくことが考えられる。「事業化までにX年以上かかると見込まれる研究は，大学など外部資源を活用する」といったルールが一例である。

3）情報・人的ネットワークの構築

外部連携の契機は，個々の担当者の人的ネットワークによるものであることが多い。多くの革新的な発見や発明をみてもそうであるように，連携先との出会いも偶発的な場合が多いように思われる。偶発的な出会いを引き寄せるために，日頃から情報収集力を付けておくことも重要であろう。

そのための活動としては，自らの専門分野に関わる学会活動に加え，異業種

交流会や専門外のセミナーなど多様なネットワーキングの活用，起業家，ノマドワーカー，フリーランスなど多様な人々が集うようなコワーキングスペースやシェアオフィスへの参加などが挙げられる。これらの活動は，必ずしもフォーマルな業務としてではなく，インフォーマルな自主的活動やライフワークとしても取り組むことが望まれる。企業としては，このような個人レベルの裁量的・創造的な自主的活動を許容・奨励することも必要であろう。

（2）企業内ソーシャル・キャピタルを育む施策

1）社会的ミッションの浸透・共有

　企業の社会的ミッションとオープンイノベーション戦略を融合させた先進事例としては，アップルが挙げられる（百嶋 2013）。

　スティーブ・ジョブズは，アップルを創業する際に共同創業者のスティーブ・ウォズニアックと「誰もが使いこなせるコンピューターを作ることによって，世界を良くしよう」と誓い合ったという。ジョブズのこの高い志・理想は一貫して揺るがなかった。アップルでは，ジョブズのこの創業の理念が，組織風土として強く息づいてきたと思われる。そして，アップルがこれまでこだわってきたことは，自前の製品開発や生え抜きの人材起用ではなく，世界を良くしたいという社会的ミッションの実現である。

　ジョブズは，世界を変えるような製品・サービスを開発するためには，他社に埋もれている確立された適正な技術を活用すればよく，目利き・プロデュース力が何よりも重要だと考えていたという。この考え方は，オープンイノベーション戦略の本質をまさについている。

　たとえば，マウスでアイコンをクリックするパソコン操作（GUI：グラフィカルユーザーインターフェース）は，アップルが1984年に発売した初代「Macintosh」に採用し，開花させた技術だが，アップルのオリジナルではなく，ゼロックスのパロアルト研究所（PARC）の研究成果だった。ジョブズは，1979年に PARC を訪れた際にこの技術に運命的に出会い，5年後に本格的な実用化にこぎつけた。GUI を搭載した「誰もが使いこなせるコンピューター」の実用化に成功したのは，GUI を発明したゼロックスではなく，それを目利きしたジョブズ＝アップルだったのである。

第Ⅰ部　ソーシャル・キャピタルと経済の多様な関係

2）制度面の工夫

　企業内ソーシャル・キャピタルを育む制度面の工夫としては，CFT（Cross Functional Team）による部門横断プロジェクトの奨励・推進，アングラ（自由裁量）研究のルール化，創造的なオフィスづくりの推進などが挙げられる。

　日産自動車は，CFT 活用の成功事例である。1999（平成11）年，経営不振に苦しむ同社はルノーと資本提携を締結し，ルノーからカルロス・ゴーンがCOO（最高執行責任者）として派遣された。同年6月に COO に就任したゴーンは，10月に「日産リバイバルプラン（NRP）」を発表したが，短期間での NRP策定作業に極めて重要な役割を果たしたのが，同氏が立ち上げた9つの CFTだった。[(6)]

　当時の CFT の主たる役割は，改革のアイデア出しを行うことであり，過去のやり方やしがらみにとらわれず，独創的なアイデアを出すことが求められた。CFT では，日米欧の200名がメンバーとして直接関与し，合計2,000件のアイデアが検証され，そのうち400件がエグゼクティブ・コミッティに提案された。

　アングラ研究のルール化とは，研究開発スタッフが担当外で関心のある研究を勤務時間外で自発的に行っているのを黙認するのではなく，勤務時間内での取り組みとして奨励・推進するものである。たとえばグーグルでは，勤務時間の20％を自由に使って好きなことに取り組める「20％ルール」を制度化しており，従業員は自分でプロジェクトを立ち上げたり，他のプロジェクトチームに参加したりすることができるという。

　グローバル競争が激化する中で，従業員の創造性を企業競争力の源泉と認識し，それを最大限に引き出しイノベーション創出につなげていくためのオフィス戦略が重要になっている（百嶋 2011）。先進的なオフィスづくりの共通点は，オフィス全体を街や都市など一種のコミュニティと捉え，従業員が気軽に集まってインフォーマルなコミュニケーションを交わせる休憩・共用スペースを効果的に設置している点だ。IBM，アップル，インテル，オラクル，グーグル，シスコシステムズ，ヒューレット・パッカード（HP），プロクター・アンド・ギャンブル（P&G），マイクロソフトなど先進的なグローバル企業は，既にこのような考え方を実践しており，オフィスづくりの創意工夫を競い合っている。

3）高まる企業内ソーシャル・キャピタルの重要性

　プロボノ・NPO 活動に積極的に参画する人材や，旺盛な起業家精神を持って社内で新たな事業に積極的にチャレンジしようとする人材（イントラプレナー（社内起業家））は，外部に豊富なネットワークを持っている傾向が強く，画期的なアイデアやイノベーションを生み出す上で，企業にとって欠かせない人材である。これらの人材は，自分がいかに社会に役立つべきかに重点を置いており，必ずしも正社員での終身雇用にこだわらず，転職や起業することも厭わない。また，仕事をライフワークと捉えるため，仕事と生活を切り分けるのではなく，融合一体化させるワークスタイルを好む傾向が強いと思われる。

　従って，これらの人材の育成・確保・定着のためには，創造的で自由なオフィス環境の整備と柔軟で裁量的なワークスタイルの許容が欠かせない。たとえば，シリコンバレーでは，ハイテク企業の間で人材の引き抜き合戦が激しく繰り広げられており，企業は優秀な人材の確保・定着のために，必然的に働きやすいオフィス環境を整備・提供せざるを得ない。

　日本の高度成長期では，会社へのロイヤリティ（帰属意識）が高い終身雇用の正社員の意思統一を図れば，成長に向けた社内全体の一致結束につながった。しかし今や，非正規社員が労働者全体の4割弱に達しており，企業が業務を遂行する上で欠かせない存在となっている。さらに，今後の労働力不足への対応として，女性や高齢者の一層の労働参加が求められている。

4　オープンイノベーション推進に向けた産業支援機関のあり方

（1）触媒機能を果たすコラボレーションの「場」の形成

　オープンイノベーションを効率的に推進するためには，完成品メーカーに加え，部材メーカー，装置メーカー，ソフトウエアベンダーなどサプライチェーンに関わる多様な企業や大学・研究機関など異分野の研究者・エンジニアが一堂に会して叡智を結集する出会いの「場」の形成が不可欠である。

　このようなオープンイノベーションの「場」は，シリコンバレーのようにコミュニティベースで形成されるケースがある一方，ヨーロッパでは公的研究機関や産業支援機関が担うケースが多いとみられる。日本では，これまで地域産

第Ⅰ部　ソーシャル・キャピタルと経済の多様な関係

業振興のための財団など産業支援機関が各地域で整備されてきた経緯を踏まえ，これらの機関が地域のイノベーション創出の「触媒機能」を果たす「欧州モデル」が望ましいと思われる（百嶋 2008）。

（2）求められる高度イノベーション創出支援機関の整備

　日本では，最先端のエレクトロニクスやライフサイエンスなど，科学的で高度なイノベーション創出を本格的に支援する産業支援機関の整備が遅れていると思われる（百嶋 2008）。次世代半導体プロセスの研究機関として知られるベルギーの IMEC（Interuniversity MicroElectronics Center）が，成功事例である。IMEC は，情報通信技術領域での産業ニーズを 3 ～10年先行する科学的研究を行うため，1984年にルーベンカトリック大学を研究拠点とする非営利の研究機関として，フランダース州政府によって設立された。

　IMEC は，最先端の半導体関連技術の研究において，インテルやサムスン電子など大企業等との共同研究プログラムを展開している。その際に共同利用される半導体評価機器など最先端のパイロットラインの導入コストは，海外の大企業等からの委託研究収入でカバーされており，「ユーザーの広域化」が最先端の設備導入・共同研究を可能とする好循環につながっている。

　さらに，共同研究で蓄積された知的財産をベースに，魅力的な研究開発プログラムを策定することにより，世界有数の大企業を惹きつけ，新たな委託研究収入の確保につながっている。2015年の収入は約 4 億1,500万ユーロ（約554億円）に達し，そのうち委託研究収入が82.4％を占め，フランダース州政府等からの助成金は12.5％にすぎない。1995年以降，自主財源が州政府補助金を上回っている。これは，前述の通り，半導体プロセス技術の難易度が高まり，オープンイノベーションが必要とされる中で，IMEC が多くの半導体関連企業から「オープンイノベーションの場」として高く評価された結果である。このため，多様な研究分野や国籍を持つ組織・人材を世界中から引き寄せることが可能となり，このダイバーシティ（多様性）がイノベーションを生む源泉となっている。

　IMEC は一方で，地元の中小企業に対する技術者訓練，技術移転，半導体チップの設計や少量生産の受託，さらには自らが開発した技術シーズを基にした

第4章　イノベーション促進の触媒機能を果たすソーシャル・キャピタル

ベンチャー創出などを通じて，地域活性化に貢献してきた。このことから，IMEC は，世界的規模で構造的隙間を橋渡しする機能と，地域の結束を強める機能を併せ持つと考えられる。

5　新しいコラボレーションの場の台頭

（1）個人のアイデアをつなぐバーチャルな場としてのクラウドソーシング

1）世界中の多様なアイデアを活用できる機会の広がり

企業が技術課題を公開し，それを解決するための技術・アイデアを世界中から探索・マッチングするフェーズでは，必ずしも前述の IMEC のようなリアルな場よりも，ウェブサイトなど「バーチャルな場」の活用が適しており，インターネットの役割が極めて重要となる。不特定多数の人々に協力を募り，必要とするサービスやアイデアを取得することを「クラウドソーシング」と呼ぶが，海外の先進的な大手企業を中心に，本来秘匿性の高い活動であるイノベーション創出や研究開発の領域でも，世界中の叡智を結集し，いち早く技術課題を解決するアイデアを探索すべく，これを積極活用する動きが出てきている。

クラウドソーシングの台頭により，全世界で技術・アイデアを持つ個人が所属組織・役職・場所を問わずに，イノベーション創出に自由に参画・貢献することが可能になってきた。

2）クラウドソーシングベンダーの先駆的事例——イノセンティブ

クラウドソーシングの先駆的な動きとして，イノセンティブ（InnoCentive）が挙げられる。同社は，製薬大手のイーライリリーの社内ベンチャーとして2001年に設立された，研究開発領域のクラウドソーシングベンダーである。

「Seeker」として企業や公的機関などが，一組織では解決が困難な技術課題をイノセンティブのネット上に公開し，「Solver」として登録している研究者などに賞金をかけて解決策を募る仕組みである。同社ホームページによれば，Solver は，現時点で約200カ国から38万人超が登録している。賞金は１件当たり5,000〜100万ドル超に設定され，これまでに2,000件超の案件に賞金が支払われ，その総額は5,000万ドル超に達するという。

イノセンティブは，今や独立組織としてイーライリリー以外の技術課題も取

り扱い，顧客は営利企業だけでなく公的機関やNPOなども含まれ，多岐にわたるSeekerと世界中のSolverを橋渡しするプラットフォームを担っている。これまでにSeekerとしてイノセンティブを活用してきた代表的な組織は，イーライリリーの他，アストラゼネカやP&Gなどの大手製造業，エコノミストやトムソン・ロイターなどの大手情報メディア，ブーズ・アレン・ハミルトンなどのコンサルティング・ファーム，NASA（アメリカ航空宇宙局）やアメリカ国防総省などの政府機関，クリーブランド・クリニック（医療機関）などの非営利組織が挙げられる。

3）グローバル企業での先進的な活用事例——P&G・GE

P&Gはイノセンティブを活用する一方で，技術・アイデアのクラウドソーシングのための独自の専用ウェブサイトも開設している。英語版だけでなく，日本語など複数の言語によるサイトが用意されている。

同社は，2001年にそれまでの自前主義からオープンイノベーション戦略へと大きく舵を切り，「コネクト・アンド・デベロップ（Connect＋Develop）」と名づけたオープンイノベーションプログラムの世界展開を開始し，外部との協力によるイノベーションを50％に高める目標を掲げた。その後，それに沿った施策として専用サイトが立ち上げられた。

ゼネラル・エレクトリック（GE）も，2010年前後よりクラウドソーシングを活用して社外の技術・アイデアを取り入れる取り組みを積極化している。具体的には，まず2010年に「エコマジネーション・チャレンジ[8]」と銘打って，スマートグリッド（次世代送電網）に関わるアイデア公募を特設サイトにて実施した（2011年に第2弾を実施）。この取組では，社外のアイデア取り込みにとどまらず，ベンチャーキャピタル（VC）の協力を得て，有望なベンチャー企業やアイデアに総額2億ドルの出資を行った。

同社は2013年には，3次元CADデザインのクラウドソーシングベンダーであるGrabCADが運営するサイト（CADデザイナー・エンジニアの登録者数は2017年9月末時点で398万人）にて，航空機エンジンブラケットの仕様を提示した上でデザインの公募を実施した。また2014年には，機械学習・ビッグデータ分析・予測モデリングのクラウドソーシングベンダーであるKaggle（2017年にグーグルが買収）が運営するサイト（データサイエンティストの登録者数は100万人超）

にて，「Flight Quest」と銘打って，航空機の飛行効率を高め運航遅延を削減するアルゴリズム開発を公募した。

同社は，「デジタル通信網を通じて1つになった世界中の人々の集団的知性」すなわち「グローバルブレイン」の活用の重要性を強く認識しつつ，「イノベーションを実践する企業は，継続した長期的な独自の取り組みとオープンソース・コラボレーションとの最適な組み合せを見つけることが必要である」と考えている（Annunziata & Biller 2014）。

（2）グローバルなものづくりコミュニティの場としてのファブラボ

1）ものづくりを市民に解放するオープンな世界的ネットワーク

ファブラボ（FabLab）とは，市民（消費者）のためのものづくりの場として台頭してきたもので，3D（3次元）プリンターやカッティングマシンなど多様な工作機械を備えた，誰もが使える実験的な市民工房の世界的ネットワークである（百嶋 2016）。ものづくりを市民に解放し，市民一人ひとりが自ら欲しいものを作り出せるようになる社会を目標に掲げている。

ファブラボの概念を提唱したのは，マサチューセッツ工科大学（MIT）のニール・ガーシェンフェルドであり，同氏は2002年にボストンのスラム街に世界で最初のファブラボを設置した。その後，同氏の考え方に共鳴した人々による草の根的な活動が活発化し，その拠点数はこれまでに世界101か国1,185か所に急拡大している（2017年9月末）。日本では，2011年に東アジア初のファブラボが鎌倉と筑波に開設され，これまでに20か所に設立されている。運営形態は，大学・研究機関の支援によるもの，地域のコミュニティセンターや文化施設と一体化したもの，NPO・NGOや個人によるものなど様々である。

ファブラボのグローバルネットワーク構築を支援するNGOであるファブ・ファウンデーション（Fab Foundation）は，ファブラボの名称を利用するための条件として，①「一般市民に開かれていること」，②世界のファブラボが共有する基本理念や運営のガイドラインをまとめた「ファブラボ憲章（Fab Charter）の理念に基づき運営されていること」，③「共通の推奨機材を備えていること」，④毎年開催される世界ファブラボ会議，国境を超えたワークショップ等の連携プロジェクト，ビデオ会議システムなどを通じて「国際規模のネ

第 I 部　ソーシャル・キャピタルと経済の多様な関係

ットワークに参加すること」を挙げている。

2）リアルとバーチャルを融合したネットワーク

　個々のファブラボは，子供，学生，退職したシニア，エンジニア，デザイナー，職人，研究者など多種多様な背景を持った市民が自由に集い，自由な発想・アイデアで実際にものづくりを行えるオープンワークショップスペースであり，顔の見えるネットワークを形成する「リアルな場」である。ラボに集う人々が異なる背景を超えて緩やかにつながり，互いに教え合い学び合う。

　3D プリンターなどデジタル工作機械を用いてものづくりを行う「デジタルファブリケーション」は，個人によるものづくりを指す「パーソナルファブリケーション」と呼ばれることが多いが，ファブラボでのデジタルファブリケーションは，共創によるものづくりを指す「ソーシャルファブリケーション」の方が実態に近いという。言い換えれば，ファブラボは，"DIY：Do It Yourself（自分で作る）" から "DIWO：Do It With Others（みんなで創る）" への進化を志向している。

　前述のように国際的ネットワークがファブラボの重要な特徴であるが，この国際的ネットワークには，「バーチャルな場」としての側面がある。すなわち，ものづくりに関する知識・ノウハウやデザイン等の世界規模での共有活動，換言すれば「オープンソース化」に取り組んでいる。

　ファブラボのこのようなネットワークをネットワーク構造論に当てはめると，ローカルレベルでは，個々のラボ内でのネットワーク閉鎖性を緩やかに高めつつ，グローバルレベルでは，世界中の多様なラボ間を橋渡しするソーシャル・キャピタルを国境を超えて張り巡らせることに成功していると言えよう。そして個々のラボに集う人々や世界中のラボにとって，前述のファブラボの 4 要件やファブラボ憲章が共通の拠り所となっており，これが緩やかなものづくりコミュニティの一致結束を図る役割を担っていると考えられる。

3）人材育成とイノベーション創出の視点

　次世代のイノベーションを創出する人材や将来の起業家を育成する視点では，とりわけ先入観を持たない子供たちが，ファブラボで試行錯誤しながらものづくりの喜びを体感し，創造性やものづくりの DNA を育むことが極めて重要になると考えられる。ファブラボ等で，次世代を担う子供たちの潜在的な可能性

第4章 イノベーション促進の触媒機能を果たすソーシャル・キャピタル

を引き出し，起業家精神やチャレンジ精神を育ませる啓発活動の成否は，国の
イノベーション創出力ひいては将来の国際競争力に大きく影響するだろう。

　アメリカでは，これまで草の根であったファブラボの活動を国策としていち
早く取り上げるべく，2013年に「National Fab Lab Network Act of 2013」と
いう法案が超党派で連邦議会に提出された。[9]この法案では，人口70万人につき
少なくとも1カ所のファブラボを構築することを目標としており，これは街に
「21世紀の図書館」を整備していくことであると考えられている。

6　多様な場を併せ持つサステナブル・クリエイティブシティ構築の必要性

（1）ハイブリッド型ネットワーク構造の重要性

　本章で取り上げたアップル，GE，IMEC，ファブラボなどの先進事例では，
求心力（ネットワーク閉鎖性）を保つ一方で，オープン化（構造的隙間の橋渡し）
も推進するという「ハイブリッド型」のネットワーク構造が実践されている
（図4-1）。

　ハイブリッド型ネットワーク構造のもう1つの視点として，リアルとバーチ
ャルの最適なネットワークの組み合せを見つけ，最適融合させることも非常に
重要だ（図4-1）。世界中の多様な人々や組織をつなぎ構造的隙間を橋渡しす
る手段としては，主としてバーチャルなネットワークを活用するケースが多い
と思われる。一方，リアルな場の意義は，人と人との直接のコミュニケーショ
ンとコラボレーションを通じて，画期的なアイデアやイノベーションが生まれ
ることであると考えられる。

（2）サステナブル・クリエイティブシティへのリデザインの必要性

　リアルな場の設定は，都市空間のデザインや都市マネジメントに深く関わっ
てくると考えられる。最後に，都市デザインと関連づけた場づくりのあり方を
整理して，むすびにかえることとする。

　第3節で述べた通り，創造性豊かで社会貢献意識の高い優秀な企業人材は，
仕事にライフワークとして取り組み，仕事と生活が融合一体化したワークスタ
イルを好む傾向が強い。従って，これらの人材を引き寄せるためには，創造的

105

図4-1 ハイブリッド型ネットワーク構造の概念図

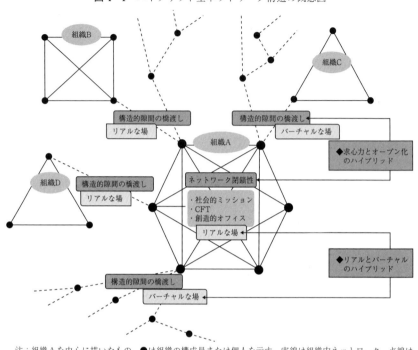

注：組織Aを中心に描いたもの。●は組織の構成員または個人を示す。実線は組織内ネットワーク，点線は組織外ネットワークを示す。

なオフィスを起点に，職住遊が近接するような街づくりを進めることが必要になってきていると思われる。

さらに，オープンイノベーションを推進するための多様なコラボレーションの場を都市に集積させることが求められる。たとえば，所属を超えて集えるコワーキングスペースやシェアオフィスの充実，さらに生活者・ユーザー視点のオープンイノベーションの場としてのファブラボやリビングラボ（Living Lab）の整備が必要だろう。リビングラボとは，市民・生活者，自治体，NPO，企業等がサービス創出プロセスに参加し，生活者の利用行動の観察や評価，利用後のフィードバック等を行い，新サービスや製品を共創する取り組みを推進する，新しいイノベーション手法に対応した場である。

コラボレーションの場としては，産業支援機関の整備・充実も欠かせない。

その際に，大学・研究機関，技術移転機関（TLO：Technology Licensing Organization），インキュベータ，VC，地域金融機関など，イノベーション創出をサポートしうる組織も含めて幅広く捉えるべきであろう（百嶋 2008）。ただし，IMEC のような大規模な高度イノベーション創出支援機関を構築する場合は，重複投資を避けるため，分野毎に全国１拠点程度で十分であろう。

　このようにハイブリッド型ネットワーク構造を持つ，多様なコラボレーションの場を都市に集積させるためには，産学官の多様な組織が一致結束・連携して取り組むことが不可欠であり，その際に「社会変革を起こすためのオープンイノベーションの場を都市全体が担う」との考え方が重要だ。

　さらに，場づくりというハード面の整備にとどまらず，産学官が連携して，異文化や多様性を理解・受容する文化が都市全体で醸成されるよう促し，創造的で多様な人々が活動しやすい環境をつくることが望まれる。これにより，最終的には，起業家，エンジニア，研究者，デザイナー，クリエイター，アーティスト，建築家，社会活動家，外国人など，多種多様な背景を持った人々が集う「クリエイティブシティ」へと都市のあり方を見直す，すなわちリデザインすることが求められる。そして，あらゆるモノがインターネットにつながる IoT や AI，ロボットなど先端技術もフル活用した，環境配慮型の持続可能（サステナブル）な「スマートシティ」の側面も併せ持つべきだ。都市の「サステナブル・クリエイティブシティ」への進化は，イノベーションが創造されやすい環境を醸成するため，企業の創造性を高め，都市の国際競争力を高めることにつながると考えられる。

注
(1)　その後，政府の審議会資料などにも，組織内部の連携を意味する「内なるオープンイノベーション」という言葉が使われるようになった。たとえば，経済産業省産業構造審議会産業技術分科会研究開発小委員会（2009）『中長期的な研究開発政策のあり方／中間とりまとめ・補足資料』16頁。
(2)　NIH（＝Not Invented Here）とは，「『ここ（自社の研究所）で開発されたものではない』から受け入れない」という意味で用いられており，自社技術に固執する企業行動を指す。
(3)　フォトマスク（回路原版）の製造コスト増大や露光機（スキャナ，ステッパ）の

第Ⅰ部　ソーシャル・キャピタルと経済の多様な関係

装置代およびランニングコストの増大による。フォトリソグラフィ技術は微細化の
カギを直接握る技術領域。
(4)　国際半導体技術ロードマップ（ITRS）がアメリカ，日本，ヨーロッパ，韓国，
台湾の世界5極の専門家によって編集・作成され，これまで2年ごとに全面改訂さ
れてきた。
(5)　イノベーションが創出されるシステム全体を生態系になぞらえて表現したもの。
生態系では生物間および生物と環境要因の相互作用が重要となる。
(6)　9つのCFTは，①事業の発展，②購買，③製造，④研究開発，⑤販売・マーケ
ティング，⑥一般管理費，⑦財務コスト，⑧車種削減，⑨組織と意志決定プロセス。
(7)　2015年12月末の為替レート（東京外国為替市場・対顧客電信売相場）＝133.27円
／ユーロにより円換算した数値。
(8)　「エコマジネーション」とは，革新的な環境関連製品・サービスにより，環境課
題への貢献と企業成長を同時に実現することを目指して，GEが2005年に開始した
取り組みである。
(9)　本法案の概要に関する報道は，以下のURLを参照されたい。3D Printing
Industry（3DPI）（http://3dprintingindustry.com/2013/03/20/rep-foster-introduces
-bipartisan-legislation-to-promote-advanced-manufacturing-in-america/，2017.
9.30.）

参考文献

バート，R.S.／金光淳訳（2006）「社会関係資本をもたらすのは構造的隙間かネット
ワーク閉鎖性か」野沢慎司編・監訳『リーディングス　ネットワーク論——家族・
コミュニティ・社会関係資本』勁草書房，243-277頁。
百嶋徹（2007）「オープンイノベーションのすすめ——イノベーション創出における
外部連携の重要性」『ニッセイ基礎研REPORT』2007年8月号，ニッセイ基礎研究
所，18-25頁。
百嶋徹（2008）「地域イノベーションと産業支援機関——2つの「広域化」と「ジリ
ツ（自立・自律）化」が必要」『ニッセイ基礎研REPORT』2008年11月号，ニッセ
イ基礎研究所，18-27頁。
百嶋徹（2009a）「CSR（企業の社会的責任）再考——社会変革に挑戦する高い志への
回帰」『ニッセイ基礎研REPORT』2009年12月号，ニッセイ基礎研究所，38-47頁。
百嶋徹（2009b）「社会を変える技術は生まれるか？」ニッセイ基礎研究所編『図解
20年後の日本——暮らしはどうなる？社会はどうなる？』日本経済新聞出版社，
73-75頁。
百嶋徹（2011）「イノベーション促進のためのオフィス戦略——経営戦略の視点から

オフィスづくりを考える」『ニッセイ基礎研 REPORT』2011年8月号，ニッセイ基礎研究所，18-27頁。

百嶋徹（2013）「アップルのものづくり経営に学ぶ——創造性（製品企画開発力）と経済性（収益力）の両立の徹底追求」『ニッセイ基礎研レポート』2013年3月29日，ニッセイ基礎研究所，1-20頁。

百嶋徹（2016）「ものづくりコミュニティの場として発展するファブラボ（FabLab）」『ニッセイ基礎研レポート』2016年3月31日，ニッセイ基礎研究所，1-15頁。

Annunziata, M. & S. Biller（2014）「The Future of Work（日本語版）」『GE ホワイトペーパー』2014年5月，ゼネラル・エレクトリック，1-17頁。

（百嶋　徹）

| 第5章 | 社会基盤としてのソーシャルメディア |

1 ソーシャル・キャピタルとソーシャルメディア

　本章は，ソーシャル・キャピタルと近年急速に広がったソーシャルメディアとの関係について，論述することを目的としている。

　ソーシャル・キャピタルという言葉が，ロバート・パットナムをはじめとする研究者によって新しい光を与えられた1990年代は，インターネットの世界にとっても大きな意味を持っている。まず，インターネットの商用化によりインターネットの世界的普及が始まり，Webの登場がインターネットの性格を大きく変えた。経済分野でも，1995年以降のアメリカ経済の持続的成長の要因を情報通信分野の革新に求める「ニューエコノミー」論が賑わった時代でもある。

　そのため，ソーシャル・キャピタルと情報通信技術あるいはインターネットとの関係に言及する研究も少なくなく，パットナムも，それまでのコミュニケーション手段としての電話は対面コミュニティを強化する（Patnum 2000 = 2006 : 200）のに対し，娯楽としてのテレビはそれを減少させるとした上で（Patnum 2000 = 2006 : 269-300），インターネットをソーシャル・キャピタルの減少化傾向を緩和する可能性のあるものとして取り上げている（Patnum 2000 = 2006 : 174-218）。

　ただ，当時は，メールと企業のHPを中心とした，いわゆるWeb1.0[1]の時代であり，個人が社会に対して情報を発信することは一般的ではなく，パットナムもインターネットが「素敵な電話」になるのか「素敵なテレビ」になるのかわからないと疑問を残したままになっていた（Patnum 2000 = 2006 : 215）。

　2000年代に入り，いわゆるWeb2.0[2]といわれる時代になると，ブログ，SNS，マイクロブログ等の普及とともに，個人が社会に対して容易に情報発信できるようになり，2005年前後にはこの個人の発信する情報の影響力に着目し，ソー

110

シャルメディアという言葉が広がっていった[3]。

それ以降，ソーシャルメディアの可能性や影響力について，政治，経済，文化等様々の視点から検討がなされつつあり，またソーシャルメディア自体が一つの産業としての存在になりつつある。

しかし，ソーシャルメディアは，現在も情報通信技術の革新とともに進化を続けているため，その概念も社会基盤としての役割も流動的である。統計的にみても，個別のサービスについての企業データはあっても[4]，類型としての整理ができていないため国際比較も部分的なものでしかなく，先行研究も特定地域での実証研究にとどまっているものが多い。

本章では，このような状況を考慮して，①ソーシャルメディアの概念を確認した上で多様なサービスを類型化し，②それを踏まえて日本の現状を俯瞰し，③その上でパットナムの「素敵な電話」と「素敵なテレビ」という疑問を手掛かりにソーシャルメディアの特性を考察し，④ソーシャルメディアが，ソーシャル・キャピタルの重要な要素である社会的ネットワークにどのように影響を及ぼし，どのように影響を受けるのかについて考察をする。

2　ソーシャルメディアの定義と類型

（1）ソーシャルメディアの定義

先行研究におけるソーシャルメディアの定義の代表的なものとして，総務省の『情報通信白書　平成23年版』[5]，オンライン辞典の情報システム用語辞典[6]，Wikipedia を始め多く引用されている Kaplan & Haenlein（2010），最近のものとして堀川（2012），の4つにみられる定義を表5-1（次頁）に例示した。これをみると広義のものから狭義のものまで様々であり，その重視する点も異なっていることがわかる。最初にこれら4つに明示的あるいは含意として共通する要素を挙げると，①インターネットが基盤，②利用者の情報発信，③サービス・アプリケーションの総称，の3つを指摘できる。①は当然として，②③について若干補足する。

利用者の情報発信は，ソーシャルメディアの重要な要素で，放送事業のようにサービス提供者自身が情報発信するのではなく，サービスの利用者が情報発

第Ⅰ部　ソーシャル・キャピタルと経済の多様な関係

表5-1　ソーシャルメディアの定義

・『情報通信白書 平成23年版』
「利用者が情報を発信し，形成していくメディア。利用者同士のつながりを促進する様々なしかけが用意されており，互いの関係を視覚的に把握できるのが特徴。」
・「情報システム用語辞典」（Itmedia.inc.　2017年7月最終アクセス）
「インターネットを利用して多対多コミュニケーション（1対1の組み合わせを含む）を行うアプリケーションやオンラインサービスを指す。」
・Kaplan & Haenlein（2010）
「Web2.0の理念的及び技術的基盤の上に形成され，UGC（消費者生成コンテンツ）の創造と交換を可能にするインターネット基盤とするアプリケーションの集団。」（筆者訳）"a group of Internet-based applications that build on the ideological and technological foundations of Web 2.0, and that allow the creation and exchange of User Generated Content."
・堀川（2012）
「同時的・多方向的にメッセージや情報のやり取り・共有を可能にするインターネット上のサービス・アプリケーション。」

信をするところに特徴があり，結果として企業など職業的利用者に限らず一般の利用者の情報発信を意味している。なお，Kaplan & Haenlein（2010）は「UGC（User Generated Content）」を要素としているが，OECDのように創造的要素を求めると，[7]情報量の小さなマイクロブログ（短い文章を頻繁に投稿するブログ，ミニブログと呼ばれることもある）が外れる可能性があるが，創造的要素をあえて加える必要はないであろう。

　次は，サービス・アプリケーションの総称についての説明である。

　ソーシャルメディアは利用者が情報を発信するための手段であるが，電話のような単一のサービスではなく，多種多様なサービスとアプリケーションの総称であるため，サービス・アプリケーションの総称としている。『情報通信白書 平成23年版』の「様々なしかけ」も様々なアプリケーションの意味と捉えることができる。

　なお，ソーシャルメディアを構成する多くのアプリケーションも，有料，無料を問わず何らかのサービスが前提になるため，サービス・アプリケーションに代えて単にサービスとしたい。

　他方，上記の4つの定義には共通していない要素・表現もある。Kaplan & Haenlein（2010）の「Web2.0の思想的或いは技術的基礎づけ」，という表現，情報システム用語辞典の「多対多コミュニケーション」そして堀川（2012）の

112

「同時的・多方向的」という表現がこれにあたる。

　最初の「Web2.0の思想的或いは技術的裏づけ」とはそもそも何かとについては，Web2.0が「プラットフォームとしてのWeb」をキーワードとしているように，特定のWebサイトによるサービスがプラットフォームとして機能することが柱となる。プラットフォームは，ここでは利用者が交流する「場」を意味しており，その意味ではインターネット自体もプラットフォームであり，電話網もプラットフォームである。しかし，ソーシャルメディアは一つひとつのサービスがプラットフォームとなり，そこにこれまでにない独自のビジネスモデルを構築しているところに特徴がある。この点は無視できない要素であろう。

　情報システム用語辞典の「多対多型コミュニケーション」は堀川（2012）の「多方向的」と同じ点を強調している。これまでも電話は1対1型の情報伝達，テレビは1対多型（1×N型）の情報伝達であるのに対し，インターネットは多対多型（N×N型）の情報伝達と説明されてきた。これは，一人が1度に行う情報伝達に着目したもので，電話も多数の人が時間をかけて多数の相手に電話すれば多対多型の情報伝達となる。しかし，アナログ技術を基盤とする電話，テレビと異なり，インターネットを基盤とするソーシャルメディアは瞬時に大量の情報を蓄積し，複製し，多数に発信することによって，多対多型のコミュニケーションが実感できることにあり，この点はソーシャルメディアの重要な要素であろう。

　最後に，震災におけるソーシャルメディアの役割を考察した（堀川 2012）の「同時的」については，これを定義に入れると同時的でないもの，たとえば蓄積型のブログやWikipediaのようなものが対象から外れることとなるため，ソーシャルメディア一般の定義としては必要がないであろう。

　以上を踏まえてまとめると，ソーシャルメディアは「インターネットを基盤とし，利用者主体の，多対多型コミュニケーションを実現する，プラットフォームとしての，様々なサービスの総称」となる。なお，「様々な」としたのは，ソーシャルメディアの本質は，この多様性にあると考えているからであるが，この点は後述する。

第Ⅰ部　ソーシャル・キャピタルと経済の多様な関係

（2）ソーシャルメディアの類型

次に，ソーシャルメディアに含まれるとするサービスについて，その類型を整理してみたい。

これまでソーシャルメディアとして取り上げられてきたサービスは，多様なものを含んでおり，しかも毎年のように各国で新しい機能を付加したものが登場しているため，細部にこだわると10を超える類型になる。[8] 他方，類型の数を絞ると，人により，調査時点により様々な違いが生じることになる。

たとえば，総務省（2010：4）で用いられた類型，Kaplan & Haenlein（2010：62-64）が示した類型，そして OECD（2012：170）が UCC のプラットフォームとして示した類型を比べると（表5−2，次頁），共通しているのは，①ブログ，②動画共有，③SNS だけで，総務省以外はマイクロブログがなく，近年急増した LINE を代表とする「チャット系アプリ[9]」はいずれにも含まれていない。

また，「情報共有（Sharing）」と「協働（Collaboration）」の取り扱いについても異なっており，総務省は Wikipedia を情報共有に含めているのに対し，他の2者はこれを「協働（Collaboration[10]）」としている。しかし，ほとんどの類型が何らかの情報共有を図っていると考えられる中で，Wikipedia は文字を基本に知識の体系を作るという独自の性格があるため，これを「知識協働」という一つの類型として捉えたい。また，情報共有には動画以外の共有もあり得るが，情報の種類によって共有を複数に分けることを躊躇する。ここでは，ひとまず動画共有とし，文字の共有はむしろ「知識協働」に含めて考えることとしたい。また，Instagram のような写真共有を独自の類型とする考えもあるが，動画共有，SNS，知識協働のいずれとも重なる部分もあるため，ここでは独自類型としていない。

なお，掲示板については，今日でも一定の利用があること考えると，当面一つの類型として残しておくべきと考える。

以上を踏まえ，本章では，ソーシャルメディアの類型を，①掲示板，②ブログ，③SNS，④マイクロブログ，⑤動画共有，⑥知識協働に，⑦チャット系アプリを加えた7つとして論を進めたい。

114

第5章　社会基盤としてのソーシャルメディア

表5-2　ソーシャール・メディアの類型

総務省（2010）	Kaplan & Haenlein（2010）	OECD（2012）
ブログ	Blogs	Blogs
動画共有		Video
掲示板		
SNS	Social networking site	Social Network Sites
情報共有	Content communities	Photo-sharing sites Podcasting
マイクロブログ		（Internet short message）
（知識協働）	Collaborative Project	Text-based Collaboration Format
ソーシャルゲーム	Virtual game world	
コミュニティ放送		
メタバース		
仮想現実	Virtual social world	Virtual Worlds

3　ソーシャルメディアの利用動向

（1）通信利用動向調査に基づく俯瞰

　本章の最初で述べたように，ソーシャルメディアに関する公的データは統計として公表されているものは少ない。その中で，総務省は2005（平成17）年から現在まで「インターネットの利用目的」について継続的な調査を行っており[11]，その回答項目にはソーシャルメディア関連の主要な類型が盛り込まれている。このデータを活用して整理したものが，図5-1（次頁）である。ただし，本調査は前節で述べた7類型と異なり，ホームページとブログを一体としており，また知識協働に相当するものは単独の類型として設けていないため，ここでは，①掲示板，②HP／ブログ，③SNS，④マイクロブログ，⑤動画共有，⑥チャット系アプリという形での6類型としている。なお，ここではソーシャルメディアの利用が盛んな20代（20〜29歳）の男女のデータを用いている[12]。

　この調査はインターネット利用に関するアンケート調査であり，また調査項目の変更もあるため，精度にはおのずと限界があるが，全体状況を以下のように俯瞰することができる。なお，個別のサービスについては，総務省（2016）

115

第Ⅰ部　ソーシャル・キャピタルと経済の多様な関係

図5-1　ソーシャルメディア利用動向（6類型）

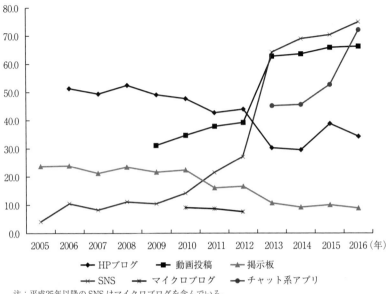

注：平成25年以降のSNSはマイクロブログを含んでいる。
出所：総務省「通信利用動向調査」（平成17～28年）のデータを基に筆者作成。

が利用動向についての調査結果を公表しているので，それを参考にされたい。

　ア　SNSの利用は着実に高まっている。ただし，2013年時点で急速に高まっているのは，この年以降項目名が変更になっている影響もあると推測できる。
　イ　動画共有とチャット系アプリは急速に利用が高まっている。これは，スマートフォンの普及が影響していることが想定できる。モバイルの日常生活への浸透が，ソーシャールメディアにも大きな影響を与えていることが推測できる。
　ウ　HP／ブログ，掲示板の利用は下がり続けている。
　エ　マイクロブログは，横ばいないし減少傾向にあるが，前述の総務省(2016)によればTwitterの利用率は2013年以降漸増傾向にある。

（2）他国との比較

ソーシャルメディアの各類型に属するサービスには，世界的に普及している
ものもあれば，各国の中だけで普及しているものもある。また，一つの国の中
でも同じ類型に属する複数のサービスが競合している場合もある。そのため，
ソーシャルメディアの普及状況について厳密な意味で国際比較することは不可
能に近く，グローバルに普及している特定の商品についての各国毎の利用状況
から推測するしかないのが現状である。

その意味であくまで参考にとどまるが，総務省（2013）は日本，アメリカ，
イギリス，フランス，韓国，シンガポールの6カ国についてソーシャルメディ
アの利用状況の比較を行っている[15]。これによると，日本に関しては，①
Facebook の利用が低い（6位），② Twitter, YouTube の利用は高い（2位），
③利用したことがない人が多い（1位）ことが特徴となっている。他の国では，
シンガポールが Facebook をはじめとして全般的に利用率が高く，韓国のブロ
グ利用が高いのが目立つ。

日本で Facebook の利用が他国に比べて低いのは以前から指摘されており，
たとえば，2011年段階で，アメリカを始め多くの国で30％〜40％の人が
Facebook を利用していた時に，日本では1.5％にとどまっていた（週刊ダイヤ
モンド 2011：31）。また，世界では Twitter よりも Facebook の普及が早いのに
対し，日本ではしばらく Twitter の普及の方が先行している[16]。これらの理由
として，一つには既に匿名制の mixi が普及していたこと，もう一つは日本で
は Facebook のような実名制が好まれないということが指摘されている（週刊
ダイヤモンド 2011：31）。

実名・匿名に関しては，総務省（2013）によると6カ国のうち，日本とフラ
ンスでは4割の人が氏名はどのような場合でも公開されたくないとしているの
に対し，他の4カ国では2割の人にとどまっている（総務省 2013：11）。また，
SNS と Twitter の実名公開に関する別の調査でも，日本の場合は他の5カ国
に比して実名への抵抗感が顕著に強く，匿名での利用率が高い（総務省 2014：
72）。ソーシャル・キャピタルの「一般的信頼性」と「一般的互酬性」と密接
に関連する実名・匿名がソーシャルメディアの普及の態様にも影響を与えて
いるとすれば，今後の検討に値する論点となろう。

第 I 部　ソーシャル・キャピタルと経済の多様な関係

　また，日本のソーシャルメディアについて特異なのはチャット系アプリの利用で，デジタルネイティブといわれる10代がけん引する形で利用を増やし，今では中年層を含め最も利用されている類型となっていることである[17]。このような傾向は，日本に限らず，韓国，台湾，中国でもみられ，ヨーロッパ，中南米の非英語圏でも同様な傾向にあることを『情報通信白書　平成26年版』は示している[18]。多様な言語からなる非英語圏では，英語圏生まれのサービスの利用に抵抗がある人は少なくないと考えられる。これに対し，自国語で電話同様に日常会話ができるチャット系アプリは，こうした人々にとっても受け入れやすいものであり，現に若い世代で見る限り100％近い利用率の国も少なくない。こうした中で，英語圏誕生のFacebookが将来にわたってグローバルな活動を進める階層に選択され，地域の活動にとどまる階層との分化を助長している可能性もある。

4　ソーシャルメディアのネットワーク特性

　次に，ソーシャルメディアとソーシャル・キャピタルの関係について，「素敵な電話」か「素敵なテレビ」かというパットナムの投げかけた疑問を出発点として考えてみたい。

　ソーシャル・キャピタルは，「信頼性」「互酬性」「社会的ネットワーク」の3つの要素で説明されることが多いが，ソーシャルメディアは「社会的ネットワーク」と表裏の関係にある情報通信ネットワークである。そこで，最初にソーシャルメディアのネットワーク特性を，電話とテレビと比較することによって浮き彫りにしたい。

（1）電話とテレビとソーシャルメディア

　電話もテレビも，それまでの手紙や新聞と異なり，遠隔にある発信者と受信者との間の情報伝達を同時にできる（同期性）という共通性があるが，電話は手紙と同様なコミュニケーションメディアとして生まれ，テレビは新聞と同様なマスメディアとして生まれたため，その目的が異なっている。

　そのため，電話は，誰でも，特定の相手との間で，音声による双方向の情報

伝達をすることを可能にし，テレビは，放送事業者という限られた者が，不特定多数に対して，動画像による一方向の情報伝達をすることを可能にした。

この両者が，パットナムの指摘した違いをもたらした最も大きな理由は，電話の双方向性に対するテレビの一方向性にあるであろう。電話は特定の相手との双方向のコミュニケーションであり，社会的ネットワークの延長上にあるため，発信された情報について発信者も受信者も何らかの責任が伴うのに対し，一方向のテレビは名前のわからない不特定多数の受信者に向けたものであり，発信するテレビ局に責任があっても，受信する側は何らの責任も伴わない。そこには，ソーシャル・キャピタルの要素である「一般的信頼性」と「一般的互酬性」の介在する余地はほとんどない。それに加えて，テレビからは臨場感あふれる娯楽番組が送られるとすれば，受信者側で日常的快楽を追及する私事化が進むことは自然であろう。

これに対して，インターネットは，①誰でも，②特定，不特定に関わらず誰に対しても，③単なる信号から，文字，音声，動画まであらゆる情報の伝達を可能とし，さらに，電話やテレビになかった特性として，④情報の蓄積を前提とするを非同期性が加わっている。①と②は第2節第1項のところで説明した多対多型ネットワークの本質であり，③はすべての情報が0と1のデジタル信号に置き換えることができるデジタル技術の本質を示している。また④の非同期生により時間を超えた情報伝達も可能にした[19]。この機能によって発信された情報を受信者は時間をおいて受信することもできれば，スカイプ[20]のように電話と同様な同時性も実現している。

ソーシャルメディアは，このインターネットの4つの特性を継承している。しかし，それはあくまで可能性としての特性であって，個々のサービスがこの特性をすべて実現している訳ではない。実際のソーシャルメディアは，①発信者を制御し，②受信者を制御し，③情報量を制御し，④同期性（非同期性）を制御することができるため，そこに様々なバリエーションが登場する。即ち，ソーシャルメデイアの特性は，インターネットの持つ前述4つの特性をWeb上で様々に制御できる可変性と多様性にあり，そのため多種多様な類型が誕生し，今後も変化し続けるところにあるといえよう。

表5-3（次頁）は，この4つの特性について，電話とテレビとソーシャルメ

第Ⅰ部　ソーシャル・キャピタルと経済の多様な関係

表5-3　ソーシャル・メディアの類型毎の特性

	発信の容易性[1]	不特定多数への発信[2]	情報量（内容）[3]	同期性[4]	双方向性
電　話	○	×	中（音声）	○	○
テレビ	×	○	大（動画）	○同期	×
ソーシャルメディア	○	○	小～大	△	○（△）
動画共有	△	○	大	×	×（△）
ブログ	△	○	中	×	×（△）
SNS	○	×	中	×	×（△）
掲示板	○	○	小	△	×（△）
知識協働	○	○	小	×	×（△）
チャットアプリ	○	×	中	○	○（△）
マイクロブログ	○	○（△）	小	△	○（△）

注：(1)　資格制，実名制を考慮しているが，能力的制約は考慮していない。
　　(2)　不特定多数者への発信を主とするものを○としている。
　　(3)　発信可能情報量の多寡による。
　　(4)　非同期コミュニケーションを前提とした同期性を意味している。電話の同時性とは異なる。

ディアを比較し，さらに，次に述べる類型毎の特性を整理している。全体としてのソーシャルメディアは，電話の役割もテレビの役割も果たし得ることがわかるが，類型毎にみると電話類似のものもあれば，テレビ類似のものもある。

（2）類型毎の特性

1）不特定多数向けか特定多数向けか

　動画共有，ブログ，掲示板，マイクロブログ，[21]知識協働はテレビと同様に不特定多数向けの発信を基本とするが，テレビと異なり誰でも発信できる。

　これに対し，SNSもチャット系アプリも，不特定多数向けの発信も可能だが，基本は特定者向けの発信であり，しかも利用者自身が，受信者の範囲を多段階に制限できるようになっている。

　このように，ソーシャルメディアの中には，不特定多数向けの発信を基本とする類型と，特定少数から不特定多数までの間で対象となる受信者を自由に制御している類型があることがわかる。前者の場合，ソーシャルと形容しているが，実はパブリックへの発信であり，プライベートとパブリックという古典的

な二元論が成立するのに対し，後者の場合はプライベートとパブリックの二元論では扱いきれない多種類の「特定多数」が存在し，古典的二元論の通用しないソーシャルという概念が意味を持つようになる。

2）情報量の大小と受発信の容易性

ソーシャルメディアでは誰でも発信できるといっても，動画共有のように，情報の製造，蓄積，伝達，受信のそれぞれの過程において多くの困難があるものは，現実には少数の者が発信して多数のものは受信（閲覧）のみというのが実態である。たとえば，前述した通信利用動向調査は一部の類型については，発信と受信を区別して調査をしていたが，これによれば動画投稿の発信者1人に対する受信者の数14.5人となっている。[22]ただし，近年はカメラ付きのスマートフォンとモバイルブロードバンドにより画像，動画の発信が容易になりつつあり，状況は変化している。

他方，掲示板，マイクロブログ，チャット系アプリのように，文字を基本としかつ1回の発信情報量に制限があるものは，発信も容易で，受信側の返信も容易なため，双方向性が高く，また継続性も同期性も実現しやすい。

ブログ，SNS はその中間で，画像と文字を基本とするが，情報量の制限がないため，発信は容易にできるが，同期性はそれほど高くない。

知識協働の場合は，文字を基本とするが，皆で知識の体系を作るという性格から，同期期性は低く，むしろ蓄積した知の体系に随時アクセスできる非同期性に意味があるといえよう。

3）同期性・非同期性

前述のように，手紙，新聞の非同期性に対し，電話，テレビが同期性を導入し，インターネットは紙文化と異なる非同期性を加えた。そのインターネットの世界に再び同期性を取り込む契機となったのが，携帯電話サービスとしての SMS であろう。SMS は8ビット（160文字相当）の情報を携帯電話で送受信できるサービスであるが，Twitter の宛先の情報を除いた140文字の制限はこれにならっている。どちらも情報量が限定されているために，瞬時のレスポンスが可能となり，文字によるコミュニケーションでありながら，事実上の同期性を実現している。そこにスカイプ類似の音声通信を取り込んだのが，LINE のようなチャット系アプリである。これらは，文字の場合は少ない字数により，

音声の場合は入力の容易さにより，レスポンスの速さを高め，電話に類似した同期性を実現している。[23]

　しかし，このような同期性は特定された相手とのコミュニケーションでは可能であっても，ブログ，動画共有，知識協働のように，不特定多数向けの情報発信では難しい。

　このようにソーシャルメディアの類型毎の特性をみることによって，それぞれの類型が，電話が進化したというべきか，テレビが進化したというべきかを考えることもできる。たとえば，受信者を限定する反面，同期性が高いもの，たとえば，SNS，チャット系アプリは電話進化系と考えることが可能なのに対し，不特定多数向けに発信するが受信のみの利用者が多い，ブログ，動画共有はテレビの進化系と考えることが可能であろう。勿論，電話とテレビのアナロジーでは説明し難いソーシャルメディア独自の新しい機能，役割もある。一つは，「いいね！」に代表される評価機能であり，もう一つはリツイート，フォローに代表される転送機能である。次にこの点について考えてみたい。

（3）ソーシャルメディアの新しい機能——評価と転送

　ソーシャルメディアは，利用者が不特定多数に対して発信することを可能にし，多対多型の情報交流を実現したが，個々人の技術的，経済的，時間的制約を考えると，誰もが創造的なコンテンツ，意味のある情報を発信できる訳ではない。しかし，誰かが有用な情報，たとえば災害情報や不正な行為についての情報を発信し，それを受信した人がその内容を評価し，さらに複数の第三者にその情報の存在を伝えることができれば，わざわざ同じ内容の大容量情報を大勢が発信しなくとも，社会に情報が伝播し，多くの場合発信者の意図とも合致する。この点で，ソーシャルメディアは評価機能と転送機能により，テレビとは異なる新しいネットワークの形を作りつつある。

　創造的コンテンツや重要情報が発信されると個々の受信者が，その内容を評価し，それが発信者に集約されて届けられる。また，誰か他の人にも読ませたいと思う場合は，それを簡単に転送することもできる。

　評価によって，一方向通信であったコミュニケーションが，非対称ではあるが双方向通信に変わっている。それは，一人が一方的に話し，相手が相槌を打

つだけでも会話が成り立つのと同じである。

転送は，潜在している受信者を顕在化させることによって，実際の受信者を増大し，情報の共有化を促進する。それは，短時間の内に世界中の感動的な映像や災害情報のような重要な情報を拡散させる役割を果たす。評価も転送も情報量は小さいが，社会におけるコミュニケーションの充実に貢献している。アラブの春(24)や東日本大震災(25)の例に見られるように，ソーシャルメディアの社会的存在を意識するのは，この評価と転送が大きな機能を果たしている時である。

この転送を予め希望する人に自動的に行う機能がフォローである。しかし，相手もフォローしてくれれば相互の転送となり対等のコミュニケーションになるが，そうでなければ一方的に他人の情報発信を待つ形のフォロワーとなる。その結果，フォローする相手の数が数十人に対してフォロワーの数が数万，数十万等に膨れ上がることもあるため，フォロワー数の多寡によって人にランクをつける傾向も生じている。(26)

以上述べてきたソーシャルメディアの評価と転送は，その多くがネット上に明示されつつ行われるため，評価，転送をしていない人も含めた多くの人にとって，ソーシャルメディアで発信された意見に対する社会の評価を知る貴重な材料となっている。社会における人々の行動が，社会と個人とのフィードバックの中で実現していることを考えると，これまでのメディアが様々な試みをしつつも十分実現できていなかった分野で，ソーシャルメディアの独自の役割を認めることができる。

5　社会基盤としてのソーシャルメディア

前述したソーシャルメディアの特性を踏まえ，その社会基盤としての可能性について，ソーシャル・キャピタルとの関係に着目して考察する。それは，ソーシャルメディアが電話のように既存のコミュニティを補完・強化するのか，それとも既存のコミュニティと異なる新しいコミュニティをネットワーク上に代替的に形成するのか，あるいは放送のように人々を私事化（privatize）し，人々の社会との関わりを減じるのかという問題についての考察である。

第Ⅰ部　ソーシャル・キャピタルと経済の多様な関係

（1）ソーシャルメディア上のコミュニティ

最初に，ソーシャルメディア上にどのようなコミュニティが形成されているかを概観する。

総務省（2011）[27]によると，ソーシャルメディア上のコミュニティとしては，「趣味や遊び仲間」（66.5％）が多く，全体の半分以上を占めている。次は，「学校の同窓会関係」（11.8％）で，以下「仕事を離れたつきあいのある職場仲間」（5.7％），「習い事や学習関係」（5.1％），「ボランティア活動関係」（2.6％），「町内会・自治会活動関係」（2.6％）と続くがいずれも小さな割合である。

この6つのコミュニティとソーシャルメディアの各類型の関係をみると，SNSは「学校の同窓会関係」で8割（78.1％）を占めているのをはじめとし，全体的に多く利用されているが，「ボランティア活動関係」と「町内会・自治会活動関係」では地域SNS[28]に次いで2番目となっている。

ブログは，「ボランティア活動」「習い事・学習」「趣味や遊び仲間」の関係ではSNSに次いで2番目であるが，「学校の同窓会関係」と「町内会・自治会活動関係」での利用はわずかであり，マイクロブログも同様な傾向にある。

掲示板は，全般的に利用されているが，「町内会・自治体関係」ではほとんど使われていないのに対し，地域SNSは，専ら「町内会・自治会活動関係」と「ボランティア関係」で利用されている。

以上をみると，全体としてSNSの利用が高いが，関係するコミュニティ・グループの性格によって，選択するソーシャルメディアの類型が左右されていることがわかる。

（2）ソーシャルメディアの補完機能と代替機能

図5-2は，総務省（2010：34）のデータを基に，本章の文脈に合わせて表現等を修正して作成したもので[29]，ソーシャルメディアの各類型が既存の社会的ネットワークを強化（補完機能）するものか，新しい社会的ネットワークを形成（代替機能）するものかについて示している。これによると各類型は次のようになっている。

①　SNSは他の類型とは離れたところに位置し，補完機能が強く代替機

第5章 社会基盤としてのソーシャルメディア

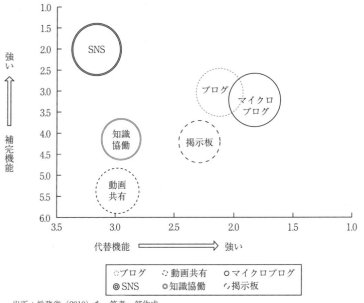

図5-2 サービス類型でみた補完機能と代替機能

出所：総務省（2010）を，筆者一部作成。

能が弱いことがわかる。

② ブログとマイクロブログは，補完機能も代替機能も同じように果たしているが，総務省の別の調査ではマイクロブログの方がブログよりも既存の絆との深まりが強い結果となっている（総務省 2011：22）。

③ 掲示板と知識協働は，前述の3類型と比較するとどちらの機能も弱いが，掲示板はより代替機能が強く，知識協働は補完機能が強い。

④ 動画共有は，補完機能も代替機能もいずれも小さい。動画共有の場合，前述のように受信（閲覧）のみの利用が多く，コミュニケーションを通じたネットワークの補完，形成が現れにくい性格を有していると推察できる。

このようにみると，ソーシャルメディアの類型によって補完機能と代替機能に差が生じるのは，ソーシャルメディアの情報発信が特定多数間の情報交流を目的とするものか，それとも不特定多数に向けた情報発信を基にした情報交流

かの違いによることがわかる。

たとえば，SNSのように実名制や紹介制をとる場合は，必然的に既存の社会的ネットワークと重なるため，補完機能が働きやすい。

これに対し，ブログ，掲示板のように誰でも発信が可能で，誰でも受信が可能な開放性の高い類型の場合は，既存の社会的ネットワークと重ならない部分が多く，新しいネットワークの形成に向いている。これらは，いわば見ず知らずの他人に対して「繋がりのオファー」をするもので，応じるか否かは受信者の判断であったとしても，新たなネットワークの形成に有効である。

特に，不特定多数向けの発信は，一般人の場合は様々のリスクを考慮して匿名での発信が多く[30]，繋がりが形成されたとしても相手を推測するための手掛かりがないため[31]，既存の社会的ネットワークとは別次元のネットワークになる。見知らぬ人がネット上の継続的な交流と通じ，これまでになかったインティメイトストレンジャー[32]という新たな関係が誕生することになる。

（3）ソーシャルメディアの重層的ネットワーク構造と結合・橋渡し機能

ソーシャル・キャピタルには「結合型」と「橋渡し型」があるとし，前者が同質な人々からなり，後者は異質な人々を結ぶ役割を果たすとされている（宮田 2007：12-14）。では，ソーシャルメディアは，既存の社会的ネットワークとの関係で，結合機能，橋渡し機能のいずれの働きをするのであろうか。

ソーシャルメディアの類型の中で，SNSのように補完機能が強いものは対応する既存の社会的ネットワークの性格に応じて結合機能と橋渡し機能の強弱が決まることもある。たとえば，特定地域に特化した地域SNSや企業内SNSのように，対応する社会的ネットワークが同質的で参加者が限られた閉鎖型のものであれば，ソーシャルメディアの結合機能も強くなる。たとえば，チャット系アプリの普及率が若者世代を中心に急速に高まる中で，ネットいじめのような独自の問題が生じている。これは，チャット系アプリが閉鎖的なものであるため，社会的ネットワークを結合させる方向に働きやすく，さらに子供の社会的ネットワークは地域に閉じたものが普通であるため，強い同調圧力となることが背景にあると考えられる。

しかし，一般の社会は様々な性格の部分社会からなる重層構造になっている

第5章 社会基盤としてのソーシャルメディア

ために，結合機能，橋渡し機能と二元構造として説明することは難しい。たとえば，学校の同窓関係を通じて始まったFacebookが，一方で同窓のつながりを強めると同時に，他方でそのつながりをきっかけに様々な職種の人を繋ぐ橋渡し機能を果たしているように，一つひとつの部分社会にとっては結合機能が強く働く場合があっても，部分社会相互間で橋渡し機能が働き，その結果全体社会としては結合機能が働くことになる。その意味では，これまで対立概念と捉えられてきた結合機能と橋渡し機能は，対象となる社会との関係に基づく相対的なものであると言えよう。この両機能の相対性についてはこれまで指摘されることがなかったが，それは電話とテレビの時代では遠距離間の情報交流には大きなコストがかかるために，ソーシャルキャピタルの議論も自ずと狭い範囲の地域社会を対象とすることが多かったことが背景にあると推測できる。これに対し，ソーシャルメディアによる情報交流は距離にかかるコストを無視できるために，その範囲もこれまでの地域社会だけでなく，グローバルにまで広がる重層的なものとなりつつあり，しかもその内容もいわゆる地縁社会だけでなくFacebook等を活用した目的的社会も含んでいる。その結果，両機能の相対性がより現れるようになってきたと言えよう。

　他方，動画共有，ブログのように開放的で代替機能の強いもの，特に匿名のものは既存の社会的ネットワークと別の次元でネットワークを形成するのであるから，既存の部分社会からみれば結合機能は働かずに橋渡し機能のみが働くことになるが，この場合も社会全体からみれば結合機能が働いているとみることもできる。

　しかし，このような開放的な類型によって形成される新たな別次元のネットワークは，特定の価値観に基づくネットワークになりやすく，いわゆるエコーチェンバー効果により，社会の蛸壺化，分断化も懸念される。

（4）ソーシャルメディアのインタラクティブ性と
「一般的信頼性」「一般的互酬性」

　誰でも不特定多数者に向けて発信できるのはソーシャルメディアの大きな特徴であるが，ブログ，動画共有のように，現実には発信せずに受信だけという人も多い。このような受信（閲覧）だけの場合，「ただ乗り」（宮田 2005：15,

79-81）として「一般的信頼性」と「一般的互酬性」の観点から否定的に評価されることが多い。これらは，テレビと同様に私事化によってソーシャル・キャピタルを減少させていると考えるべきであろうか。

　テレビは，誰でも受信できるメディアとして，人々が多様な情報を共有することに貢献している（須田 2011：152-153）にもかかわらず，パットナムがテレビがソーシャル・キャピタルを減少させるとしているのは，娯楽的な番組の長時間の視聴によって社会活動に対する個人の時間を減少させ，人々の受動的な態度を形成するという点にある。しかし，ボーリングゲームの例のように，対面的社会活動の多くにも娯楽的要素は入っているため，娯楽的要素自体を問題とするのは適当ではない。問題は，テレビの場合は限られた専門的集団によって送信され，一般人はそれを受信するだけのために，対面的な社会活動のような相互性（インタラクティブ性）が限りなく小さいことにある。

　テレビの場合は，一人の発信に対し多数の受動的な受信者が並列的に並んでいるにすぎず，受信者同士の連携はない。あるのは発信者と受信者の間の一方向のコミュニケーションだけであり，両者の間には対等な関係がない。たとえ，発信者であるテレビ局に対する一定の社会的信頼があったとしても，そのことが社会の一般的信頼と一般的互酬の増大につながっているとはと言い難いのもこの点にある。受信だけの人は発信をしない以上コミュニティに貢献しているとはいえず，発信者と対等な関係がない以上，互いに尊敬する精神も育ちにくく，一般的信頼にも一般的互酬にもつながらないからである。

　これに対し，ソーシャルメディアの場合，誰でも発信できるという前提があるため，個別にみれば双方向の関係になくとも，全体としてみればすべての人がネットワーク上の双方向の関係にあるといえる。発信された情報に対しては単なる「既読」から「いいね！」，あるいはつぶやき返しや通常の返信等，受信者側から何らかの反応が発信されている。ここには，テレビのような発信者と受信者の間の超えることのできない壁はない。

　さらに，転送を用いることによって，受信者相互間での横の連絡もとれるため，多数の受信者が目的的な集団を形成することも可能とする。パットナムが言うようにテレビがコミュニティの人々を分断したとすれば，ソーシャルメディアは受信のみの人を含め，人々を繋ぐ役割を積極的に果たしているといえよ

第5章 社会基盤としてのソーシャルメディア

う。

　このように，ソーシャルメディアのインタラクティブな性格を考えると，電話と同様に「一般的互酬性」に関しては肯定的に考えることができるが，「一般的信頼性」に関しては，匿名性からくる情報の信頼性の問題が残る。この点は，東日本大震災の際も，ソーシャルメディアが活躍したことが評価される一方でデマの流布等の問題が指摘され，近年はフェイクニュース（fake news：偽ニュース）の問題も指摘されている。[36]

　確かに，匿名の場合，発信が無責任になりやすいとして，情報の信頼性に疑問を呈する見方は強い。しかし，総務省（2011）によれば，ネット上での匿名行動を現実の自分とは関係がないと考えている人は全体の4分の1で，4分の3はそう考えおらず，責任ある対応を意識していることが伺える（総務省2011：51〔図表2-41〕）。また，匿名で社会的な貢献をしている人も多い。実名の場合はその人との間の特定信頼性，特定互酬性にとどまりやすいのに対し，匿名のまま形成された相手への信頼は一般的信頼性，一般的互酬性につながりやすい面があることも指摘したい。

　以上のように，ソーシャルメディアは，「一般的信頼性」と「一般的互酬性」の形成にも貢献できる可能性は大きい。ただし一方で，匿名性に隠れた無責任な行動がこれらを損うリスクもあり，現実にどの程度貢献できるかは，一人ひとりの利用者の姿勢に依存する。この点に関し，総務省の調査結果（総務省2011：43〔図表2-37〕）によるとソーシャルメディア上のコミュニティに積極的に参加する人は，社会に対する信頼感を持ち，直接的な対価を求めずに社会に奉仕するといった傾向が認められるとしている。

注
(1)　Web2.0 以前の時代を表す言い方。注(2)参照。
(2)　Web2.0 は，2000年代のインターネットの質的変化を表した言葉で，そこではO'Reilly の「プラットフォームとしての Web」という表現にあるように，Web がプラットフォームとして機能することが重視されている。なお，Web2.0 という言葉は，O'Reilly が主催した2004年の第1回 Web2.0 会議で用いられている。詳細は，O'Reilly（2005）参照。
(3)　グーグルのトレンド検索（http://www.google.com/trends/，2014年9月1日ア

第Ⅰ部　ソーシャル・キャピタルと経済の多様な関係

クセス）で2004〜2014年のニュース見出しにある"social media"を検索すると，最大の2014年の1月を100とする数値に対して2004年1月時点は3と小さく，2008年に10を超えてから急速に増えている。なお，同期間のSNSは，2004年1月では既に17の値を示しているが，2010年7月時以降はsocial mediaの半分程度の水準で推移している。

(4)　企業データの場合，たとえば登録削除がしにくいために登録が残っている事例や，一人で複数の登録をして利用している事例などがネット上で多く指摘されているため，どの程度実態を反映しているかは疑問が残る。

(5)　『情報通信白書』として最初にソーシャルメディアに言及したのは平成22年版（45頁）だが，平成23年版以降は用語集の中でソーシャルメディアを説明しているのでこれを用いた。

(6)　Itmedia.Inc「情報システム用語辞典」（www.itmedia.co.jp/，2017年7月29日アクセス）。

(7)　Kaplan & Haenlein（2010）のUGCはOECD（2007：18）のUCCの3条件，即ち①Publication requirement（Webに公開されているかSNSでアクセスできること），②Creative effort（一定の創造的要素があること），③Creation outside of professional routines and practises（日常の職業的業務の埒外であること）を承継しているため，職業的業務によるものは除かれているが，他方で創造的要素を求めている。

(8)　たとえば，斉藤（2010）はソーシャルメディアを15の類型に整理している。

(9)　インスタントメッセンジャー（Instant Messenger）と言われる分野の一つであるが，音声によるチャットを含み主として携帯端末で利用されている。『情報通信白書　平成26年版』179頁）に倣って「チャット系アプリ」としている。

(10)　"Collaborative Project"（Kaplan & Haenlein 2010）"Text-based Collaboration"（OECD 2012）

(11)　総務省の通信利用動向調査は平成17年以降「インターネットの利用目的」という調査を続けているが，その細部の項目に変動があるため，類型毎の数値もばらつきがある。具体的に利用したデータを類型別にまとめると，①ホームページ・ブログの開設・更新（平成19〜25年），②電子掲示板（BBS），チャットの利用（平成19〜28年），③SNS（平成17〜24年。平成25・26年調査ではマイクロブログとともにソーシャルメディアサービスとなり，平成27・28年調査ではマイクロブログと共にSNSとなっている，④動画投稿・共有サイトの利用（平成21〜25年。平成21年調査から動画投稿サイトの利用として始まり，平成23年調査からは共有サイトも加えたものとなっている），⑤マイクロブログの閲覧・投稿（平成22〜24年。平成25年以降はSNSに吸収され，項目として消えている），⑥通話アプリケーションやボ

第5章　社会基盤としてのソーシャルメディア

イスチャットの利用（平成25～28年），の6つに分類できる。

⑿　『情報通信白書 平成24年版』図表5-3-1-4によれば，インターネットの利用率が最も高いのは，20代だが，30代との差は小さい。この世代では男女差が大きくないこともわかる。同じく図表4-1-1-2によればソーシャルメディアに限ると10代，20代の利用が特に高い。

⒀　総務省（2016：73）は，ソーシャルメディアの6つのサービスについて，年代別利用率の平成24年から平成28年までの推移を示している。この中の20代をみると，LINE（48.9％→96.3％），Facebook（44.4％→54.8％），Twitter（37.3％→59.9％）と増えているのに対し，mixi（48.4％→13.4％），Mobage（25.3％→9.2％），GREE（22.7％→6.9％）と減少しており，LINE が突出して伸び，現在はほぼ全員が利用していることが分かる。

⒁　ブログという言葉自身が古くなりつつあることもあり Twitter 社は twitter をマイクロブログとして分類されることは好んでいないが，ここでは，中国の微博等類似サービスの存在を考慮して，マイクロブログの一例として紹介している。

⒂　総務省（2013：6）の図表2-5ソーシャルメディア利用率参照。取り上げたサービスは Facebook，Google+，Twitter，LinkedIn，ブログ，YouTube，Ustream にとどまる。

⒃　『情報通信白書 平成24年版』233頁（図表2-3-2-10）参照。

⒄　注⒀参照。

⒅　『情報通信白書 平成26年版』180頁，図表4-1-1-22参照。ONAVO 社調査を引用している。

⒆　電話やテレビにも録音，録画機能があるが，それはあくまで付加された機能であるのに対し，インターネットの場合の非同期性は内包された機能である。

⒇　2004年に世界に先駆けて提供された，インスタントメッセンジャーの無料のアプリケーション。

㉑　マイクロブログは，SNS と同様に受信の制限ができる仕組みを持ちながらも匿名発信が可能なこともあり，通常は誰でも受信できるように発信されている。

㉒　「平成21年通信利用動向調査」。また，最近の調査でも全体利用者と発信者者と区別した調査が行われているが，同様の結果となっている（総務省 2016：75〔図5-1-3-1〕）。

㉓　同期性は利用するアクセス機器（PC か，スマートフォンか）の携帯性との関係も想定できる。

㉔　2010年から2012年にかけてアラブ世界において発生した大規模なデモや抗議活動の総称。『情報通信白書 平成24年版』第2章第1節は「アラブの春」におけるソーシャルメディアの影響を概観している。

131

第Ⅰ部　ソーシャル・キャピタルと経済の多様な関係

⒂　2011年に起きた東日本大震災における通信メディアの利用状況については『情報
　　通信白書 平成23年版，同24年版』に多くの分析データが掲載されている。

⒃　高橋（2014：55）は，このような現象を「僕のフォロワーは〇千人，あなたのフ
　　ォロワーは△百人。差は歴然。フォロワーが多い方の言うことを聞くのは当たり
　　前」という Twitter の発信者の言葉を紹介している。

⒄　総務省（2011：12〔図表2-8・9〕）参照。調査は10のコミュニティを示し，3
　　つまでの選択制である。ここでは第1順位にあげた割合を示している。なお，調査
　　ではマイクロブログではなく Twitter となっているが，ここでマイクロブログと
　　している。また，マイクロブログと別に前略プロフィール，リアル等をミニブログ
　　として別類型としている。

⒅　本調査では，特に地域 SNS が対象になっている。

⒆　総務省（2010：34〔図5-8〕）のデータ利用。元のグラフは縦軸が「オンライン
　　コミュニケーションの補完」，横軸が「オフラインコミュニケーションの促進」と
　　なっていたものを，単純に「補完機能」「代替機能」としている。また，総務省の
　　「情報共有」を「知識協働」としている（本文2.(2)参照）。

⒇　政治家，学者，タレントなど，既にパブリックで認知されている人が実名で発信
　　するのは，例外として考えるべきであろう。

㉑　匿名でも，知人にだけは分かるような工夫をしたり，HN（ハンドルネーム）を
　　伝えたりすることで，既存の社会的ネットワークとの関係を維持することもできる
　　が，本質的なものとはいえないであろう。

㉒　ダイヤル Q^2，携帯電話の普及以降生まれた「匿名」であり「親密」という新し
　　い関係を表現している（富田 2009：157）。

㉓　ただし，手掛かりつきの匿名の場合は，既存の社会的ネットワークと重なり得る
　　ので，その部分では結合機能を果たすことになる。

㉔　閉じられた空間で音が残響を生じる残響室のように，閉鎖的なネットワークの中
　　で，情報が繰り返し伝達される過程で，増幅，強化されること。

㉕　Putnam（2000＝2006：269，279）は，テレビの視聴であっても，ニュース番組
　　の視聴については，肯定的に捉えている。

㉖　2016年から2017年にかけてのアメリカ大統領選の際の偽ニュース（fake news）
　　から特にその影響が論じられるようになった。例として「ローマ法王がトランプ候
　　補の支持を表明」，「クリントンが『イスラム国』武器を販売していたことをウィキ
　　リークスが確認」等がある。

参考文献

稲葉陽二（2011）『ソーシャル・キャピタル入門——孤立から絆へ』中公新書。

132

稲葉陽二ら編（2011）『ソーシャル・キャピタルのフロンティア——その到達点と可能性』ミネルヴァ書房。

NTTデータ経営研究所（2012）「『企業活動におけるソーシャルメディアの活用状況』に関する調査」（www.keieiken.co.jp, 2018年7月16日アクセス）。

木村忠正（2012）『デジタルネイティブの時代——なぜメールをせずに「つぶやく」のか』平凡社。

斉藤徹（2010）『ソーシャルメディア』アスキーメディア・ワークス。

週刊ダイヤモンド（2011）「2011年フェイスブックの旅」『週刊ダイヤモンド』2011年1月29日号。

須田和博（2011）「『基幹放送』概念の今日的意義」『立教法学』85, 121-178頁。

総務省（2010）「ソーシャルメディアの利用実態に関する調査研究報告書」。

総務省（2011）「次世代ICT社会の実現がもたらす可能性に関する調査研究報告書」。

総務省（2013）「ICT基盤・サービスの高度化に伴う新たな課題に関する調査研究」。

総務省（2014）「ICTの進化がもたらす社会へのインパクトに関する調査研究」。

総務省（2016）「平成28年情報通信メディアの利用時間と情報行動に関する調査報告書」。

総務省「通信利用動向調査（平成17-28年）」。

総務省編『情報通信白書 平成21〜29年版』。

高橋暁子（2014）『ソーシャルメディア中毒——つながりに溺れる人たち』幻冬舎エデュケーション新書。

富田英典（2009）『インティメイト・ストレンジャー——「匿名性」と「親密性」をめぐる文化社会学的研究』関西大学出版部。

橋本良明ら（2010）『ネオ・デジタルネイティブの誕生——日本独自の進化を遂げるネット世代』ダイヤモンド社。

藤原正弘・木村忠正（2009）「インターネット利用行動と一般的信頼・不確実性回避との関係」『日本社会情報学会誌』20(2), 43-55頁。

堀川裕介（2012）「東日本大震災時の情報取得におけるソーシャルメディアの位置づけ」（http://www.soumu.go.jp/iicp/chousakenkyu/data/research/icp_review/05/horikawa2012.pdf, 2018年7月16日アクセス）。

松下慶太（2012）『デジタル・ネイティブとソーシャルメディア——若者が生み出す新たなコミュニケーション』教育評論社。

宮川公男・大守隆編（2004）『ソーシャル・キャピタル——現代経済社会のガバナンスの基礎』東洋経済新報社。

宮田加久子（2005）『きずなをつなぐメディア——ネット時代の社会関係資本』NTT出版。

宮田加久子（2007）「インターネットを通じた社会関係資本の形成とその帰結」菅谷実・金山智子編『ネット時代の社会関係資本形成と市民意識』慶応義塾大学出版会, 9-37頁。

Kaplan, A. M. & M. Haenlein（2010）"Users of the world, unite!-The challenges and opportunities of Social Media" *Business horizons* 53(1), pp. 59-68.

OECD（2007）*Participative web and user-created content: Web2.0 wikis and social networking*, OECD.

OECD（2012）*OECD Internet Economy Outlook 2012*, OECD.（http://www.oecd. org/sti/ieconomy/ieoutlook.htm, 2017.7.19.）

O'Reilly, T.（2004）*Web 2.0: Some Themes.*（http://conferences.oreillynet.com/pub/ w/32/presentations.html, 2018.4.15.）

O'Reilly, T.（2005）*What Is Web 2.0*（http://www.oreilly.com/pub/a/web2/archive/ what-is-web-20.html, 2018.4.15.）

Putnam, R. D.（1993）*Making Democracy Work: Civic traditios in Modern Italy*, Princeton University Press.（＝2001, 河田潤一訳『哲学する民主主義——伝統と改革の市民的構造』NTT 出版。）

Putnam, R. D.（2000）*Bowling alone: The Collapse and revival of American Community*, Simon and Schuster.（＝2006, 柴内康文訳『孤独なボウリング——米国コミュニティの崩壊と再生』柏書房。）

（須田和博）

第6章	コモンズと農山村経済

1 農山村の衰退と里地里山

2014年5月, 日本創成会議 (座長・増田寛也元総務相〔元・岩手県知事〕) が発表した『ストップ少子化・地方元気戦略』では, 2040年に20～39歳の女性の数が49.8%の市区町村で5割以上減り, そして全国約1,800市町村のうち523では人口が1万人未満となって消滅する可能性があるとしている (日本創成会議 2014)。この報告は自治体職員をはじめとして大きな驚きをもって受け止められたが, このような「消滅可能性都市」にほとんどの農山村部が入っており, すでに現在でもその多くで過疎高齢化が進んでいる。その結果, 放置山林や田畑の耕作放棄地が増加し続けており, その勢いはとどまるところを知らないといってもよいだろう。手入れされた山林や農地, ため池, 草原等によって形成されてきた農山村の自然環境は, 二次的自然環境であり, 一般的に「里地里山」といわれる。歴史的に農山村の経済基盤であり伝統的田園景観である里地里山は, 継続的な人間による利用と管理が行わなければ維持することができないものである。

日本の里地里山を近年まで維持することができた理由は, その経済性だけではなく, 入会と呼ばれる伝統的な共同利用制度と, その制度を運用していくために必要な地域社会の強固な共同性があったためである (廣川 2014：84-85)。農山村部の住民は, 生産や生活維持に必要な資源, たとえば薪炭, 田畑用の刈敷や屋根葺用の萱等を手に入れることを目的として共同利用地, すなわち入会地を利用していた。入会地は, 利用に当たって, 資源の特性や地域の事情に即した種々の明示的あるいは暗黙的な権利・義務関係が常に付随している。独自のローカルルール (慣習法) を設定し, そのルールを遵守しない者には罰金などのペナルティを科しつつ, 巧みに利用の競合や混雑現象を回避し, 持続的な

第Ⅰ部　ソーシャル・キャピタルと経済の多様な関係

資源利用が行われてきた。

　このような日本の入会は世界に数多くあるコモンズの一つであるが，生産や生活において必要とされなくなり，利用が滞ることで，入会が衰退し，有効な管理が行われなくなっている。人のアクセスが過小になっていることが，農山村の里地里山の荒廃の要因にもなっている。この荒廃は，たとえば竹や笹の大規模な侵入を許し，山が崩れやすくなったり，生態系の多様性が失われたりするなどの自然環境の破壊をもたらす。すなわち，農山村経済の沈滞の行き着く先は，伝統的景観の喪失であり，自然環境の著しい劣化である可能性が高い。ただ，生産や生活維持のための利用が減少する一方で，近年，特に都市近郊では環境教育やレクリエーション目的での里地里山利用が強く望まれている現状がある。しかし，実態としては，たとえ休眠状態であっても，里地里山の所有者の理解や協力不足でアクセスできないといった問題が起きている（関東弁護士会連合会編 2005：484）。

　本章は，農山村の経済基盤たる里地里山について，生産や生活維持のための利用から，まず教育やレクリエーションの利用を図ることで再生を行い，農山村の経済に資することを念頭に置くものである。そのためには，里地里山の所有者が，極めて排他的な土地所有権制度[1]によって，地域外の人々のアクセスを一方的に拒否できるあり方を見直すことが肝要である。20世紀に入り，土地所有者以外のアクセスを認める法制度を確立したイングランドの状況を参照しながら，コモンズ論の観点から，資源の所有にはこだわらず，農山村と都市の人々が共同で実質的な利用管理を行うあり方を模索していく。

2　現代社会とコモンズ

（1）コモンズ論の系譜

　里地里山ばかりでなく，ため池，草原，漁場などの自然資源や空間を，地域的に共同利用する制度ならびに当該資源はコモンズと呼ばれている。世界各地にコモンズは多数存在し，持続的な資源利用制度として着目されている。このコモンズを対象とする研究は北米の研究者を中心に議論が勃興し，蓄積されてきた。特にコモンズ論発祥のきっかけは，1968年に生物学者ハーディンが科学

136

誌 *Science* に寄稿した論文「コモンズの悲劇（The Tragedy of Commons）」にある。共同放牧地（コモンズ）では，1頭でも多くの自分の牛を牧草地に放とうとするので過放牧となり，混雑現象が発生する。さらに放牧数を増やすと，牧草は回復不能に陥り資源が枯渇するという議論を行った。そのためハーディンは，完全な公的（国家）管理か，完全な私的管理でない資源や資源利用活動は，いずれ資源の枯渇などの悲劇に行き着くというシナリオを提起した（Hardin 1968：1245）。

このような公私二元的資源管理政策は，ハーディン論文以前から議論としては存在し，たとえば1967年に発表された経済学者デムゼッツの「所有権理論に向けた展望（Toward a Theory of Property Rights）」がある。ここにおいても，所有権の形態として「共同所有（communal ownership）」「私的所有（private ownership）」「国家所有（state ownership）」の3種を定め，共同所有の非効率性を説いている（Demsetz 1967：354-355）。

しかし，ハーディンのイングランドの共同放牧地（コモンズ）の歴史的展開に関する事実誤認，および公的管理と私的管理に二元化する資源管理政策への批判が相次いで行われ，「コモンズの悲劇」の反証が進められた。1970年代末になると人類学者や経済学者などから議論が活発化し，数多くの民族誌的事例研究に基づき，共同体の資源管理の成功と失敗の要因を分析した McCay & Acheson（1987）や Berkes（1989），所有権制度アプローチから資源管理のあり方に迫った Bromley（ed.）（1992）などが出てくる。2009年にノーベル経済学賞を受賞したオストロムが1990年に発刊した『コモンズの運営（*Governing the Commons*）』は，コモンズの分析手法など含めて，コモンズ論においてはマイルストーンとなる著作である。特に大きな貢献としては，各地のコモンズの観察から抽出された持続的な資源管理の要素を示したことである。それは「設計原理」と呼ばれ，表6-1（次頁）の通りである。オストロムはこの設計原理を基準にして，コモンズの制度・組織にそれらがどの程度備わっているかを見極めることで，持続性や脆弱性，そして制度変化の可能性を推し量ろうとしたのである（茂木 2014：52）。

もともとコモンズ論では，共有・共用する資源そのものの性質に焦点を当てるのか，その資源の利用や管理を巡って生成される所有制度に焦点を当てるの

第Ⅰ部　ソーシャル・キャピタルと経済の多様な関係

表6-1　オストロムのコモンズの設計原理

・フィールド調査から得られた条件
1. 境　　界：コモンズの境界，コモンズ内部の権限分布が明確であること
2. 地 域 性：利用・用益のルールが地域の諸条件と整合的であること
3. 参　　加：利害関係者の，意思決定への参加が確保されていること
4. 監　　視：資源利用の監視が利用者同士でなされるか，利用者の管理に服すること
5. 段階的な制裁：ルール違反の軽重に対応した制裁の設定
6. 調　　整：紛争解決のメカニズムが迅速・低廉に備わっていること
7. 自　　治：コモンズの仕組みやルールに関する自治権が外部権力によって侵害されないこと
・コモンズがより広範囲なシステムの一部となっている場合
8. 入れ子性：各種機能は多層ななかで，入れ子状であること

出所：Ostrom（1990：90），竹田（2013：36），茂木（2014：52）を基に筆者作成。

図6-1　一般的な財の分類

出所：Ostrom et al. (1994：7).

かという2つの方向性があった。前者は，排除可能性（excludability）と控除性（subtractability）に着目して財を分類し，コモンズがどの程度適合するかに着目するものである。排除可能性とは，フリーライダー的な他者の利用を排除する性質であり，そしてその排除が容易である性質のことである。排除することが容易であると対象資源の管理を高めることができるが，一方で管理する資源利用が制約的かつ不自由になり，当事者ないしは関係者以外の利用が困難になる。次に控除性とは，ある者の資源利用が他者の資源利用に影響を与え，混雑現状を引き起こす性質のことである。このような性質をもつ資源の消費は，容易に競争的な過剰利用の問題に巻き込まれる（菅 2013：20）。結果，経済学的な議論では，図6-1のように財が分類される。排除することが容易かつ控除性が高い性質を有する財として「私有財」，排除することが容易かつ控除性が

第6章　コモンズと農山村経済

表6-2　所有制度から見た環境資源の類型

所有制度	それぞれの制度下の資源の特性	引き起こされる問題
非所有制度	すべての個人・団体によって利用が可能。その使用権は排他的権限でなく，共有であるが，所有に関しては誰のものでもないオープン・アクセスである。	オープンアクセスの悲劇（資源乱獲，枯渇）
公的所有制度	資源の所有権は国・地方公共団体にあり，利用・管理の規制を作ることも公的機関が行っている。	政府の失敗（情報の非対称性，不効率な管理）
共的所有制度	資源利用が特定できるメンバーによって管理されており，メンバーは資源の利用と維持に関して権利と義務を有している。	オルソン問題（フリーライダーの発生）
私的所有制度	資源の所有権は私人にあり，その私人は社会的に許容される範囲で，他人を排除し，資源を利用・収益・処分できる。	囲い込みの悲劇（社会的規制の不作用，乱開発，投機）

出所：Gibbs & Bromley（1989：24-27），Bromley（1991：31）より筆者一部追記。

低い財として「クラブ財」，そして排除することが困難かつ控除性が高い財として「コモン・プール財（コモンズ）」，排除することが困難かつ控除性が低い財として「公共財」が位置づけられている（Ostrom et al. 1994：7）。

　しかし，コモンズ論では，地域によって管理される排除することが容易かつ控除性が高い性質を有する財を中心に，実態に即して考究されてきた面がある（菅 2013：21）。そのため資源の性質だけに着目していては不十分であり，後者の所有制度にも焦点が当てられてきた。経済学者ブロムリーの整理によると，環境資源の所有制度は次の4つに分けられる（表6-2）。1番目は，すべての個人・団体による利用が可能で，所有に関しては誰のものでもない「オープン・アクセス」という非所有制度である。2番目は，資源の所有権は国・地方公共団体にあり，管理・利用も公的機関が行う公的所有制度である。3番目は，特定のメンバーにより資源が管理され，公的所有でも私的所有でもない，共的所有制度である。4番目は，個人（私人）が資源を所有し，排他的に資源を利用できる，私的所有制度である（Bromley 1991：21-31）。この所有制度からのアプローチは，分類が明瞭でわかりやすい議論である。しかし，ある資源がどの所有形態に属するかによって，その特性や状態が明瞭に異なるのであろうか。所有制度から見るとコモンズは共的所有制度に位置づけられるとするのだが，実際には公有地にあるコモンズもあり，単純にすべてを共的所有制度下にある

139

第Ⅰ部　ソーシャル・キャピタルと経済の多様な関係

とは断言できない。[2]

　つまり，資源の性質と所有制度の両者の総体をもってコモンズを捉えないと不十分だということである。そのため，現在では「自然資源の共同管理制度，および共同管理の対象でもあるコモン・プール資源そのもの」というように，資源と社会システムの両方を含めるようにコモンズは定義づけられており，資源と人間社会との間の相互作用的な関係性に着眼するようになっている。

（2）ソーシャル・キャピタルとコモンズ

　ソーシャル・キャピタルに関する研究は，コモンズに関する研究とほぼ同じく，1990年代から急速に増加している。そして大きな注目を集めるきっかけになったのは，1993年に発刊された政治学者パットナムの著作『哲学する民主主義（*Making Democracy Work*）』である。そこでは「民主主義が機能する要因は何か？」「制度が機能する要因は何か？」などの点に着目し，ソーシャル・キャピタルの蓄積の重要性について説かれていた。パットナムは同著作の中で，オストロムらのコモンズ論に一定の評価を与えている。すなわち，「オストロムは，"コモンズの悲劇"――給水地や漁場などの"コモン・プール資源"を脅かす集合行為のジレンマ――を克服するための制度を非常に思慮深く観察してきた研究者の一人である。彼女は，コモンズの悲劇を克服するために払われた多大な努力を，成功事例や失敗事例を比較検討することから，この難問を上手く切り抜ける制度はいかに設計されるべきかについての教訓を導き出している」としている（Putnam 1993：10）。一方で，コモンズ論の限界点についても指摘し，「この"新制度学派"による説明は，きわめて重要な疑問に答えていない。その疑問とは，集合行為問題の克服を助ける制度が，実際には，どのように，またどういう理由で供給されるのかという問題である」と疑問を呈している（Putnam 1993：166）。

　確かに多くのコモンズ研究では，持続的なコモンズの制度デザイン（設計原理）を明示しようとしてきたが，それを満たす制度がいかに供給されるかという問題には明確な説明を与えてこなかった（三俣 2008：53）。パットナムによれば，円滑な集合行為や協調行動を生み出すソーシャル・キャピタルが，歴史的にどの程度形成・蓄積されてきたのかが重要ということになる。ソーシャ

140

ル・キャピタルの蓄積された社会にあって初めて，協調行動を基盤とするコモンズが生成されるとした。ただ，それはオストロムが意識しているところではあり，「ルールはそれ自体では機能しない。ルールを十分に履行させるためには，参加者はルールを理解できているだけでなく，さらにはそれを機能させる術を知らなくてはならない。この知識は，それをなし得るための自治の権利をもつ個々人が長年かけて育んできたソーシャル・キャピタルの一部である」と述べている（Ostrom et al. 1994：323）。

　一方で，コモンズ論の研究者からは，ソーシャル・キャピタルについては，コモンズの持続的な維持管理のための必要条件の一つだと認識されている。たとえば，Wade（1988）や Baland & Platteau（1996）は，集団の特性として，ソーシャル・キャピタルの蓄積が，コモンズの持続可能性を担保する決定的な条件の一つとして捉えている。また，表 6-1 に示したオストロムの設計原理の 7 番目「自治」と 8 番目「入れ子性」の視点は，コミュニティとその外部のつながりを重視したものであり，ネットワークの重要性を喚起し，橋渡し型（ブリッジング）ソーシャル・キャピタルにつながるものである。

　ソーシャル・キャピタル論もコモンズ論も，どちらもいかにして円滑な集合行為や協調行動を生み出すことが可能なのかという視点は，共通しているが相違点もある。ソーシャル・キャピタル論は人間同士の関係性に特に着目し，パットナムにならえば規範，信頼，ネットワークが織りなす人々の間の社会関係に着目している。コモンズ論では，前述したようにコミュニティの資源とそれを利用・管理する人間の関係に特に着目しており，資源の性質によって生成される組織・制度も異なってくるのである。

（3）閉じたコモンズと開いたコモンズ

　里地里山やため池，草原などを対象としてきた伝統的なコモンズは，生産や生活維持に必要な資源を地域の人々にもたらすものとして，人々の生活に歴史的に密着してきた。そして，限定的な集団のみが関わることができることから，排除性が高く，それによって資源の管理を容易で低コストで行えるようにしてきた。排除の論理の導入はある程度以上の強固なコミュニティにおいて可能であり，監視や懲罰行為を通じて，フリーライダーが発生させないようにする内

部結束型（ボンディング）ソーシャル・キャピタルが内在していた。また，オストロムの設計原理の1番目は「境界」であり，誰がその資源を利用することができるかというメンバーシップの明確化の必要性などを説いたものである。言い換えれば，メンバー以外の利用を排除するためにコモンズを「閉じる」ことの重要性を指摘したものである。その対象とする資源の持続可能性維持など管理面で成功してきたと主張するコモンズ論の成果は，一面では閉鎖性によって担保されてきたともいえる（茂木 2014：61）。

　このように伝統的なコモンズは，相対的に「閉じたコモンズ」ということができる。それによって，従来までは多くのコモンズが持続的な資源管理について成功裏に終えてきたが，他者を排除するなどといった閉鎖性ゆえに効果的に機能を発揮できない，もしくは問題が深刻化するコモンズも発生してきている。すなわち内部的には，たとえば過疎化等により構成員が著しく減少する一方で，新構成員を募るのが困難なことである。外部的には，地元住民だけでは対抗しきれない政府による大規模公共事業や企業による大規模開発などの事態である。[3]このような伝統的な閉じたコモンズが直面する課題に対して，特定の地域と生産現場に制約された伝統的コモンズを他の地域や市民社会へ「開く」ことが提案されることが多い（竹田 2013：34）。たとえば，「漁民の森」のように，沿岸漁業の生産者たちが川の上流山地に植林を進める事業，荒廃する中山間地の耕作・棚田維持・野焼きへの都市住民の参加などがコモンズを「開く」例として挙げられる。

　閉じていたコモンズを開くことによって，より多くのステークホルダーをコモンズに巻き込み，新たな管理・利用の形態へと変化していくことになる。「開いたコモンズ」は，相対的には資源の管理・利用にあたり厳格なメンバーシップやルールを備えていないものとなるが，「コモンズの悲劇」をもたらすようなオープン・アクセスの状態になるわけではない。その資源へアクセスするためには，一定の制約が課されることになる。森林政策学者の井上真は，コモンズを開くにあたって，中央政府や地方自治体，住民，企業，NGO・NPO，地球市民など様々な主体（ステークホルダー）が協働する「協治（collaborative governance）」という枠組みを提唱している。それは地元住民だけではなく，多様なアクターの参画を促す「開かれた地域主義」と，実際の関与度に応じて発

言権に濃淡をつける「かかわり主義」を基盤として発展される（井上 2004：139-143）。開いたコモンズの成立においては，閉じたコモンズと比較して異質性の高いメンバーが参画することから，そこで歴史依存的な安定性は求められない。「信頼」に基づく協力を醸成するために，橋渡し型ソーシャル・キャピタルの構築と醸成が必要となってくる。監視や懲罰の機能は発揮しにくいが，ネットワークを通じて多様な主体が共に直面する問題を明示化され，問題に関する情報が伝播することで，共通の目標を見すえた行動を行うことが可能になる（三俣ら 2008：210）。

　このような「開いたコモンズ」の代表的な例としては，イングランドのコモンズを挙げることができよう。イングランドの伝統的な閉じたコモンズは，15世紀以降，法制度上も実質上も囲い込まれて解体されていく歴史過程を歩んだ。イングランドにおいてもコモンズは，単なる共同利用の生産や生活維持の場にとどまらず，貴重な動植物の生息場であり，また美しい景観を持つ空間である場合が多い。そのような場を公衆がアクセスできる方向でオープンスペース化し，相対的に見て「開いたコモンズ」を形成してきたのがイングランドの都市近郊及びカントリーサイド（田園地帯）のコモンズである。

3　開いたコモンズとしてのフットパス

（1）イングランドのフットパスと歩く権利

　イングランドにおいても，コモンズとしての入会地が農村での生産や生活上，不可欠な意味を持っていた。しかし，大多数の農民は自らの土地を持たず，入会地で放牧をするなどの形で農業を行っていた。カントリーサイドの土地は貴族所有のものが少なからずあり，1873年に行われた近代最初の国勢調査によると，上院世襲貴族400人を含めた1,688人で，平均約3,410 ha の土地を所有し，彼らだけでイギリス全土の41.2％の土地を占有していた（水谷 1987：9）。そのような中で，18世紀初頭からの土地囲い込み（第二次エンクロージャー）によって，大土地所有者が，輸出型の農業を目指すため規模の拡大を求め，コモンズや荒地を囲い込み，そこでの農民の利用と権利を排除しようとした。放牧や農耕の機会を奪われた農民は，都市に流出して労働者となった。こうして，イン

第Ⅰ部　ソーシャル・キャピタルと経済の多様な関係

グランド社会は，土地持ち貴族と土地なし都市労働者に分化し，貴族達は19世紀に入ると広大な敷地にパーク（狩猟場）や庭園を整備することに勢力を傾ける一方で，労働者は劣悪な都市環境に閉じこめられることになった。こうした囲い込みと，それがもたらした不平等な土地所有に対する労働者の抗議運動として，都市部やカントリーサイドでの入会地を中心とした私有地をオープンスペース化し，スポーツやウォーキングを中心としたレクリエーションの機会を求めていくことになった。このような要求をとりまとめ，議会に提案し，法的な権利を獲得するのを後押していったのが，1865年設立のコモンズ保存協会（Commons Preservation Society）である。

　コモンズ保存協会は，自由党の下院議員であったルフェーブルが中心となり，哲学者であり経済学者の J.S. ミルもメンバーとして参加し設立された。この団体は，オープンスペースの保存は，人々の健康とレクリエーションにとって絶対に欠かすことができないと宣言し，コモンズの囲い込みをいかに阻止しオープンスペースを拡大するかを大きな課題としていた（平松 1999：114）。さらに，土地の所有権にとらわれず，その土地への公衆のアクセスを認める，すなわちオープンスペース化することで環境を保全しようという考えも持っていた。つまり端的に言うと，自然にアクセスする機会が増えることによって，自ずと自然保全への関心を持つ人々を育て，増やし，それが環境保全につながると考えたのである。柵で囲い人を立ち入れさせないことが環境保全につながるという考え方もあるが，それとは全く逆の考え方である。

　会のメンバーである自由党の下院議員たちは，1888年，20年の使用により歩く権利が設定された道として認めることを盛り込んだフットパス・荒地法案を議会に提案したが，失敗に終わった。1906年，ほぼ同旨の歩く権利法が，自由党の下院議員らによって議会に提案された。その後，あしかけ25年にわたり11回も提案されたが，成立することはなかった（Chubb 1938：1-2）。この1888年以来試みられた「歩く権利法」案は，地主の許可や法律によって「歩く権利」があるのではなく，公衆の「歩く権利」が正当な理由もないのに排除されるのを防ぐという趣旨のものであり，排他的で強固な土地所有権に対する市民からの異議申立であった。しかし，議員の多くは大土地所有者でもあることから，法案が議会を通過することはなかったのだが，1932年のキンダー・スカウト集

144

団侵入事件（Kinder Scout Mass Trespass）を契機にして，一気に法案が成立していくことになる。

　キンダー・スカウト事件[(5)]が起きたのは，マンチェスター市とシェフィールド市の間に位置し，現在，ピーク・ディストリクト国立公園の一部として指定されている荒野である。この荒野は，労働者が好んでウォーキングする場所であり，このピーク地域全体では年間1,500万人もが訪れていたとされる。そのような場所の中にあるデヴォンシャー公爵の土地が，ライチョウを保護するという口実で一方的に立ち入りが禁止されたのであった。しかし，実態は，ライチョウを獲物とする狩猟が地主たちの大きな収入源なっており，自然保護ではなく，自らの利益を守るための行為であった。それまで労働者たちが享受してきた自由なアクセスが地主による狩猟拡大によって侵害されたため，1932年4月24日，マンチェスター市などからやってきた約400人もの労働者達が，森番の制止を振り切り，キンダー・スカウトへ登ったのであった。その後，労働者5人が警察に連行されたこともあり，翌日の新聞に大きく報道され，世論も自由なアクセスの侵害に対して沸騰したのであった。

　世論が歩く権利の制定を支持し，議会のアメニティ委員会の強い働きかけもあって，1932年に歩く権利法（Rights of Way Act 1932）が成立した[(6)]。この法律によって20年の使用期間があることで，当該の道が，歩く権利が設定された公衆の道，公道であると推定されることになった。公道と指定されれば，たとえ私有地内であっても，土地所有者が勝手に閉鎖したりすることができなくなる。

　このようにして，イングランドでは，労働者を中心とする都市住民を核として，産業資本家の支持が強かった自由党の後押しを受け，歩く権利が成立し，「開いたコモンズ」が形成されていった。この法律は，個人の財産権に一部制約をかけるものであることから，その権利内容を明確にし，確固たるものとするため，その後，約80年の間に主に9本の関連する法律が制定されている。そして，2000年のカントリーサイド・歩く権利法（Countryside and Rights of Way Act 2000）では権利内容が大きく拡張され，それまでは公道と指定されたところしか権利がなかったが，オープンスペースと指定された場所については道以外でも自由に散策することができる権利，アクセス権（right to roam）が新たに設定されている。

第Ⅰ部　ソーシャル・キャピタルと経済の多様な関係

（2）フットパスの実態と経済・社会的効果

イングランドにおいて，入会地は，古くからコモンズの利用権を持つ者，すなわち入会権者による農業的利用だけでなく，入会権を持たない者も含めて近隣住民はレクリエーションや年中行事を行う大切な場所としても利用していた（Mingay 1990：141）。すなわち，地盤所有権者・入会権者・一般公衆という3者の権利が重層的に成立していたのが，イングランドの伝統的なコモンズの特徴といえる（岩本 1998：13）。ただし，地盤所有権と入会権は明確な法的権利として存在していたが，一般公衆のアクセス権は20世紀に入るまで明確な法的権利としては存在せず，あくまで曖昧と言ってもよい慣習にすぎなかった。古来，暗黙であるにしろ3者の権利が設定されていた「開いたコモンズ」が，大土地所有者の囲い込みにあって完全に閉ざされ，地盤所有権のみが突出して強調された。しかし，その後，都市住民などの運動により，慣習的ではなく法的に開かれ，再び3者の権利が重層的な形で成立していくという道筋をイングランドは歩んできたのであった。

現在，イングランドにおいて，歩く権利が設定されている道は，18万8,700 km にものぼる（Riddall & Trevelyan 2007：3）。そして，アクセス権が設定されている土地は，イングランド全体の面積の約7.18％にあたる93万6,000 ha となっている（Defra 2006：7）。イングランドの歩く権利が設定された道およびアクセス権のある土地についての公式図（地図）の作成や監督については，ナチュラル・イングランドが統括することになっている。ナチュラル・イングランドとは，3つの政府系の環境関連団体の機能を統合させ，2006年にできた外郭公共団体である。

歩く権利が設定された道に関しては，公衆が使用できるように常に良好な状態を保つことが重要となる。良好な状態を保つ責任，つまり公道の施設，たとえば家畜の逃亡を防ぎ人だけが通れるように作られたキッシングゲートの設置や管理は，基本的には，土地所有者および地方政府，公道管理委員会などが対等な管理責任者である。土地所有者は，歩く権利が設定されている道が，農作物などで権利が行使できないような状態になるのを防ぎ，ルートは常に識別できるようにしなくてはならない。つまり，歩く権利が設定されている道が1〜1.8 m の最小幅を保ち，良好な状態になるように，自己負担で整備することに

146

第6章 コモンズと農山村経済

なっている。自己負担の原則は、公道の各種施設は農民のためにあるものだからという考え方が背景にある。その上で、農家民宿やエコツーリズムなどの収入が農家経済を支え、歩く権利を保持することがむしろ多くの農民にとって不可欠になっている現実もあり、受け入れられる傾向にある。一方、地方政府や公道管理委員会は、公式図上の歩く権利が設定されている道の状態を確認し、公衆が使用できるように土地所有者が適切に管理をするように指導しなくてはならない。ただ、農民による公道の侵害行為はしばしば起きており、「歩く権利」を尊重するようにという啓発活動が、ウォーキング活動の促進団体であるランブラーズなどとともに行われている。そして、地方政府は、土地所有者が公道の整備にかかった費用の最低25％を負担することにもなっている。

　このようなフットパスを公衆が歩くことによる経済・社会的効果としては、大きく2点を挙げることができ、第1に健康増進、第2に地域経済への貢献である。健康増進については、個人レベルでは心疾患にかかるリスクを減らしたり、体重を減らしたりすることができ、社会レベルでは国民健康保険の支出を減らすことなどができるとしている（Ramblers 2010）。地域経済への貢献としては、イングランドのカントリーサイドのウォーカーは年間61.4億ポンドを支出、その結果、カントリーサイドに20億ポンド以上の所得を生み出し、最大24.5万人もの常勤の仕事を作り出している（Christie & Matthews 2003：15）。人気のあるフットパス・コースは特に大きな経済効果をもたらしている。サウス・ウエスト・コースト・パス（South West Coast Path）は、デヴォン州北部マインヘッドから海岸線をぐるりと巡るフットパスであるが、地域に年間3.07億ポンドの売り上げ、7,500人の雇用を生み出している。全訪問客のうち27.6％が主にフットパスを歩くために訪れており、彼らだけで年間1.36億ポンドを支出している（Ramblers 2010；South West Coast Path Partnership 2007）。また、ナチュラル・イングランドの2012年の報告書によれば、2011年3月からの1年間で、延べ14.1億人がカントリーサイドを訪れ、そのうち78％がウォーキングのために訪れたとしている。彼らは、飲食代だけでも平均して1人当たり7.46ポンドを消費し、計8.2億ポンドものお金をカントリーサイドに落とした（Natural England 2012：6, 39）。

　近年では、ウォーカーのカントリーサイドでの活発なフットパス歩きが、そ

第Ⅰ部　ソーシャル・キャピタルと経済の多様な関係

の地に一定の経済効果をもたらすということが周知されて，まちづくりの一環として積極的にフットパスを活用する動きも盛んになってきている。たとえば，ウォーカーズ・アー・ウェルカム（Walkers are Welcome UK Network）は，イギリス全土や世界からウォーカーを呼び寄せ，町を活性化することを支援する民間団体である。2007年から活動をはじめ，現在では100以上もの町と提携して，地域経済にも資することを念頭にウォーカーを惹きつけるフットパスの整備などを行っている。農家等の土地所有者と地方政府，地元住民，整備などに関わるボランティア，ウォーカーの間に密接な関係があり，彼らの利害が上手に調整されることが，人が集まる魅力的なフットパスにつながるとする。ウォーカーズ・アー・ウェルカムなどの支援団体はその調整役を担い，フットパスのさらなる発展をはかっている。

　カントリーサイドにおけるフットパスが一定の効果を上げている一方で，コモンズが開くことによって，ウォーカーたちが農産物を踏み荒らしたり，作業の邪魔をしたりするなどして，農業生産に支障を来すのではないかという危惧もあがっている。いまだ丘陵地農業の続く北イングランドの高地コモンズをめぐっては，その美しい自然を楽しみたい都市住民（ウォーカー），ヒースの景観を守りたい環境保全団体，バードハンティングを楽しみたい土地所有者，絶滅危惧種の鳥を保全したいUK政府・EUといった数多くのステークホルダーがひしめき合っていて，現在，農業従事者との調整をはかっているところである（三俣 2009：237）。ただ全体としてみれば，杞憂に終わった側面もある。1973年のEC加盟による農産物価格支持などもあって，1956年には食料自給率が47％だったが，農業生産が着実に増えることで，1980年代には70％を超えるようになり，マクロ的に見れば，コモンズを開いたことが生産の阻害要因になったとは言いがたい（Defra 2014）。

（3）日本におけるフットパスの現状

　日本においては，現在に至るまで，イングランドのような歩く権利やアクセス権は存在せず，そのような法的基盤とは関係なくフットパスの事業が進められている。フットパスの名称を冠した事業が積極的に展開されるようになったのは，イングランドよりずっと後年となる1990年代後半から2000年代にかけて

第6章 コモンズと農山村経済

図6-2 主な日本のフットパス位置図

注：北海道と本州にある9カ所の「△」は、市町村をまたぐ一コース30 km以上のロングトレイルであり、ロングトレイルを管理する団体の所在地にマークされている。また、九州に8カ所ある「□」は、九州オルレというフットパス内の8本のコースを示している。
出所：泉（2013）より一部追記。

である。この時期には、国民の間で環境や健康への関心が高まり、質を重視したライフスタイルへの転向が顕著に見られてきた。その中で、自然の美観や人間生活を含めた「農山漁村らしさ」や「地域らしさ」をクローズアップさせつつ、域外から訪問客を呼び込める手段としてフットパスへの注目が高まってきた。そして、ここ10数年、フットパス事業を展開する自治体・団体が全国的に増加している。

第 I 部　ソーシャル・キャピタルと経済の多様な関係

　フットパスが設定される道は，主として，旧来，村落共同体の通行や生活の場として用いられてきた里道や作業道・遊歩道等を，散策路として再整備したものが多い。ただ，歩く権利がないこともあり，北海道の一部のフットパスを除き，ほとんどが誰もがアクセスできる里道を中心とした公的所有の道に設定されている。また，私有地に設定されている場合でも，土地所有者の厚意によるものであり，いつ何時閉鎖されるかはわからないのが実情である。実際，フットパスの魅力が増し，そこにくるウォーカーが増加するにつれて，プライバシーの喪失や農地への侵入などを懸念して，フットパスの事業者と土地所有者の間の溝が目立ってきた事例もある（平野・泉 2012：136）。

　コモンズを開いたイングランドとは異なる経緯で展開されていった日本のフットパスであるが，筆者が調べた限りでは，2013年 3 月末現在で，図 6 - 2 のように分布している。全国に少なくとも70あり，総延長は2,961 km となっている。そして，一つのフットパスには，複数のコースが設定されている場合が多く，コースの総数は261となっている。イングランドの総延長18万8,700 km（Riddall & Trevelyan 2007：3）には遠く及ばないが，この10数年での進捗は目を見張るものがある。また，1 コース30 km 以上という 1 泊しなければ歩けないような長距離フットパス（ロングトレイル）も 9 カ所にある。地域別にみると，圧倒的に多いのが北海道で，全体の65％以上となる47のフットパス，135のコースが少なくとも存在し，総延長は1,681 km となっている。

4　市民的なアクセスの形成に向けて

　日本の里地里山は，そこを管理し利用する者が過疎化などで減少し続けており，管理・利用の権利の内実が空洞化してきている。第 1 節で触れたとおり，形骸化していても権利自体は排他的に存在し，結果的に新たな利用者を募る際の大きな妨げになり，適正な管理が危ぶまれている。すなわち，入会地限定の話ではないが，地盤所有権者の自由が制約を受けずに何事にも貫徹できるということの問題となる。それでは，イングランドのように立法措置によって「開く」ようにすれば良いのか。イングランドでの経済・社会的効果はとても魅惑的ではあるが，日本においては極めて排他的な所有権と所有意識がある以上，

そこを一気に突破するのは現状では容易ではない。

　公衆のレクリエーションや散策のための市民的なアクセスを新たに認めていく上では，イングランド方式でなければ，カナダで行われているような土地所有者に対して親切な許可（kind permission）を，直接的な対話での合意を通じて得ていくという手法（嶋田 2014：174）が望ましいであろう[8]。そして，法的，経済的，物理的，心理的な壁を乗り越えていく必要がある。そのためには，課題として大きく 2 点あげられる。1 点目は，財産権の一部に制約をかけることにもなることから，開くことへのレジティマシー（正当性）を作り出せるのかということである。2 点目は，完全なオープン・アクセスにならないように適切なアクセスレベルを作り出せるのかということである。

　レジティマシー（正当性）とは，規範，価値，信念等が社会的に構造化されたシステムの中で，ある主体およびその行為を望ましく妥当であり，あるいは適切であるとする一般化した認識のことである（Suchman 1995：574）。伝統的なコモンズでは，その歴史性や地域性などから創成され，特定のステークホルダーが排他的に利用する権利を獲得してきた。それでは，コモンズを開き，市民的アクセスを設定するためのレジティマシーはどこから獲得できるのであろうか。地縁や血縁とは全く関係なく形成するためには，まずイングランドの場合と同じく公衆が散策などのアクセスを幅広く行い，アクセス要求があることを社会的に明確にする必要がある。その上で，地盤所有者である地元住民が，人と人との新しいつきあいやネットワーク，域外者との信頼関係というソーシャル・キャピタルの構築を図ろうとすることで，レジティマシーが明確に確立するであろう[9]。

　2 点目のアクセスレベルの管理についてであるが，開くことによって，当然ながら，地域の資源と自らの生活が一体ではない域外の利用者が増える可能性が高い。そもそも単に開くだけでは，純粋なオープン・アクセスの状態になり，まさに「コモンズの悲劇」が起こりかねない。アクセスを適切なレベルに規制する社会的な規範やシステムの構築は容易ではなく，域外の者だけでは持続的に利用しようという枠組みは創成できない。前述したように井上が提起した「開かれた地域主義」と「かかわり主義」を基盤とすることになる。多様なステークホルダーを受け入れつつも地域内の主体による内発的なガバナンスが機

第Ⅰ部　ソーシャル・キャピタルと経済の多様な関係

能し，「内なるコモンズ」が健全であり続けることが重要である（高橋 2012：118）。フットパスの事業者，地盤所有権者や居住者，ウォーカー等が一体となった共的管理・利用の枠組み作りに向かっていくことを目標とすべきである。

　このような 2 点の課題を解消していくことで，日本の里地里山を代表としたコモンズを適切な形で開くことにつながっていくと考える。市民的なアクセスを獲得するために，法的なアクセスの確立が望ましいのか，親切な許可によるアクセスの確立が望ましいのかは，その国・地域の歴史性や社会状況などを総合的に鑑みる必要がある。日本では，現在の過少利用の状態を早く改善するためにも，当面は摩擦の少ない後者の方法を採るべきである。2000年頃からウォーキング人口の増加はめざましく，週 1 回以上ウォーキングを行う人は，2002年の1,168万人から2010年には1,848万人にもなっている（笹川スポーツ財団 2002：26；2010：74）。この状態を活かして，イングランドのようにもっとウォーカーを農山村に誘導しくことができれば，農山村の経済や社会の未来を明るくする一つの要素になってくるであろう。[10]

注

(1)　明治時代の民法から，土地所有権を，土地に対するそのほかの権利，例えば土地を借りる権利（賃借権）に対して圧倒的に強い権利として構成してきた（楜澤 2016：20）。現在の民法第206条では「所有者は，法令の制限内において，自由にその所有権の使用，収益及び処分をする権利を有する」と記されており，これが排他的所有権の私法的根拠となってくる。

(2)　たとえば日本の財産区は，建前としては「公」有財産すなわち公的所有制度をとりながら，対象資源が入会林野を起源とするものも多いことから，本来は当該住民による「共」的な管理がなされるものである。いわば「公」と「共」の狭間に位置しているといえる。

(3)　入会林野がゴルフ場開発や廃棄物処分場建設の対象地となる事例は多数あり，さらには中国電力・上関原子力発電所建設の対象地となるような大規模な事例もある。

(4)　イングランドと同じく公衆の歩く権利・アクセス権が法的に認められているノルウェーやスウェーデンにおいても，人と自然とを切り離して自然環境を保全するのではなく，人と自然が積極的に関わる中から，環境問題解決の糸口を探ることが重要だとして，その関わりを生み出すアクセス権の重要性が指摘されている（嶋田・室田 2010：81；Sandell 2006：98）。

第6章　コモンズと農山村経済

(5)　キンダー・スカウト事件の詳細については，Stephenson（1989）を参照。

(6)　都市におけるコモンズを公衆のレクリエーション空間として位置づけ，自由なアクセスを認める立法は，歩く権利法よりも先んじて行われている。1845年に修正された「一般囲込み法」（Inclosure Act 1845）は，国会の定める囲込み委員会の権限として，「住民および近隣の人びとの運動およびレクリエーションの目的のための割当地」を留保することができるものとしている。そして，1925年財産法（Law of Property Act 1925）では，カントリーサイドのコモンズは対象外だが，都市におけるすべてのコモンズについては公衆のアクセス権が承認され，主務大臣の同意無しに公衆のアクセス権を妨げる囲い・障壁・建造物の設置を禁止している（第193条および第194条）。

(7)　里道とは，道路法によって管理される道ではなく法定外公共物に属し，旧土地台帳附属地図（公図）において赤線で表示されたものである。現在は，道路として機能している里道は，市町村が所有し，原則的には市町村が維持管理することになっている。この多くは，旧来，村落共同体における通行や生活の場として，地元住民が必要に応じて造成したものである。

(8)　「親切な許可」を地盤所有権者から得る方式は，利用者に責任感を持たせることにつながっている。カナダにおいては，利用者がマナーを守らなければ，最終的には地盤所有権者がアクセスを拒否するという事実は，利用者のマナー向上には有効であった（嶋田 2014：185-186）。

(9)　地元住民の後押しをする意味でも，政策的な支援，たとえば固定資産税や相続税の減免，環境保全に貢献するということでの環境直接支払制度の導入，ウォーカーが事故を起こした時の補償制度など整備をすることが望ましい。

(10)　日本においては，イングランドにおけるフットパスの経済・社会的効果としてあげた人々の健康増進や地域経済への貢献に加えて，フットパス導入過程を通じての地元住民による地域資源の見直し，コミュニティ内部の絆の再確認といった要素も強調されることが多い。たとえば，2010年に始まった美里フットパス（熊本県美里町）は，その典型例ともいえよう。

参考文献

井上真（2004）『コモンズの思想を求めて』岩波書店。

泉留維（2013）「地域資源としてのフットパス」『森林環境2013』森林文化協会，94-104頁。

岩本純明（1998）「公共空間としての入会地」『村落社会研究』5(1)，9-20頁。

戒能通厚（2010）『土地法のパラドックス』日本評論社。

関東弁護士会連合会編（2005）『里山保全の法制度・政策——循環型の社会システム

第Ⅰ部　ソーシャル・キャピタルと経済の多様な関係

をめざして』創森社。

栂澤能生（2016）『農地を守るとはどういうことか——家族農業と農地制度 その過去・現在・未来』農山漁村文化協会。

笹川スポーツ財団（2002）「スポーツライフに関する調査 2002」。

笹川スポーツ財団（2010）「スポーツライフに関する調査 2010」。

嶋田大作（2014）「新たに創出される開放型コモンズ」三俣学編著『エコロジーとコモンズ』晃洋書房，165-190頁。

嶋田大作・室田武（2010）「開放型コモンズと閉鎖型コモンズにみる重層的資源管理」『財政と公共政策』32(2)，77-91頁。

菅豊（2013）「現代的コモンズに内在する排除性の問題」『大原社会問題研究所雑誌』655，19-32頁。

高橋佳孝（2012）「都市住民との協働による阿蘇草原再生の取り組み」新保輝幸・松本充郎編『変容するコモンズ——フィールドと理論のはざまから』ナカニシヤ出版，103-122頁。

竹田茂夫（2013）「危機のコモンズの可能性」『大原社会問題研究所雑誌』655，33-47頁。

日本創成会議（2014）「ストップ少子化・地方元気戦略」（http://www.policycouncil. jp/，2014年9月8日アクセス）。

平野悠一郎・泉留維（2012）「近年の日本のフットパス事業をめぐる関係構造」『専修人間科学論集』2(2)，127-140頁。

平松紘（1999）『イギリス緑の庶民物語——もうひとつの自然環境保全史』明石書店。

廣川祐司（2014）「現代的総有システムを構築する農村部の試み」五十嵐敬喜編著『現代総有論序説』ブックエンド，84-103頁。

水谷三公（1987）『英国貴族と近代——持続する統治1640-1880』東京大学出版会。

三俣学（2008）「コモンズ論再訪」井上真編著『コモンズ論の挑戦』新曜社，45-60頁。

三俣学（2009）「21世紀に生きる英国の高地コモンズ」室田武編著『グローバル時代のローカル・コモンズ』ミネルヴァ書房，237-261頁。

三俣学・森元早苗・室田武編（2008）『コモンズ研究のフロンティア−山野海川の共的世界』東京大学出版会。

茂木愛一郎（2014）「北米コモンズ論の系譜」三俣学編著『エコロジーとコモンズ』晃洋書房，47-68頁。

Baland, J. & J. Platteau (1996) *Halting Degradation of Natural Resources: Is There a Role for Rural Communities?*, Clarendon Press.

Berkes, F. (1989) *Common Property Resources: Ecology and Community-Based Sustainable Development*, Belhaven Press.

第6章 コモンズと農山村経済

Bromley, D. W. (1991) *Environment and Economy: Property Rights and Public Policy*, B. Blackwell.

Bromley, D. W. (ed.) (1992) *Making the Common Work-Theory: Practice and Policy*, ICS Press.

Christie, M. & J. Matthews (2003) *The Economic and Social Value of Walking in England*, The Ramblers Association.

Chubb, L. (1938) *The Rights of Way Act, 1932: Its History and Meaning*, Commons Preservation Society.

Demsetz, H. (1967) "Toward a Theory of Property Rights" *The American Economic Review* 57(2), pp. 347-359.

Defra (Department for Environment Food and Rural Affairs) (2006) *The right of access to open countryside*, (http://www.nao.org.uk/report/department-for-environment -food-and-rural-affairs-and-the-countryside-agency-the-right-of-access-to-open -countryside/#, 2014.9.30.)

Defra (2014) *A Series Showing the UK's Food Production to Supply Ratio (Commonly Referred to as the "Self-sufficiency" Ratio) from 1956*, (https://www.gov.uk/ government/statistical-data-sets/overseas-trade-in-food-feed-and-drink, 2014. 9.30.)

Gibbs, C. J. N. & D. W. Bromley (1989) "Institutional Arrangements for Management of Rural Resources: Common-property Regimes" in Berkes, F. (ed.) *Common Property Resources: Ecology of Community-based Sustainable Development*, Belhaven, pp. 22-32.

Hardin, G. (1968) "The Tragedy of Commons" *Science* 162, pp. 1243-1248.

McCay, M. A. & J. M. Acheson (1987) *The Question of the Commons: The Culture and Ecology of Communal Resources*, University of Arizona Press.

Mingay, G. E. (1990) *A Social History of the English Countryside*, Routledge.

Natural England (2012) *Monitor of Engagement with the Natural Environment: The National Survey on People and the Natural Environment*, (http://publications. naturalengland.org.uk/file/1755933, 2014.9.30.)

Ostorm, E. (1990) *Governing the Commons*, Cambridge University Press.

Ostrom, E. et al. (1994) *Rules, Games, and Common-pool Resources*, University of Michigan Press.

Putnam, R. D. (1993) *Making Democracy Work: Civic Traditions in Modern Italy*, Princeton University Press.

Ramblers (2010) *Walking facts and figures 1: The benefits of walking*, (http://www.

第Ⅰ部 ソーシャル・キャピタルと経済の多様な関係

ramblers. org. uk/~/media/Files/What%20we%20do/factsandfigures-1-benefits-
0510.pdf, 2014.9.30.)

Riddall, J. & J. Trevelyan (2007) *Rights of Way: a guide to law and practice; 4th ed.,*
Ramblers' Association and Open Spaces Society.

Sandell, K. (2006) "The Rights of Public Access: Potential and Challenges for
Ecotourism" in Gössling, S. & J. Hultman (eds.) *Ecotourism in Scandinavia: Lessons
in Theory and Practice,* CABI, pp. 98-112.

South West Coast Path Partnership (2007) *South West Coast Path National Trail: A
framework for action 2007-2012.*

Stephenson, T. (1989) *Forbidden Land: The Struggle for Access to Mountain and
Moorland,* Manchester University Press.

Suchman, M. C. (1995) "Managing Legitimacy: Strategic and Institutional
Approaches" *Academy of Management Review* 20(3), pp. 571-610.

Wade, R. (1988) *Village Republics: Economic Conditions for Collective Action in
South India,* ICS Press.

(泉　留維)

<table>
<tr><td>第7章</td><td>ウェルビーイング・格差と
ソーシャル・キャピタル⁽¹⁾
——OECD における議論を中心に</td></tr>
</table>

本章では，経済活動や経済成長そのものではないが，最近，国際機関等で活発に議論されている経済活動と深い関係を有する2つの社会経済的概念——「ウェルビーイング」「格差」とソーシャル・キャピタルの関係を見てみたい。最初に筆者なりの簡単な定義をしておくと，「ウェルビーイング（well-being）」は経済的な状況に留まらない個人や社会の豊かさを多元的に評価しようとする試み，「格差」は単一の指標の平均値でなく，社会における分配状況を評価しようとする試みとでも言えるだろう。これらは経済や社会をこれまでと違った視点，多元的な立場から眺め，経済成長にとどまらない新たな政策ターゲットを模索しようとする意図で共通している。本章では，過去筆者が関係した国際機関である OECD（経済協力開発機構）⁽²⁾ 等で行われている議論を紹介しながら，この2つの概念との関係を中心に検討することで，ソーシャル・キャピタル研究の今後の課題となるべき論点について議論したい。

1 ウェルビーイングとソーシャル・キャピタル

（1）OECD におけるウェルビーイング

ウェルビーイングとは，「幸福」や「健康」と訳されるが，ここで議論するのは，単一の経済活動を示す指標（具体的には国内総生産〔GDP〕などの経済指標）だけでは表現しきれない社会や生活の改善を計測し，それを政策目標の一つにしようとする試みである。経済金融危機の後，各国政府や国際機関，経済学者によって，経済や社会の進歩や改善を GDP のみならず，多様な指標で測ろうとする取り組みが進められてきた。たとえば，フランスのサルコジ大統領（当時）の呼びかけでスティグリッツやセンといった著名な経済学者らが集まった「経済パフォーマンスと社会進歩の計測委員会」などである。また，オースト

リア，イギリス，ドイツといった国レベルでもこうした社会進歩指標の作成や実用に向けた検討が行われており，日本においても，幸福度や社会進歩指標として，大学や政府機関などで同種の取り組みがなされている。英米において活躍する経済学者アンガス・ディートンが執筆し世界的に大きな反響を呼んだ『大脱出』（ディートン 2014）についても，貧困からの脱出を図る指標として，所得，健康，主観的幸福度を多面的に分析するという意味で，こういった多元的なウェルビーイング分析の一つの成果と考えることができよう。

　OECD では各国の動きにも先んじる形で，「より良い暮らし指標」(Better Life Index，以下，BLI) という独自のウェルビーイング指標群を作成し，個別指標の動向，相関関係，テーマごとの分析を加えた報告書を 2 年に 1 度公表している（OECD 2011b；2013；2015a。以下それぞれ11年報告書，13年報告書，15年報告書）。11年報告書によると，BLI のフレームは下記のとおりである。所得と富，仕事と賃金，住宅，健康，ワークライフバランス，教育とスキル，社会的つながり，市民参加と統治，環境，安全，主観的ウェルビーイングの11分野を選び出し，それぞれの分野ごとに様々な関連指標を検討し，指標の相互関係や比較可能性などを検証，代表的指標を抽出している。

　第 1 に指摘するべき点として，11分野を統合した指標の各国比較などは基本的に行っていないことだろう。分野ごとに個々の指標を検討し，分野ごとの統合された指標は作っているものの，全分野を統合した総合指標については，11年報告書においても，単純平均による参考値を作成しているにとどまっている。これは，どの分野に重点が置かれるべきか個人や社会によって優先順位が異なるため，各国比較を行う場合には，同一分野内での相対的な比較を中心とするべきとの考えに基づいている。第 2 には，日本で「幸福度」と言った際に連想される主観的な生活満足感や幸福感に近い主観的ウェルビーイングは11分野の一つにしか過ぎないということを指摘したい。OECD では，幸福度や信頼感といった主観指標の計測のためのガイドラインを作る等，精力的な検討を行っているものの，BLI の枠組みにおいては，あくまで社会の進歩や改善状況について，多元的な指標で評価し，政策課題について検討しうる枠組みにすることに主眼が置かれている。このため，BLI の枠組みは広い射程を有し，主観指標の信頼性に対して疑問を持っている論者に対して配慮した議論が可能となって

実際，OECDでは，ウェルビーイングの取り組みを政策に活かすという観点から，各国のマクロ経済や構造改革の進捗を審査する経済開発審査委員会（EDRC）における各国審査においても，BLIを用いている。その際には，図7-1のような各国の相対的位置が分野ごとに分かるチャート等を示し，各国の政策課題を示すという方法をとっている。図7-1は日本

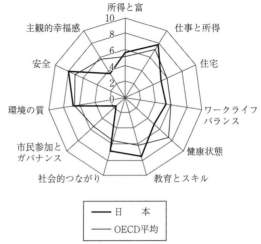

図7-1　日本のより良い暮らし指標（BLI）

注：OECD BLI（2016）のデータより各分野の指標を単純平均し，10が最も高く，0が最も低くなるよう標準化。
出所："Economic survey Japan 2017"（OECD〔2017〕より作成）。

の指標であるが，日本はOECD加盟国と比べると，安全や教育とスキルにおいて良好なパフォーマンスを示す一方，ワークライフバランスなどの分野で相対的に低い位置にあることがわかる。2017年の日本経済審査においては，政府が進める一億総活躍に向けた取り組みによって生産性向上と包摂的成長の促進の相乗作用が期待でき，多くの点でウェルビーイングを改善させうるとの記載を見ることができる（OECD 2017）。こうした議論からも見られる通り，他のOECD諸国の経験などを参照し，各国と比較しつつ経済社会の課題を示し，また，個々の政策の影響について多元的な議論を行うための基本的なツールとして活用されている。

（2）BLIにおけるソーシャル・キャピタル

先程の11分野の中では「社会的つながり（social connection）」分野がソーシャル・キャピタルに近いと考えられるが，具体的には，どういった指標が検討されたのだろうか。

11年報告書は，第1回目のウェルビーイング報告書であったため，11分野ご

第Ⅰ部 ソーシャル・キャピタルと経済の多様な関係

図7-2 BLIにおける社会的つながり指標

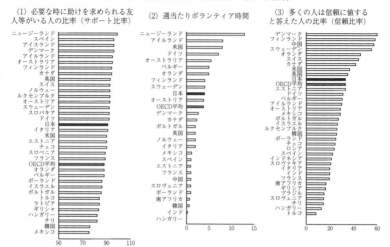

出所：(1)は2016年BLIより，(2)，(3)はOECD（2011b：Figure 8.2, 8.3）より作成。

とに様々な指標について利用可能性について検討されている。「社会的つながり」を示す指標としては，必要な時に助けを求められる人のいる比率（サポート比率），友人などと週に一度以上社会的接触をもつ人の比率（接触比率），ボランティアを行う時間（1週間あたり何分間か），大多数の人は信用しうると回答した人の比率（信頼比率）の4つについて検討を行っている。具体的にはアメリカの世論調査会社の世界各国を対象とした世論調査など，国際比較可能な各種調査結果を利用している。日本のデータが入手可能なサポート比率，ボランティア時間，信頼比率について，諸外国と比較したところ，図7-2のような結果になっている。日本についてみると，3指標ともおおむねOECD平均に近い中位の位置にある。サポート比率については，OECD平均より若干高く，ボランティア時間はほぼ平均だが，データ入手可能な諸国の中では中位より高い。信頼比率については，OECD平均とほぼ同程度だが，比較対象諸国の多くよりは相対的に高い位置にある。

他国の分布状況をみると，スウェーデンやデンマークといった北欧諸国やオーストラリアやニュージーランドといった国が各指標で良好な結果を示す一方，中進国が比較的低い結果を示している傾向が読み取れる。しかし，ドイツ，イ

タリアといったヨーロッパ諸国やアメリカなど，相当ばらつきがある国も多く，これらの指標の背後からソーシャル・キャピタルという単一の要素の強弱を読み取ることは，なかなか難しいように思える。11年報告書では，これら4指標の相関関係を分析しているが，安定した結果を得ることができなかったと報告されている。これは，社会的つながりが非常に多面的なものであるため，それぞれの指標が社会的つながりの異なった側面を示しているためと結論づけている。日本について見ても，他者は比較的信頼しやすいといった特性が出ており，日本のソーシャル・キャピタルの特徴を示している可能性もあるものの，サポート比率が調査年によって上下する傾向も見られ，データの更なる精査が必要であるといえよう。

こうした検討を通じ，ソーシャル・キャピタル計測の困難さや概念の多面性が指摘されてはいるものの，データの入手可能性などを勘案し，現在の BLI においては，サポート比率が社会的つながりの代表指標として用いられている。

また，社会的つながり以外にも，ソーシャル・キャピタルとの関係性が深い指標を見ることができる。特に関連深い分野としては，「市民参加と統治」（civic engagement and governance）が挙げられる。具体的指標として，選挙における投票率，その他の政治活動への参加，（法律などの）ルール形成過程における一般の議論参加が制度的に担保されていること，制度への信頼感が検討されている。実際に投票率や制度への信頼はソーシャル・キャピタルの代理変数として利用されることがあり（Guiso et al.〔2011〕では，ソーシャル・キャピタルの間接指標としてイタリアのレファレンダム投票率を用いた分析を紹介している），その他の政治活動への参加には様々な市民参加も含まれているため，ボランティア活動との関係性なども高い。BLI には，私たちがソーシャル・キャピタルと考える要素が複数の分野において様々な指標として入り込んでいるといえよう。

（3）ウェルビーイングを高めるためのソーシャル・キャピタルの役割

GDP に代わりうる多元的政策目標を作るという，当初のウェルビーイング検討の成り立ちを考えれば，BLI を構成する指標の広範な改善を目標にすることが一つの政策目的となることも考えられるが，ウェルビーイングの改善とソーシャル・キャピタルの間にはどういった関係性があるのだろうか。

第Ⅰ部　ソーシャル・キャピタルと経済の多様な関係

　2度目のBLI報告となった13年報告書においては，BLIの各指標を長期的に改善していくためには何が重要となるかという点を議論している。資本の資本たるゆえんは，「価値を保存でき，長期にわたり社会に価値の流れを生み出すことができる資源」であることとしているが，仮にソーシャル・キャピタルが経済的な資本と同じ意味での資本であるとすれば，投資によって中長期的に蓄積することが可能であり，蓄積された集まりが何らかの生産物を生むという特徴がみられることが必要だろう。こうした観点から，13年報告書では，ソーシャル・キャピタルを含む4種類の資本（ソーシャル・キャピタルに加え，経済における資本，スキルや個人の能力などの人的資本，環境などの自然資本）を挙げ，それらが中長期的なウェルビーイングを改善していくために必要な要素であるという議論を行っている。

　たとえば経済的な資本は生産や消費を通じ中長期的に住宅事情や富といったウェルビーイングを生み出し，人的資本は生産性を向上させ，所得や富の蓄積の改善に資する。これらと同じように，ソーシャル・キャピタルも様々な価値を生み出すことが期待されている。13年報告書では，3つの具体的経路が指摘されている。

　第1に，取引コストを減らし，経済活動のパフォーマンスを改善する点を挙げている。これまでのソーシャル・キャピタル研究でも，同じ国内の地域による経済パフォーマンスの差を説明するため，ソーシャル・キャピタルに着目したものがあり（Guiso et al.〔2011〕では，イタリアの南北格差に関係する研究を紹介している），本書のこれまでの議論から鑑みても，比較的納得しやすい。

　第2に，資源配分を効率化する経路であり，互いに信用し協力し合うことを通じ，市場を補完する自律的市場の形成につながるとされている。たとえば，人々の利己的行動が共有の水源や牧草地における資源の浪費につながり，社会的に最適となる持続可能な利用が妨げられるという「共有地の悲劇」を抑制することが考えられよう。これは，地域や企業活動だけでなく，国際公共財供給にも関連していることから，温暖化などのグローバルなレベルでの環境対策の推進にもつながると論じている。現時点でのソーシャル・キャピタルは比較的ミクロなレベルでのものが多く，一足飛びに国際的な環境規制などにつなげるには，国際社会でのソーシャル・キャピタル概念の構築などが必要となるとは

第7章　ウェルビーイング・格差とソーシャル・キャピタル

思われるものの，今後の国際的な環境規制の枠組み作りなどの観点から重要な論点になりうる。

　第3に，生活の質や人的資本形成に影響を与える経路である。格差と健康の関係を分析したウィルキンソン（2009）やウィルキンソンら（2010）における議論と同様，昨今の主観的厚生の研究などにも言及しながら，高い他者への信頼を示す社会においては，主観的幸福度が改善するのみならず，健康，市民参加の促進や犯罪の減少などにもつながることが指摘されている。

　これらの指摘は，経済成長に加え，それにとどまらない真に豊かな社会を作る上で，ソーシャル・キャピタルが重要な役割を果たしうることを示している。また，狭い意味での経済成長のみならず，多元的な社会進歩を評価しようとするウェルビーイングの考え方を通じ，ソーシャル・キャピタルの役割をより多面的に捉えることにつながり，政策分野における実用可能性も高めているとも考えられる。

　関連して，本節の最後に，11年報告書における興味深い分析を紹介したい。11年報告書では，11分野を構成する各種指標の相互関係を分析しており，各国のクロスセクションデータを用い，相関係数とその統計的有意性を計算している。前述のとおり，「社会的つながり」については，「いざというときに助けを求められる人がいる」と答えた人の比率である「サポート比率」が分析対象となっている。下記のような興味深い結果が出ている（図7-3，次頁）。

　第1に，採用された指標群の中で，「サポート比率」，「雇用者比率」（『仕事と賃金』分野），「家計の調整済み純可処分所得」（『所得と富』分野）の3者間の相関関係が相対的に強い。ソーシャル・キャピタルの代理変数が，所得や雇用といったGDP関係の変数とも関係が深く，生活の豊かさと直結する指標と相関関係が高いというのは興味深い。

　第2には「サポート比率」との相関係数自体が5％の有意水準で有意となっている分野（複数の指標がある分野については少なくともどれか一つについて）が，10分野中9分野において観察され，所得などと同様に他の指数との強い相関関係を有している。社会進歩をこれまでと異なる方法で計測することを目的とするウェルビーイングの体系の中でも，社会的つながり，ソーシャル・キャピタルは非常に重要なものであることを示唆していると考えられる。

163

第Ⅰ部　ソーシャル・キャピタルと経済の多様な関係

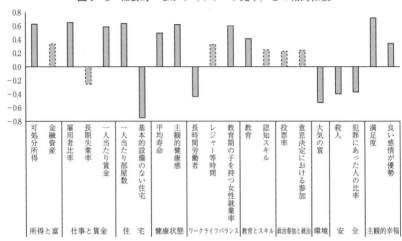

図7-3　社会的つながり（サポート比率）との相関係数

注：相関係数とは2つの変数の間の相互関係。全く同じ動きをしている場合に1，全く反対の動きをしている場合に-1をとる。棒グラフの線が点線になっているものは5％有意でない（統計的説明力が弱い）ことを示す。
出所：OECD（2011b：Table 1.A.1）より作成。

　第3に，サポート比率は，所得や雇用といった経済関係の指数と高い相関を有するのみならず，健康（平均寿命，自己申告による健康状態）や住宅（一人当たり部屋数，基本的設備のない住宅比率）といった分野とも強い相関を示している。住宅については，居住地域などの住宅環境が社会的関係にも一定の因果関係を有する可能性が考えられるが，健康については，いくつかの先行研究（たとえば，ウィルキンソンら〔2010〕など）でも示されているとおり，社会関係の質が健康等にも幅広い影響を与えることとも関連しているとも考えられる。

　こうした検討結果も，13年報告書において指摘されたソーシャル・キャピタルなどの各種資本がウェルビーイングに中長期的影響を与えるとの仮説を支持する材料になると考えられる。GDPは経済活動という最も明確な物差しで社会を計測しようとする試みであり，その重要性は今後も変わらないと考えられるが，ソーシャル・キャピタルを示す社会的つながり指標が他の指標に対しても一定の有意な関係を有することは，ソーシャル・キャピタルや社会的つながりと呼ばれる異なる物差しを使って，社会の豊かさを計測しようとする取り組みに意義があることを示す一例となっていると考えられる。

2 格差と経済成長, ソーシャル・キャピタル

(1) OECD における格差の議論

2013年のピケティによる大著 "Le Capital au XXle siècle"（邦訳『21世紀の資本』）をきっかけに，内外問わず格差を巡る議論が論壇等で活発になされているが，経済学者にとって，格差は古くて新しいテーマであった。労働経済学では，アメリカやヨーロッパにおけるマイクロデータを用いた賃金格差の研究が活発に行われてきた。日本においても，経済学者による研究成果（橘木〔1998；2006〕，大竹〔2005〕など）を中心として，格差の現状やそれに対する対応策が政策論争の一大テーマとなってきた。

こうした流れは国際機関においても例外ではない。多くの国際機関の中でも，OECD は格差議論に先鞭を付けた国際機関の一つといえる。様々な切り口から格差に関するレポートを作成するほか，OECD 加盟国等の所得格差の国際比較を行うことができるデータベース[7]を作成し，世界的な格差の現況について様々な視点から分析した報告書を公表し（OECD 2008；2011a；2015b），日本でもしばしば引用されている。また，2006年の日本に対する経済審査報告（OECD 2006）では，日本が，相対的貧困層（可処分所得が中位値の半分に満たない家計）の割合が OECD 諸国で最も高い国の一つとなっており，今後格差問題に配慮が必要であることを指摘し，日本の格差論争に対しても一石を投じた。2012年以降実施された部局横断の研究プロジェクトである NAEC（New Approach for Economic Challenges）[8]においても，格差問題が重点テーマに位置づけられており，複数の格差関係研究プロジェクトが進められた。

格差については，所得や賃金，富といった具体的なデータを用い，格差自体がそもそも拡大しているのか否かという点に加え，もし拡大しているのであればその理由が検討されてきた。日本も含め多くの先進国において，格差拡大が確認されるという結論に示される成果が多いが，その理由については，日本については，家計の所得格差の拡大をベースに，高齢化といった人口要因を強調する見方が比較的強いのに対し（大竹〔2005〕など），アメリカにおいては，賃金格差の拡大を前提に格差を拡大させる技術進歩（スキル指向的技術進歩

第Ⅰ部　ソーシャル・キャピタルと経済の多様な関係

〔SBTC〕）の広がりやグローバル化による労働市場の二極化などを強調する見方が多いように思われる。各国政府や論者によって，格差の現状に対する処方箋は大きく異なるが，こういった格差拡大の原因の捉え方の違いにも大きく依存していよう。

　こうした視点に加え，最近の国際機関による研究では，こうした事実や原因の議論のみならず，格差拡大を前提に，どのような影響が生じるかという論点が議論されている。OECD によるこの種の最近の研究のテーマ名は「Closing the loop」とされている。これまで精緻な議論が少なかった格差のもたらす影響に焦点を当て，因果のループを完成されようという趣旨である。以下では，格差と成長についての IMF や OECD の研究を紹介し，次に格差と成長に加え，格差と社会的包摂についても言及を行っている OECD 等の分析を紹介し，格差とソーシャル・キャピタルの関係についても紹介したい。

（2）格差と成長

　IMF のレポート（Berg, Ostry & Tsangarides 2014）では，格差，再分配，経済成長に関して，開発途上国も含めたパネルデータを作成し，各国のマクロ経済パフォーマンスを対象として，再分配政策，格差，経済成長の相互関係を検証し以下のような興味深い結果を得ている。

　第 1 に，格差の拡大は，中期的な成長率と成長の持続期間に対し，マイナスの影響を与えている。筆者たちは彼らの以前の研究（Berg & Ostry 2011）とも同様の結果が得られたことから，相当信頼できる結果が得られたものとしている。この理由として，筆者たちは教育やスキルといった人的資本の蓄積や政治的安定が関係することに起因しているのではないかとしている。格差が一定以上に拡大することで，教育にコストを十分掛けることができなくなる階層が増加し人的資本の蓄積が妨げられることや，経済成長に不可欠な政治的社会的安定が損なわれるといった因果関係を想定しているものと考えられる。短期的な分析とはなるが，日本では，低所得家計において，限界消費性向が比較的高くなる傾向がしばしば指摘（たとえば内閣府〔2010〕[(9)]など）されており，所得再分配が消費拡大につながる可能性があることも，IMF の検証結果ともある程度整合的であると考えられる。

166

第7章　ウェルビーイング・格差とソーシャル・キャピタル

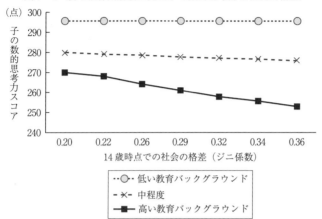

図7-4　親の教育階層別に見た子の数的思考力と社会的格差

注：親の教育バックグラウンドごとに，平均的に予測される個人の数的思考力の予測値を示している。ジニ係数は当該の子供が14歳時点での各国のジニ係数を示している。両親のどちらとも高等学校レベル（upper sedondary education）の教育を受けてない場合を低，両親のどちらかが高等教育を受けている場合を高い両親の教育バックグラウンドとしている。
出所：OECD（2015b：Figure 1.6）より作成。

　第2に，再分配政策（直接税と補助金）が成長を損なう証拠はほとんど確認できなかったとしている。筆者たちも「驚くべき」としているが，所得格差には労働や投資に対するインセンティブを高める性質があり経済成長のためには一定程度是認せざるを得ない，格差是正と成長は両立しないという古典的な考え方と大きく異なる結果が示されている。

　本レポートは公表後，一般向けの経済誌でも紹介されており，欧米においても，格差と成長という論点に対し，高い関心が寄せられていることの証左ともいえる。

　並行して，OECDにおいても，異なったアプローチから格差と成長に関する実証研究が示されている（Cingano 2014；OECD 2015b：第2章）。本研究では，OECD諸国を対象としたパネルデータを用い，IMFの研究結果と同様に，ジニ係数で見た格差拡大が成長を押し下げる傾向が確認できたとしている。加えて興味深いのは，OECDによる成人スキル調査であるPIACC（国際成人力調査）の個人レベルのマイクロデータを用い，格差拡大のダイナミズムについて分析していることである。図7-4では，両親の教育階層ごとに，スキルの一

167

つである子供の数的思考力とその子が14歳の時の社会の格差の状況との関係を示している。両親の教育バックグラウンドが中位以上であれば、社会の格差は個々人の数的能力には大きくは影響しないが、低い層においては、格差の拡大に連れて子供の数的思考力が低くなる傾向があるとしている。この結果は格差拡大が世代間において能力格差を拡大することによって、次世代においても格差をさらに広げる可能性があることを示すとともに、社会全体のスキルのレベルを引き下げて、成長を押し下げうることを示唆している。

（3）格差とソーシャル・キャピタル

　ソーシャル・キャピタルと成長、格差をめぐる研究は様々な視点から進められており、ある種のソーシャル・キャピタルが経済的な効率性や成長に影響があることには一般的コンセンサスがあるとまで指摘されており（Barone & Mocetti 2016）、こうした認識を背景に格差とソーシャル・キャピタルをめぐる検討が進められている。

　実際に公衆衛生の分野では、格差拡大によって社会を構成する人々の健康が損なわれるという観察結果が指摘されている（公衆衛生でいう「相対所得仮説」。アメリカの事例についてウィルキンソン〔2009〕；ウィルキンソンら〔2010〕など。日本のデータも用いた実証サーベイとして小塩〔2009〕）。その理由として、所得格差の拡大が貧困層の人々の健康状態の悪化を通じ直接人々の健康をむしばむといった直接的な経路のみならず、格差が他者への信頼に悪影響を及ぼし地域のソーシャル・キャピタルを毀損し、低いソーシャル・キャピタルの中で生活するストレスなどを通じ、人々の健康状態を悪化させるという議論がなされている。日本でも地域の高齢者データを用いた実証分析が行われている（近藤 2010）。

　OECDの分析でも同様の指摘がなされている（図7-5）。各国のクロスセクションデータを用い、縦軸に他者に対する信頼感を横軸に所得格差を示す各国のジニ係数をとった散布図を作成すると、負の相関関係があることがわかる。格差の高い社会ほど、他者に対する信頼度が低くなるという結果が示されている。日本については、格差、信頼感ともに、ほぼ中ほどに位置しており、傾向線のちょうど上に位置している。

　格差のソーシャル・キャピタルに対する影響については、近年さらなる研究

図7-5 格差と信頼感

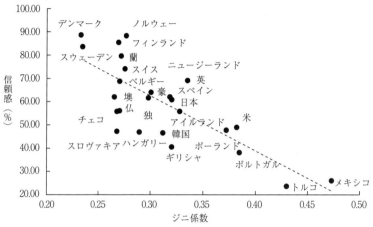

出所：OECD（2007）より作成。

成果が公表されている。たとえば，国レベルのデータを用いた分析（Barone & Mocetti 2016）では，格差の拡大が社会的な信頼感に対して負の影響を与えており，この結果はジニ係数やトップ10％のシェア，また世代間の所得階層変化といった様々な格差指標を用いても頑健な結果であったとされている。欧米の個人レベルのデータを用いたIMFの分析（Gould & Hijzen 2016）でも格差の拡大が社会的信頼感を損ねる傾向が確認できたとしており，特にアメリカでは所得階層が低い層において，ヨーロッパでは階層にかかわりなく，同様の傾向が確認できたと報告している。信頼感という指標が用いられているが，格差拡大がある種のソーシャル・キャピタルを切り崩す可能性が示唆されている研究成果と考えられよう。

一方で，逆方向の因果関係を示す研究成果もある。各種の再分配政策は所得格差を和らげる政策であるが，大竹・富岡（2003）では，アンケート調査の結果を用い，利他主義的傾向を有する人は再分配を支持する傾向があることを報告している。Ito et al. (2014) では，各地域の学校ごとにカリキュラムに明示的に表れない「影の」カリキュラムというべき教育課程の地域別の違いに着目し，ソーシャル・キャピタルの形成を促進するような参加型協力型の教育を受ける地域において，再分配を支持する傾向が高くなるとしている。これらの結

第Ⅰ部　ソーシャル・キャピタルと経済の多様な関係

果からは，ソーシャル・キャピタルが高く，またはソーシャル・キャピタルを
蓄積するような環境にある方が，再分配政策は支持されることとなり，ソーシ
ャル・キャピタルの形成が再分配政策への支持を変えることで，所得分配にも
影響を与える可能性がある。

　こうした様々な分析結果は，格差と成長と同じく，格差とソーシャル・キャ
ピタルの間にも一定の関係があることを示唆している。各変数の定義の明確化
や因果関係の確認，ソーシャル・キャピタルとの関係の議論など，検討を要す
る課題は数多くあるが興味深い結果と考えられるだろう。これまで見てきたと
おり，ソーシャル・キャピタルは経済活動も含めたソフトな社会基盤を構成し
ており，経済成長の基礎になり，地域社会，労働市場や公的保険など成長の果
実を分配する方法にも各種の影響を与える。ソーシャル・キャピタルといって
も様々な要素があるため，因果関係の方向性については現在の段階で明確に示
すことは困難だが，ある種のソーシャル・キャピタルの蓄積が成長を促進し，
所得分配とも相互関係を有していても不思議ではない。OECD では包摂的成
長（Inclusive Growth）プロジェクト[11]として，格差や社会的包摂と両立する成長
を追求するための政策課題が検討されているが，ソーシャル・キャピタルの定
義や役割を明確にすることも一つのステップになるのではないかと考えられる。

3　政策分析における実用化のための課題

　ここまで，ウェルビーイング，格差とソーシャル・キャピタルの最近の議論
や研究について紹介してきた。多くの研究成果において，ソーシャル・キャピ
タルとの密接な関係が認められている。今後，こうした分析を進め，これまで
光が当てられていなかった因果関係にも配慮した上で，経済政策，社会政策を
検討することが重要となってきているといえる。今後，ウェルビーイングや格
差を分析や政策枠組みとして活用することを通じ，ソーシャル・キャピタル自
体も政策ターゲットとして取り上げられることも考えられよう。各国政府に対
して政策のベストプラクティスを示すという立場からも OECD をはじめとす
る国際機関において，今後こうした分析や議論がさらに活発になっていくこと
が予想される。一方，これまで見てきた分析手法やその結果からも，以下のよ

170

うな課題について対処していく必要があるだろう。

第1にそれぞれの概念につき，さらなる精緻化や，計測方法の充実を図っていく必要がある。たとえば，精緻化という点でいえば，BLIにおいて，「社会的つながり」指標と考えられるものが複数あり，それらの動きは必ずしも一致しておらず，「社会的つながり」の多様性が示されたとされていた。これは，ソーシャル・キャピタル論において，「結束型」と「橋渡し型」ともいわれるように方向性が異なるものが含まれていることとも対応している可能性もある。仮に「橋渡し型」のソーシャル・キャピタルの方が重要であるならば，今後どのように「橋渡し型」ソーシャル・キャピタルを定義づけ，分析対象にするのかという点を明確化した上で，計測方法のブラッシュアップを図る必要があるだろう。

第2にさらなるデータの蓄積が必要となる。相関関係の分析は興味深いが，国ベースのクロスセクションデータによる分析では，精緻な分析には限界があり，時系列変動を含めたパネルレベルでのデータ整備を計る必要がある。

第3に因果関係の分析の精緻化が必要となるように思われる。ここに示してきた関係では主として相関関係であり，政策的応用という観点で私たちの主要な関心がある因果関係については十分に知ることができたとは言いがたい。第2のデータ整備とも深く関係するが，時系列方向にも充実されたデータベースや社会実験のデータを入手分析し，十分なコントロールを行っても因果関係を特定できる頑健な結果が得られるか検討を進めていく必要があるだろう。

OECDをはじめとする国際機関では，格差拡大，人口高齢化，移民，女性の活用など，先進国や新興国等が共通に抱える様々な課題を抱えている。こうした様々な政策課題に対し切り込んで行くためにも，ソーシャル・キャピタルや関係する新しい分析枠組みが，さらに活用されていくことが期待される。日本発のデータや分析がこうした取り組みに対するブレイクスルーを生むことを念じて本章を終わることとしたい。

注

⑴　文中，意見にわたる部分はすべて筆者のものであり，筆者が現に属し，また過去に属したいかなる機関の見解を示すものではない。

第 I 部　ソーシャル・キャピタルと経済の多様な関係

(2)　フランス・パリに本部を置く国際機関。1961年に設立され，日本は1964年に加盟。現在の加盟国は34カ国。加盟各国が直面する課題に取り組むため多くの専門家を抱え，マクロ経済，貿易，開発，租税，環境など広範な課題について分析や政策調整を行う。世界最大のシンクタンクとも称される。

(3)　内閣府経済社会総合研究所「社会指標に関する研究」など。

(4)　2017年11月には，2017年版報告書（"How's Life? 2017"）が公表された。

(5)　利用者がそれぞれの独自の重み付けを行って自らの BLI を作成することができるよう，Create Your Better Life Index としてウェブサイト（http://www.oecd betterlifeindex.org/, 2018.3.25）が作成されている。

(6)　主観的ウェルビーイングについて，"OECD Guidelines on Measuring Subjective Well-being"（2013）を参照。個人間及び制度に対する信頼感（Trust）を計測するためのガイドラインである "OECD Guidelines on Measuring Trust" が2017年11月に公表された。

(7)　Income Distribution Database（IDD）としてウェブサイト（http://www.oecd. org/social/income-distribution-database.htm, 2018.3.25）にて公表されている。

(8)　2012年の閣僚理事会によって開始された OECD の部局横断プロジェクト。経済危機の回避，経済低迷，失業，格差拡大，財政悪化といった加盟国が共通して抱える問題に対し OECD の分析フレームワークや政策アドバイスを改善することを目指している。

(9)　2010年度年次経済財政報告（経済財政白書）「図 2-2-13　所得分位別の限界消費性向」。

(10)　"Free exchange; Inequality v growth", *The Economist* 2014年 3 月 1 日号。

(11)　中間的な報告ではあるが，2014年の閣僚理事会に提示された事務局によるレポート "Report on the OECD Framework for Inclusive Growth"（OECD 2014）を参照。

参考文献

ウィルキンソン，リチャード／池本幸生ら訳（2009）『格差社会の衝撃――不健康な格差社会を健康にする法』書籍工房早山。

ウィルキンソン，リチャード・ピケット，ケイト／酒井泰介訳（2010）『平等社会――経済成長に代わる，次の目標』東洋経済新報社。

大竹文雄（2005）『日本の不平等――格差社会の幻想と未来』日本経済新聞社。

大竹文雄・富岡淳（2003）『誰が所得再分配政策を支持するのか？』内閣府経済社会総合研究所 WP, No.40。

小塩隆士（2009）「所得格差と健康――日本における実証研究の展望と課題」『医療経済研究』121(2), 87-96頁。

近藤克則（2010）『「健康格差社会」を生き抜く』朝日新書。

橘木俊詔（1998）『日本の経済格差――所得と資産から考える』岩波新書。

橘木俊詔（2006）『格差社会――何が問題なのか』岩波新書。

ディートン，アンガス／松本裕訳（2014）『大脱出――健康，お金，格差の起原』みすず書房。

内閣府（2003）「ソーシャル・キャピタル――豊かな人間関係と市民活動の好循環を求めて」。

内閣府（2010）「年次経済財政報告（平成22年度）」。

Barone, G. & S. Mocetti (2016) "Inequality and Trust: New Evidence from Panel Data" *Economic Inquiry* 54(2), pp. 794-809.

Berg, A. & J. Ostry (2011) "Inequality and unsustainable growth: Two sides of the same coin?" *IMF Staff Discussion Note*, April 2011.

Berg, A., J. Ostry & C. Tsangarides (2014) "Redistribution, inequality, and growth" *IMF Staff Discussion Note*, February 2014.

Cingano, F. (2014) "Trends in Income Inequality and its Impact on Economic Growth" *OECD Social, Employment and Migration Working Papers* 163.

Gould, E. D. & A. Hijzen (2016) "Growing Apart, Losing Trust? The Impact of Inequality on Social Capital" *IMF working paper*, WP/16/176.

Guiso, L., P. Sapienza & L. Zingales (2011) "Civic Capital as the Missing Link" in *the Handbook of Social Economics*, 1, Chapter 10.

Ito, T., K. Kubota & F. Ohtake (2014) "The Hidden Curriculum and Social Preferences" *RIETI DP*, 14-E-024.

OECD (2006) "Economic Survey Japan 2006".

OECD (2007) "Society at Glance 2007".

OECD (2008) "Growing Unequal? Income Distribution and Poverty in OECD Countries".

OECD (2011a) "Divided We Stand: Why Inequality Keeps Rising".

OECD (2011b) "How's Life?".

OECD (2013) "How's Life? 2013".

OECD (2014) "Report on the OECD Framework for Inclusive Growth".

OECD (2015a) "How's Life? 2015".

OECD (2015b) "In It Together: Why Less Inequality Benefits All".

OECD (2017) "OECD Economic Surveys Japan 2017".

（平井　滋）

第Ⅱ部　ソーシャル・キャピタルからみた経済の多様性

第8章	日本の空気本位制の功罪

1 日本のソーシャル・キャピタル

　筆者はソーシャル・キャピタルは多面的な概念であって，一次元的な尺度で論じることにはなじまないと考えている。このことを端的に示すものの一つが日本のソーシャル・キャピタルであろう。

　江戸時代末期に日本を訪れた外国人の多くにとって，日本は驚きの国であった。文明という点では決して進んでおらず，馬車などの車両すらほとんど用いられていなかったが，社会は規律をもって運営されていたことが，各種の手記に書かれている（渡辺〔1998〕参照）。犯罪は少なく，イザベラ・バードは日本では外国人女性が一人で旅行することも可能であるとして，自身もそうして旅行記を残している。また，世界で最初の先物取引市場が大阪で18世紀の初頭には機能していたことからもわかるように，人々の間の信頼関係は強かったと推察される。外国人のもう一つの驚きは，日本人が自然を愛で，自然とともに暮らし，美しい国を作っていたことである。この点は後のドナルド・キーン(2002)の『果てしなく美しい日本』でも強調されているが，江戸時代には園芸が大いに発達し，しかもその目的は農業用というより芸術的な色彩が強かった。日本の園芸は住居と同様に開放的で，自分で楽しむのみならず，同好の士や通りすがりの人たちの目を楽しませてもいた。このことは，ある意味で，当時の日本のソーシャル・キャピタルの先進性を示すといえよう。

　日本社会のこうした特徴は，形を変えながら現代まで引き継がれている部分がある。治安は良く，飛行機や鉄道の時刻は正確である。公務員も概ね信頼されてきた。表8-1にこうした指標をまとめてみた。

　一方，別のいくつかのソーシャル・キャピタル関連指標を国際比較すると，日本は特に高く位置づけられるわけではない。たとえば信頼度指数である。こ

176

表8-1　日本のソーシャル・キャピタルと経済の位置づけ

分野	ソーシャルキャピタル指標							幸福度と人口			
	日本が高位			日本が非高位							
	治安	インフラ	腐敗	信頼度	団体活動	寄付	投票率	幸福	人口増加	少子化	高齢化
指標	人口当たり殺人発生件数	航空機定時運航率	腐敗認識指数	一般的信頼度	芸術音楽教育関係組織	寄付者比率	議会選挙投票率	主観的幸福度	年平均増加率	合計特殊出生率	65歳以上人口比率
単位	件/百万人	%	ポイント	%	%	%	%	—	%	人	%
年	2015	2017	2017	2010-14	2010-14	2016	2017	2015-17	2016/00	2015	2016
日本	3	85	73	35.9	7.3	32	53.7	5.92	0.01	1.46	26.6
アメリカ	49	81	75	34.8	13.0	56	65.4	6.89	0.85	1.84	15.0
ドイツ	8	77	81	44.6	8.2	55	76.2	6.97	0.08	1.50	21.3
フランス	15	76	70	—	—	30	42.6	6.49	0.58	2.01	19.3
イギリス	9	79	82	—	—	64	68.9	6.81	0.68	1.81	18.4
スウェーデン	11	81	84	60.1	12.1	55	85.8	7.31	0.74	1.88	19.8
中国	7	62	41	60.3	1.3	8	—	5.25	0.55	1.62	10.1
出所	UNODCと世界銀行	OAG	Transparency International	World Value Survey	World Value Survey	World Giving Index 2017	民主主義・選挙支援国際研究所（IDEA）	World Happiness Report 2018	IMF	世界銀行	世界銀行
備考	日本,イギリス,中国は2014年	日本はJL, NH, アメリカはAA, DL, UA, 中国はCA, CZ, MUの各平均, 他はLH, AF, BA, SK	高いほど清潔	信頼できるとの回答比率	積極的活動者の比率						

分野	経済指標							
	所得水準	実質所得水準	経済成長率	所得格差	物価	財政	研究開発	競争力
指標	一人当たり名目GDP	購買力平価一人当たりGDP	年平均実質成長率	18-65歳所得再分配前ジニ係数	GDPデフレータ年平均伸率	政府純債務GDP比	研究開発投資のGDP比	総合指標
単位	米ドル	国際ドル	%	—	%	%	%	順位
年	2016	2016	2016/00	2015	2016/00	2015	2015	2017
日本	38,883	41,220	0.8	0.38	-0.6	118	3.28	26
アメリカ	57,608	57,608	1.8	0.47	1.9	80	2.79	4
ドイツ	42,177	48,449	1.2	0.41	1.3	50	2.88	13
フランス	38,178	42,336	1.1	0.45	1.4	87	2.23	31
イギリス	40,050	42,421	1.7	0.47	2.0	80	1.70	19
スウェーデン	51,125	49,759	2.2	0.36	1.7	11	3.26	9
中国	8,123	15,395	9.4	0.53	3.6	—	2.07	18
出所	IMF	IMF	IMF	OECD	IMF	IMF	UNESCO	IMD Competitive Scoreboard
備考			大きいほど不平等, 日本は2012年, ドイツは2014年, 中国は2011年					2017年版での順位

れは日本の治安が良いことに鑑みればやや意外な結果である。もう一つの例は寄付性向である。これは，各国の所得格差や寄付税制にも依存するので単純な国際比較はできないが，2011年に税制上の優遇がかなり拡大されたことや，日本がいまや所得格差の小さな国ではなくなったにもかかわらず，寄付のGDP比は他の主要先進国に比して低いままとみられる。もう一つの例は投票率である。民主主義選挙支援国際研究所という機関の調べでは，日本の投票率は，棄権に罰則を設けていない国の中では低い方に属する。

このように，日本のソーシャル・キャピタル関連指標を概観すると，北欧に近い高水準の指標グループがある一方で，国際的にみて中程度に位置づけられる指標グループとがある。これをどのように解釈したらよいのであろうか？

より定性的に考えると，日本のソーシャル・キャピタルの2つの柱は，職場と子育てであるといえよう。前者は終身雇用制の弱体化のために以前ほど強くはなく，社員旅行などの伝統も衰えてはいるが，労働市場の流動性は低いままなので，正規雇用者が会社を辞めると，次の正規雇用を見つけることは容易ではないという状況が続いている。後者の子育ては，いわゆる公園デビューに始まり，保育園や幼稚園，そしてさらには小学校を通じた子供を通じた縁で，少子化により弱体化したとはいえ，様々な活動の母体となっている。

このような状況に鑑みると，上記の2つの指標群の差の解釈としては以下のように考えることができる。まず，職場でのチームワークが重視されるので，従業員は管理職でなくてもお客など部外者に対しては会社を代表する意識をもち，責任感のある対応をする。したがって，航空機や鉄道の定時運行率も高いものになる。また，不祥事を起こして，名前が公表されると職場に迷惑をかけるという恥の意識が強いために，行動を律し，治安の良い社会が実現している。公務員の腐敗も職場単位での裏金作りなどが行われることはままあるものの，汚職などが個人で行われることは比較的少ない。これが指標水準が高いグループの解釈である。

これに対し，指標水準が高くないグループの解釈は以下のようにできると考えられる。

一般的信頼度指標については，職場，地域の母親のグループなど，自分が所属する集団の構成員同士では信頼度が高いが，それ以外の見知らぬ人に対する

態度は平均的に見れば警戒的で，それが信頼度指標がそれほど高くない理由であろう。古くから，街頭の客引きを信じる人は多くなかったし，最近の振り込め詐欺や，突然自宅にかかってくる投資話の電話などは警戒が必要な相手が社会には相当数いる，ということを示唆している。

　寄付についても，神社や町内会や子供の通学する学校など，身内に対しては金銭面のみならず勤労奉仕などの面での貢献が行われるが，不特定多数に役立てようとする寄付は少ない。自助，共助，公助という区分に即して言えば，共助が２つに区別されており，「ムラ」や「ウチ」意識の対象となる所属するグループごとの共助は盛んであるが，社会または少し広い（個人の識別が困難になる程度の広さをもった，「ヨソ」も含む）地域社会での共助は低調である。

　このことは団体所属率にも現れている。個人の交友や趣味などの活動は職場やいわゆる「ママ友」間では活発に行われているが，そうした枠組みを離れた組織が作られることは，必ずしも活発ではない。また，選挙も，自分たちのムラの代表を議会に送り出す，という意識が強かった時代には投票率は比較的高かったが，小選挙区制の導入とともに，そうした候補を擁立する余地が少なくなった。政見や人柄を判断して政治に参加しようという意識は比較的希薄である。

　こうした解釈は，日本ではボンディングが強くブリッジングが弱いということを必ずしも意味しない。というのは，日本で信頼できる相手は必ずしも地縁集団などのゲマインシャフトのメンバーだけではなく，職場の仲間などが含まれ，職場の仲間は必ずしも同質的ではないからである。

　歴史を振り返ってみると，日本のソーシャル・キャピタルの源泉は稲作にあると考えられる。稲作は小麦に比べて，共同作業を多く必要とする。エンジンで動くような農機具が発達する前は田植えや稲刈りは共同で行う必要があった。そして，稲の土地当たり収量は高いので，人々が集住することが可能であり，集落の中で人々の濃密な交流が生まれる。集団で自然を相手にし共同で作業していく中で，前述の集団内公助の機運が作られたと考えられる。

　稲作のもう一つの特徴は水を共同利用することである。上流で使った水を下流で使うので，両者の間に調整が重要である。これも集団の重要性を意識させる大きな要因になった。集団および共同作業を重視するこのような伝統が，現

代社会でも対象が職場に置き換えられた形で息づいていると思われる。

こうした伝統の中で，日本では，個人が所属する集団の「空気」を忖度し，それに即してチームワークを重視して行動する性向が強くなったと考えられる。このことは，欧米の先進国にキャッチアップする過程では日本の強さになったと考えられる。すでに欧米で実現していることを日本でも達成すべく，個人が自分には何ができるかを考え，良好なチームワークで努力をしたからである。

チームワークを得意とする日本の特性は，いわゆる「すりあわせ」を通じて，日本の製造業の強さを支えてきた。顧客のニーズ，製造過程の制約，コストなど様々な側面を担当する者が共通の目標に向かって積極的に協力したからである。

集団全体にとって何が必要かを配慮する性向は，日本の民度の高さともつながっている。東日本大震災後の被災地で被災者が混乱を起こさず，秩序ある行動をしたことは有名である。

2　日本経済の特徴

日本経済はいくつかの顕著な特徴をもっている。ここでは，まずそれを列挙して，第4節で，ソーシャル・キャピタルの観点からの解釈を試みることとしよう（関連指標については表8-1参照）。

（1）失われた20年

バブル崩壊以降の日本経済は近年若干回復したものの低成長が続いている。一般に所得水準が高まるにつれて，成長の余地が狭まるので成長率が減速してくるという飽和仮説が唱えられることがあるが，日本の状況はそれでは説明できない。物価水準の差を調整した一人当たり GDP でみるとかつてはヨーロッパ主要国の水準を上回っていたが，近年では追い越されてしまった。また，シンガポールにはかなり昔に，香港には2002年頃，台湾にも2010年頃に追い越され，韓国にも肉迫されている。各種の競争力ランキングでみても，かつては上位であったが，日本の地位は大きく低下している。

（2）デフレ・低金利

　主要国の中で日本だけがデフレに陥った。消費者物価などの物価指数は原油などの輸入物価の影響を受けて上下する。そこで，こうした影響を取り除いて動向をみる必要があるが，それに適しているのがGDPデフレータで，国内の物価押し上げ（または押し下げ）要因の強さを表示する指標である。この動きをみると21世紀に入ってから日本だけが下落傾向にある。このことはまた，近年の極端な低金利の背景になっている。

（3）政府債務が大きい

　政府部門の債務は，粗債務と純債務の2つの見方がある。中央政府（国）に加え，地方政府（自治体）と社会保障基金（公的年金などの積立金が中心）を併せた概念である一般政府の債務をみると，日本は驚くべき大きさである。資産を勘案する前の，債務だけ（粗債務）のGDP比は日本は200％を大きく越えており，近年ヨーロッパで問題になったいわゆるPIIGS（ポルトガル，アイルランド，イタリア，ギリシャ，スペイン）のどの国よりも大きい。また政府の資産を控除した後の純債務のGDP比をみるとギリシャよりは小さいものの主要国中では最大である。政府の資産には出資金などが含まれるが，この中には回収可能性が疑われるものも多い。幸い，極端な低金利が続いていることと，国内債務が多いことから，上記のヨーロッパ諸国のように債務危機の表面化には至っていないが，政府債務の総額はかなりのテンポで増加し，家計の金融資産を上回りつつある。金利の上昇等，何らかのきっかけで債務危機が表面化してもおかしくない状況にある。

（4）リスクマネーが少なく起業率が低い

　日本の家計の金融資産は1,824兆円（2016年末）にのぼり，可処分所得との比率で見ても欧米を上回る水準にあるが，その半分以上が銀行預金などの安全資産で保有されている。このため，金融も銀行融資を中心とする間接金融の比重が高く，1990年代のバブル崩壊期には銀行が大量の不良債権を抱えることになり，これが1990年代の景気低迷の大きな要因になった。間接金融は，元本と金利以外の回収は見込めないので，ベンチャー企業のようなハイリスク・ハイリ

第Ⅱ部　ソーシャル・キャピタルからみた経済の多様性

ターンを求める資金には向かない。ハイリスクの資金を動かせるはずの証券業界は手数料志向型の回転売買を重視していたので，顧客を十分にひきつけられなかった。行政にも，銀行重視，証券軽視の傾向があった。アメリカでは最優秀の若者が起業を志向し，こうしたことがマイクロソフトやグーグルなどの母体となったが，日本ではリスクマネーが少なく，このような企業は，少数の貴重な例外を除いて育ちにくかった。

　起業率が日本で低いもう一つの要因は，労働市場にある。一度就職して失敗した人に対して，その失敗が本人の責任でない場合でも，日本の労働市場は冷たく，同等の条件での仕事を見つけることは容易ではない。こうしたことから，優秀な若者は，起業を敬遠し，安定した大企業を志向するようになっている。

（5）失業率が低い一方で非正規雇用・正規雇用の格差が大きい

　日本の失業率は国際的にみて低く，1990年代に上昇したこともあったが，近年は低下傾向にある。景気の波の影響は受けるものの，いわゆる団塊の世代の引退にともなって，労働需給はタイトになっている。しかし，雇用者の中で伸びているのは非正規雇用であり，正規雇用は減少してきた。その結果，非正規雇用が雇用者に占める比率は4割に近づき，女性の非正規雇用は5割を上回っている。男性の非正規雇用比率もかつては若年でやや高いものの，働き盛りの年齢層では低くなっていたが，最近では共に3割程度になっている。

　非正規雇用は，正規雇用に比べて賃金水準が低く，また年齢とともに賃金が上昇する程度も小さい。雇用が不安定であるため，技能の形成にもつながりにくい。OECDは，日本では正規雇用の保護が手厚すぎるために，企業がコストが安く調整も容易な非正規雇用に頼るが，これは経済全体として望ましくなく，処遇を均等化すべきだとの勧告を日本に繰り返し行っている。

3　日本の不安とセーフティネット

　本節では，日本のソーシャル・キャピタルと経済活動の両方に密接な関係があると思われる「不安」を採り上げて，次節への準備としよう。

（1）高い日本人の不安

　人々がどの程度不安を感じているかに関する国際比較は少ないが，世界価値観調査（2010-14）によると20代の人々の中で，「失職や仕事が見つからないことが不安だ」と答えた人の比率は6割近くに達する。失業率が日本より高いアメリカが4割弱，若年失業率が日本よりはるかに高いドイツの2割程度と比べると異常な高さである。

　また，JWTという団体が行っている不安度の調査をみても，日本人の不安度は東日本大震災の前からかなり高い。さらに前述のように，家計の金融資産における安全資産の比率が高いことも日本人の不安度の高さの反映と考えられる。日本人のこうした不安度の高さの理由は何であろうか？

（2）不安遺伝子

　理由の候補の一つは生物学的なものである。精神の安定に関わるセロトニンという神経伝達物質の動きを調節するセロトニン・トランスポーター遺伝子に関する近年の研究（石井 2012他）によれば，これには短いもの（S）と長いもの（L）の2種類があって，SSというタイプの遺伝子を持っている人は，SLまたはLLというタイプの遺伝子を持っている人よりも不安傾向が強いとのことである。そして，このタイプはアジア人に多く，日本人では特に多いとのことである。

　また，意欲などに関するドーパミンという神経伝達物質についても，日本人にはその受容体が少なく，成功することよりも失敗しないことを重視するとの指摘もある。

　従来の社会科学は，人々の行動の差は生まれ育った環境に影響されると考え，民族による生まれながら差の影響を分析することを避ける傾向があった。これは「優秀な民族」といったプロパガンダに踊らされた不幸な歴史がヨーロッパであったことの反省に基づくものと考えられる。優劣の議論はもちろん慎重でなければならず，避けることが賢明だとは思われるが，もし，日本人が他国民に比べて，不安を感じやすいとすれば，それに応じた社会システムを考案していくことも意味があるかもしれない。

第Ⅱ部 ソーシャル・キャピタルからみた経済の多様性

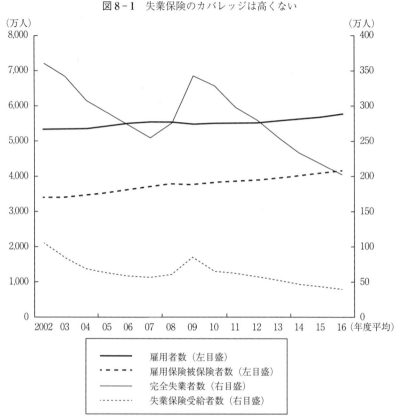

図8-1 失業保険のカバレッジは高くない

出所:厚生労働省「雇用保険事業統計」,総務省「労働力調査」。

(3) セーフティネット

　日本にも先進国にふさわしいセーフティネットは整備されている。セーフティネットとは，運悪く仕事を失ったり，何らかの理由で働けなくなった際の安全弁である。その典型は失業保険と生活保護であろう。しかし，そのどちらも以下のように，十分な機能を果たせていない。
　まず，失業保険については，図8-1のように雇用者の中で失業保険者の比率は7割に過ぎない。失業者の中で失業保険を受給している人の比率はさらに低く2割にすぎない。これは，非正規雇用の比率が上昇していることや，失業

保険の給付には期限があることなどが理由である。また，給付額は働いていた時代の賃金にリンクはしているものの，比較的小額で頭打ちになるので，住宅ローンの返済や，子弟の高等教育の費用を負担せねばならない世代にとっては十分ではない。社会全体から見ても，失業保険に過度に依存することは財政の負担を重くするだけでなく，働こうとする意欲を減退させるという副作用がある。

　一方，生活保護はどうであろうか？　これも金額が限られている上に，給付には条件がある。まず資産が問われ，一定額以上の持家があれば処分することが求められる。また，住宅ローンを払い続けることは認められない。さらに，自治体によっては親族による扶養を優先して考えるという実態があり，親族に気まずい思いをさせるリスクもある。社会全体としてみても，財政の負担になるし，自助努力に悪影響を与える懸念もある。

　このように，先進国型のセーフティネットは必ずしも万能ではない。しかし昔よりは充実してきたことは確かである。したがって，このことが日本の不安を高めているとまではいえないとの議論もできるであろう。

　しかし，一方で，かつて機能していた別のセーフティネットの機能が弱まっていることを忘れてはならない。それには2つあり，一つは，田舎に戻って家業を継ぐ，という選択肢である。晴耕雨読という言葉があるが，かつては多くの日本人はまだ出身地との縁を保っており，仮に都会で仕事を失っても故郷に帰って農業を手伝えば，生きていくことはできた人が多かった。しかし，こうした縁が薄れ，都会暮らしが長くなると，金銭への依存度が高まり，賃金が得られずに金融資産も底をつくと，生活費や教育費をどう工面するか，かなり厳しい状況になる。

　もう一つは，公共事業である。かつては，様々な事情で不況に陥ったり，農業の自由化など特定の産業が窮地に陥った場合には，政府が助成をしたり需要の喚起を行ったりして，関係者の生活を支えてきた。しかし，財政事情が厳しくなるにつれ，公共事業は削減され，景気対策としての公共事業の重要性は低下してしまった。

　他の先進国の事情はどうであろうか？　生活保護や失業保険に財政上の制約があることは大同小異であろう。また，都市化が進んだ中で，田舎に帰るとい

第Ⅱ部　ソーシャル・キャピタルからみた経済の多様性

うオプションの現実性も低下している。また，公共事業に依存する体質はもともと強くない。

　大きな違いは労働市場にある。国により差はあるものの，多くの先進国では労働市場が最大のセーフティネットの役割を果たしている。すなわち，「会社が潰れたり，解雇されても真面目に働く限り能力相応の収入が期待できるような安心感のある労働市場」（経済企画庁 1999）が，程度の差こそあれ存在しているのである。このような労働市場のことを，「こなれた労働市場」と呼ぼう。多くの先進諸国ではこれが機能しているので，失業保険や生活保護といったセーフティネットの役割は補完的なものにとどまっている。これに対し，日本ではそうした状況が実現しているとは言い難い。スーパーのパートなどの仕事は比較的簡単に見つかるが，非正規雇用なので低賃金であり，能力があって，若い正社員を指導しているような人でも，パートであれば能力相応の収入は得られない。ILO（国際労働機関）に日本は2位の拠出をしているが，日本では同一労働同一賃金という基幹的原則の一つの批准が遅れてきた。ようやく2016年12月に政府は「同一労働同一賃金ガイドライン案」を作り，2018年6月にはいわゆる「働き方改革法」が成立したが，いわゆる総合職への優遇を認めるなどの考え方を示しており，効果はなお不透明である。

　こなれた労働市場は，企業と従業員の関係を対等に近いものとし，企業のガバナンスを健全化するが，他にも経済に大きなメリットをもたらす。まず，能力相応の所得が期待できることは実力形成への強いインセンティブを与える。誤っている可能性のある職場の空気を忖度したり，運やコネに頼らなくても，実力さえ身に付ければ安心だからである。また前述のように，ベンチャービジネスが優秀な人材を集められるようになる。失敗してもまた別のチャンスがあるからである。さらに，受験勉強偏重の教育が是正されることが期待できる。これは新卒以外の就職が増えるので，学歴よりも企業で働いた実績が重要になるからである。

4　空気本位制の影響

　このような状況の下で，日本の多くの雇用者は会社と対等の立場には立てず，

会社から解雇されたり，解雇されないまでも会社にいづらくなることを恐れて，会社の「空気」を読むようになる。この「空気」は，会社の社長などの最高権力者が主張したり，規則として明示的に定められたりしてはいないが，皆がそれが会社の方針だと忖度しているものである。そして，それに異を唱えることは，正しい主張であっても「空気が読めない」と周囲からみなされ，いづらくなってしまう，とグループの構成員に考えられているものである。この「空気」は明示的に見直されることがないので，現状維持的であり，状況が変化した場合でもなかなか修正されない。また「起きると困ることは起きないことにする」という方向に流れるなど，時として，会社自身にとっても本来は望ましくない状況になることが多く，それでも責任者が不明確なのでなかなか見直しが行われない。おかしいと思う構成員がいても，「良くない結果になっても私が責任は問われるわけではない」ので「私がそれを言い出さなくてもよいのではないか」という心理が働き，なかなか修正されない。さらに，この「空気」を担ぐ者が出てくることも多い。深く考えれば，論理が破綻していたり，現実的でない方針でも，「空気」であるがゆえにそれを明示的に主張することで，そうした者が組織の中心に進出していくことになる。そして，彼らはその「空気」が深い議論に耐えられないことをある程度自覚しているので，却って強い態度でその正当性を主張することが多い。

　こうして，時代にそぐわない「空気」が責任者が不明確なままに構成員によって忖度され続けることになる。こうした集団は外部からの批判に寛容ではなく，「我々は専門家なので任せて欲しい」といった対応をする。中には，内部から勇気を持って「おかしい」と発言する者も出てくるが，空気に反する発言として，集団内では冷ややかに見られ，まともな議論もなされずに無視される。そして，そうした発言をするものは主流から外されていくことになる。

　日本で，こうした「空気」が重要な役割を果たしていることは，日本独特な以下のような現象があることによっても裏づけられる。

　①　KY（空気が読めない）

　この言葉は，変化を先取りすべき若者の間でもよく使われるが海外でこうした言葉が用いられることはほとんどない。周囲の予想を超えた新しいことを言い出す人が尊敬されることはあっても，軽視されることはない。

第Ⅱ部　ソーシャル・キャピタルからみた経済の多様性

②　前例がないことが断る理由になる

　この傾向は特に大きな組織では顕著にみられる。日本人は概して勤勉であるが，新しいことを行おうとすると周囲の抵抗も大きい。既存の「空気」を変える可能性のあることに対する抵抗感の強さを象徴するものと考えられる。

③　会議が形式的で根回し重視

　日本の会議には結論が事実上決まっているものが多く，その場の議論で決まることは少ない。したがって，意思決定プロセスが不透明である。

④　外圧がないと変わりにくい

　「空気」は責任者が不明であり，皆が支持していると想定されているので，これを変えていこうとのイニシアティブを個人が採る場合には大きなエネルギーを必要とする。したがって，大きな外圧が加えられるまで惰性で推移することが多い。

⑤　意見ではなく相手に賛否を言う

　日本語では相手の意見に賛成する場合に「そうですね」と肯定の言語を使う。これに対し英語圏では，議論している内容が否定形の場合には，相槌を打つ場合にはノーと応える。これは単に文法の相違ではなく，議論の重点が，相手への同調の確認にあるのか，あるいは中身の吟味であるのかといった，観点の差を反映しているように考えられる。

⑥　それぞれのグループが拒否権を持っていることが多い

　絶対的な権力者が不在の中で，前例も含めた「空気」に即して利害調整が行われるので，それぞれのグループが既得権を主張する。こうした状況の中では，新規の資源の配分の場合にはある程度のメリハリがつけられるが，全体を減らすとなると，一律削減といった機械的な対応しかできないことが多い。

　このような状況は企業だけではなく，官庁にも見られる。そして，このような「空気」本位制は，時代の変化への対応を遅らせただけではなく，大きな失敗にもつながることが何度か日本経済に起きたと考えられる。以下，いくつか例を見てみよう。

　第1の例は，いわゆる原子力ムラが，様々な警告を無視して，まさに「起き

ると困ることは起きない」ことにしていたために，福島第一原子力発電所の事故に至ったことである。この話については様々な文献が出されているので，これ以上の説明は不要であろう。

第2の例は，1989年以降に金融バブルが崩壊した後の不良債権処理の遅れである。行政も金融機関も大量の不良債権の存在に気づきながらも，資産価格が上昇して問題が自然消滅することを期待して，積極的に処理を行わなかった。そして処理の先送りを続けたことが，資産価格の上昇を遅らせてしまった。「建前としては，不良債権はそれほど多くないことになっている。何も私がこの問題を表面化させて，面倒な問題に手をつけなくても良いのではないか」というような心理が働いた。

第3の例は，デフレに至る，あるいはデフレに至った後の金融政策である。一般に中央銀行は引き締め時により権力を実感できる。民間銀行は資金が得られないと窮地に陥るからである。一方で，政治は，緩和的な経済政策を望みがちである。インフレなどの副作用があるにしても，それはしばらく後に出てくるので，当面の景気がよくなることが政権浮揚につながるからである。こうした構図の中で，中央銀行の中に引き締めは「勝ち」緩和は「負け」と呼ぶ「空気」が生まれ，金融政策に引き締め側のバイアスがかかることになってしまった。先進国の中で日本だけがデフレになった大きな理由がここにあると考えられる。

第4の例は，時代をかなり遡るが，太平洋戦争に突入した時の経緯である。この件についても様々な検証がなされているが，国力の圧倒的に異なる相手と戦って勝てるかどうか，また占領地域を一層拡大して兵站がもつかどうかについての検討がなされなかったわけではない。しかし，足りないところは精神力で補えるとか，ここでアメリカに屈して撤退したら，これまでの戦いで亡くなった英霊に申し訳が立たないという論理で戦争に進んでしまった。関係者の多くは，良くない方向に進んでいると考えてはいたが，体を張ってでも止めるという強い決意で動く人が出なかった。

以上の4つの事例は，時代や分野やが異なるものの共通の構図がある。①強い権限と雇用保障力（いわゆる天下り先を含む）をもった組織が，②専門性の高

い分野で，③問題提起があって修正の機会があったにもかかわらず，④論理的とはいえない組織の「空気」に即して，⑤集団として大きな判断を間違え，⑥責任者が不明確なままに既成事実が積み上げられ，⑦日本および世界に大きな悪影響をもたらし，⑧失敗が明白になった後も（占領軍に強制された第4の例を除いて）誰も十分な責任をとらない，ということである。

　日本の持つこのような脆弱性は民主主義が発達し会社法などのガバナンスが強化されてきたにもかかわらず，余り改善されていないように思われる。それどころか，より深刻になっている可能性もあるように思われる。というのは，まず，経済情勢が厳しさを増し，正規雇用が減少してきた中で，個人が組織にしがみつく必要性が増してきたからである。

　より長期的にみると，2つの要因に注意すべきであろう。第1は，皮肉なことではあるが，絶対的な権力者がいなくなったことである。江戸末期や明治維新の日本を支えた山田方谷や西郷隆盛は大胆な改革を行ったが，彼らのような人材が活躍の場を与えられたのは，藩主がその才能を見込んで抜擢したからである。つまり藩主に絶対的な権力があったのでその後ろ盾の下で，「空気」を壊すような改革が可能となったのである。ところが現代では，絶対的な権力者がいない中で，多くの幹部が「空気」を忖度しつつ次のリーダーを選ぶことが多いので，才覚よりは「空気」に即した人，つまり従来型の指導原理や力のバランスを重んじる調整型のリーダーが選ばれる可能性が高い。第2は，エリートの数が増えたことである。明治の日本でリーダーシップをとったのは帝国大学を卒業したり，海外に留学した人たちであって，彼らは，数が少なく，若い内からそれぞれの集団を指導する立場に立った。先輩となるような人たちが作った「空気」はないか，あっても希薄だったと考えられる。

　ところで，このような「空気」本位制と日本の科学技術とは，どのような関係にあるであろうか？　イノベーション（技術革新）は，コスト削減に役立つプロセスイノベーションと，プロダクトイノベーションに大別される。そして前者は「空気」に頼らずとも目標が明白で，より安く生産することが求められる。この面に関しては，日本の企業は概ね成功してきた。そしてこれが，諸外国に例を見ないデフレのもう一つの要因になったのである。しかし，後者の方は新しい商品を開発するのであるから，何に力を入れるべきかに関しては「空

気」が重要な役割を果たす。この「空気」が時代遅れだと，航空機が戦闘の主流となった時代に巨大戦艦が作られたり，技術水準の高い企業が投資戦略を誤って深刻な経営危機に陥ることになる。日本がかつて競争力を誇った電気機械の分野で，近年ガラパゴス化という言葉が用いられるようになったこともこうした理由のためである。戦艦大和とガラケーは技術水準はきわめて高いが，時代のニーズに応えたものではなくなっていたという点で共通点がある。企業の中で，国内対応を主流として重視し続け，新興国の需要にあわせて機能を制限した低価格商品を作ることは重視してこなかったことが，関連企業の近年の苦境の背景にある。

　表8−1で掲げたように，日本の研究開発費のGDP比は世界で最高水準である。そして自動化技術でも日本は最先端にいる。それにもかかわらず日本の競争力が諸外国に比べて低下傾向にある大きな理由がここにある。伝統的な主流傍流といった区分が続き，新しい変化を先取りする姿勢が，アメリカや韓国の企業に比べて不足していたのである。

　ここで，第2節で整理した，日本経済の特徴と日本のソーシャル・キャピタルの関係をもう一度整理しておこう。まず，「失われた20年」の要因としては，キャッチアップ終了後の目標が不明確化した時代の中で，大企業や官庁などの集団が，明示的に目標を転換できなかったこと，その中で，不良債権問題の処理の遅れ，過度の金融引き締めの持続，原子力災害などが日本経済に大きな被害を与えたこと，が挙げられよう。

　次に，デフレについては，2つの要因によるものと考えられる。第1は金融政策がそれを司どる組織の論理の影響を受けて過度に引き締め的であったことであり，第2にコスト削減という目標が依然として明確であった中で増加した非正規雇用の低賃金を活用する余地が大きかった反面，新しい目標が不明確であったために新製品や新商品の開発が時代の流れに遅れたり，違う方向を向いていたために，膨大な研究開発費が競争力の上昇につながらず，高くても売れるものが作れず，価格競争偏重の体質になってしまったことである。

　財政赤字や政府債務の大きさについては，それぞれの「ムラ」の力が強く，予算の獲得競争が盛んであったことに加え，労働市場の流動性が低い中で，セーフティネットとしての公共事業に頼る度合いが強かったことが挙げられよう。

第Ⅱ部　ソーシャル・キャピタルからみた経済の多様性

　起業率とリスクマネーの少なさに関しては，労働市場が十分なセーフティネットとなっていない中で，人々の安定した企業への志向が強かったことと，金融面でも人々の不安を反映して，安全資産中心の運営がなされたことが挙げられよう。

　非正規雇用の増加に関しては，雇用保護の格差が大きいという制度的な要因に加え，企業が前述の理由でコスト削減に熱心で，正規雇用を「自動化技術＋非正規雇用」に置き換えようとするインセンティブが強いことが挙げられよう。そして，このことが日本の雇用者の不安を増幅することになっていると考えられる。非正規雇用者は雇用が不安定で，将来の生活の展望が立てにくいが，正規雇用者も，自分が長年積み上げてきた熟練がいずれは機械に代替され，早期退職を迫られたり会社の存立が危なくなるリスクを感じている。年金の支給開始年齢が引き上げられることもあって，従来より長く働く必要が生じている中で，こうした不安が高まっている。

　航空業界では，自動操縦技術の発達のために，かつてほどパイロットの育成に費用をかけなくてすむようになり，フライトエンジニアは不要になった。とはいえ，パイロットの給与を引き下げたりフライトエンジニアを解雇することは容易ではない。このため，伝統的な航空会社が高コスト体質に悩む一方で，いわゆる LCC が台頭する背景になっている。日本では自動化技術が重視されているので，同様のことが広範に起きており（統計研究会〔2011〕参照），これが雇用の持続性に関する不安を高めている。

5　悪循環からの脱出

　以上の考察を踏まえると，失われた20年を終わらせるために，今後の日本経済にとって何が重要であろうか？

　図8-2はこれまで議論してきたことを大胆にまとめ，日本の空気本位制が悪循環をもたらしていることを説明したものである。こうした状況を改善するために，最も重要なことは，個人と集団，特に勤務先との関係の適正化であると考えられる。個人が所属する集団の「空気」を忖度すること自体は望ましいことであろうが，その「空気」が十分な検討プロセスを踏まえて責任者やプロ

第8章　日本の空気本位制の功罪

図8-2　空気本位制の構図

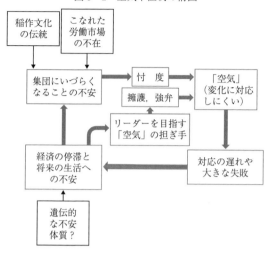

セスを明示しつつ定式化されるようにしていくことである。そのためにはコーポレートガバナンスの強化と，こなれた労働市場の実現が急務であろう。

　日本の社会や文化の背景には稲作の伝統があり，個人が，所属する集団の意向を忖度する度合いが強い。このことは日本のソーシャル・キャピタルにきわめて洗練された一面をもたらしてきた。特に，先進国へのキャッチアップの過程では，先進国でできていることを日本でも実現しようという，集団内で共有された目標を，構成員が協力を惜しまずに効率的に達成し，これが高度成長の原動力になった。

　しかし，お手本のあった時代が終わると，集団の構成員が忖度する「空気」が重要であることは，外部環境の変化などに対して柔軟に対応することが不得手であることにつながり，しばしば集団として「起きると困ることは起きないことにする」との対応をすることにつながった。経済に占める農業の比重が低下した後も，労働市場の縦割り体質はそのままで，「ウチ」と「ヨソ」を区別して考える意識が強く残っている。個人が集団から離れることに不安を感じる中で，様々な「ムラ」が存在し，「ムラ」の利益やそれまでの指導原理を守ることが集団の「空気」と想定されてきたことが，競争力の低下をもたらすとともに，大きな失敗にもつながってきた。こうした体質を改善するための努力が

193

第Ⅱ部　ソーシャル・キャピタルからみた経済の多様性

必要であろう。

参考文献

石井敬子（2012）「遺伝子と社会・文化環境との相互作用——最近の知見とそのインプリケーション」『感情心理学研究』20(1)，19-23頁。

キーン，ドナルド／足立康訳（2002）『果てしなく美しい日本』講談社。

経済企画庁（1999）『経済白書』第2章第3節の7。

統計研究会（2011）「科学技術開発の雇用創出効果の評価枠組の開発」。

渡辺京二（1998）『逝きし世の面影』葦書房。

（大守　隆）

|第9章|中国の急成長を支えた人脈資本主義|

1 なぜ急成長ができたか

　1978年の改革開放後の中国経済においては，欧米のような自由で成熟した市場環境が形成されているわけではない。経済の成長を支えるための十分な健全な制度と法律などがあるわけでもない。財産権の管理なども曖昧なままである。しかし，このような経済状況の下で，改革開放後の中国経済は不動産投資と設備投資に牽引され，年率平均10％を超える勢いで急速に成長してきた。2008年のリーマン・ショックを乗り越え，2010年にはGDPベースで日本を超え，世界第2位の経済大国となった。この経済成長の要因に対しては，様々な議論がある。その中で，J. Sachs et al.（1994；1999；2000）に代表される「資源配分説」，林毅夫等（1993；1999；2003），銭穎一（2003）などに代表される「制度説」，および Fukuyama（1996），Peerenboom（2002）と張克忠（2010）のソーシャル・キャピタル（社会関係）[(1)] 説が代表的である。

　「資源配分説」は主に改革開放初期の中国の経済構造に焦点を置き，多くの人口は低収入の農村に集中し，廉価な労働力が労働集約型の輸出産業の発展に有利であると主張する。「制度説」は中国の漸進的改革の発展戦略と中央政府と地方政府の分権という制度分権を強調する。これらの観点はいうまでもなく，中国の移行経済の超高成長の解釈において，大きな影響を与えていることは間違いない。しかし，それだけでは，市場が未成熟な中国の経済のパフォーマンスを説明しきれない。なぜならば，廉価な労働力は確かに沿海地域の輸出産業に流れたが，企業総数の99％を占める多くの中小企業は主に国内販売を中心としている。また，国有一色の金融システムの下で，円滑な資金調達ルートがなければ，廉価な労働力だけで，民営企業の生産経営が順調に行うことはできない。次に，漸進式改革のプロセスにおいて実施した一連の制度，たとえば，農

195

第Ⅱ部 ソーシャル・キャピタルからみた経済の多様性

村の請負制や中央と地方の財政分権制度，郷鎮企業の展開および外資の導入などは確かに，改革開放後（特に初期）の経済成長に大きく貢献した。しかし，これらの制度自身はその社会の社会構造や，歴史的・文化的伝統，価値観・慣習などのソフトなインフォーマルな秩序とルールの上に設定され，またそれに支えられている。言い換えれば，その社会のソーシャル・キャピタルは新しい制度の効率を決める。Fukuyama（1996）は中国を中心とする儒教文化圏の経済成長のパフォーマンスの説明を儒教文化圏の社会関係のあり方に注目した[2]。Peerenboom（2002）では，未成熟な市場と不完全な法整備における中国の経済成長の奇跡を中国社会におけるリレーションシップのネットワークに帰する。つまり，中国の奇跡的な経済成長を実現させた主要な要素は社会関係に基づくインフォーマルな問題解決のシステムと共同の文化的信仰であると指摘する。これらの研究は超高度成長の真っ只中という時期もあるが，社会関係が経済成長に与える正の側面に焦点をおくものの，その負の側面についてほとんど論じなかった。

急速な経済成長の要因に対する研究が続く中，2000年代以降，投資主導の成長モデルの光に隠された問題が段々と暴露してきた。格差の問題，社会的不安，環境問題，経済の持続的成長の問題等々，やがてそれらの大集合として構造転換の問題は注目の的となった。中国の構造転換は単なる計画経済から市場経済へ，伝統経済から工業経済への経済領域の転換だけではなく，それは必ず政治領域の転化と文化領域の進歩を伴うものである。張克中（2010）は，中国の社会関係に焦点をおき，各領域の諸要素が相互に作用し合いながら，中国の構造転換は2つのルートに導かれる可能性があると指摘する。1つ目は「法整備の整った法治の市場経済への調和のとれたルートへ」である。2つ目は，「官僚資本主義によって主導される私有化のルートへ」である。つまり，中国の未来は「希望に満ちた春に導かれるか，失望の冬になるか」である。そして，中国の社会主義市場経済の体制改革と調和のある社会の構築は政府，市場と社会的基礎環境としての社会関係の三輪車の上で行わなければならないと主張する。

筆者は前述の張克忠（2010）の観点を支持し，岐路に立つ中国経済およびその構造改革の行方を考察するために，政府，市場と中国社会の社会関係に対する総合理解と把握が必要不可欠であると考える。しかし，張克忠（2010）では，

社会関係の経済成長に対する正の効果を考察し，社会関係の権力との結合による負の側面を指摘したものの，①その正の効果から弊害へ転化する政治経済的仕組みとは何か，②その負の側面は，経済・社会学的側面から一体中国社会にどのような影響を及ぼしているかについて，具体的に論じていない。

　本章は，経済移行期において，経済主体の人的ネットワークに依存する資源の配分の仕組み，いわゆる市場信用や市場資源の獲得，およびビジネスチャンスの先取りと維持による市場経済の展開を人脈資本主義として捉える。そして，中国経済を舞台に，前述の諸先行研究を踏まえつつ，中国の伝統的社会関係を土台とする人脈資本主義の内実を明らかにする。具体的には，①古代，1978-2000年代まで，そして2000年代以降という3つの時期区分に従い，中国の伝統的社会関係の結合原理（動機づけ）とは何か，②改革開放後，社会関係は超高成長にどのような効果があったか，③2000年代以降，社会関係の権力との結合は一体中国の経済社会にどのような影響を与えたか，について検討する。さらにその問題点を是正するための処方箋を提示することを試みる。

2　中国式の社会関係の結合原理とその変容

（1）伝統的社会関係としての個人関係——古代の諸葛亮の事例

　中国では「社会関係」をいう時，古代から現代に至るまで個人をめぐる人脈やコネなどのネットワークとして理解されることが一般的である。個人関係は歴史的に中国の社会関係の中でもっとも重視されており，個人の成功に必要不可欠な条件として認識されている。たとえば，劉茂東（2007）張程（2010）などでは，三国時代の諸葛亮（181-234年）の初期の成功の要因に彼の卓越した才能と賢明な君主に出会ったこと以外に，彼をめぐる膨大な社会的ネットワークを強調している。具体的には，第1に，血縁・地縁関係である。諸葛亮は8歳で母親，11歳で父親を亡くしたが，叔父の諸葛家は劉表と親密な個人関係をもつ古い付き合いであり，2人の姉もいずれ荊州の名門の有力者と結婚していた[3]ため，彼の才能が早くから上流階級に認められ，名声が広がった。さらに，諸葛亮は当時の名士である黄承彦の娘の黄碩と結婚した。黄承彦が諸葛亮の3番目の師匠のような存在となり，岳父を通して，諸葛亮も当時の朝廷高官と付き

図9-1 個人関係の結合原理と構造

合うことができ，朝廷の状況を把握することができた。妻の黄碩は容姿には恵まれてなかったが，文才が素晴らしく，諸葛亮の事業発展の重要なパートナーであった。また，当時，魏で軍事権力を握っていた蔡瑁は妻の黄碩の叔父であった。第2に，学縁・文縁である。彼は名高い先生（庞徳公・司馬徽）に礼拝して骨身を惜しまず勉強して，巨大な同級生ネットワークを確立した。第3に，業縁である。彼が蜀国の宰相になった後，魏・蜀・呉の3国の皇室，大臣といずれもとても強いネットワークを持っていた。第4に，善縁である。すなわち，その他のお互いに意気投合している友人関係である。このように，諸葛亮は見事に南北の豪族ネットワークをまたぐ人物となった。当時のこのような彼を巡る巨大なネットワークは彼が三国の舞台で縦横無尽に駆け回って，当時の寵児になった重要な要因の一つである。

　ここで，諸葛亮の社会関係をまとめると，中国の伝統的社会関係の特徴が見えてくる。

　第1に，自給自足の自然経済を基礎とし，郷村社会を中心とする古代中国では，個人のネットワークが儒学に決定的影響を受け，血縁・地縁という非制度的な社会的紐帯がその結合原理となり，それの延長線上にある同族，同郷，同業，同窓，同一の社会階層などが社会的ネットワークを形成する単位となっている（図9-1）。また，1人を中心に形成されたこれらのネットワークが相互に交差しながら，結合される各自の原理によって，その性質が決められる。個人はこのようなネットワークを通じて社会と接触し，社会活動を行う。

　第2に，中国では諸葛亮のような個人のネットワークが「社会統治」という共通の役割を持っている。孔子が創立した儒教の文化思想は「礼」と「仁」を中心とする。閉鎖性，低流動性と等級性を特徴とする伝統的郷土社会では，冠，婚，葬，祭を中心とする共同の礼儀行事や活動によって，人々はネットワークを組織する。「礼」というのは，集団内の人々に何をすべきか，何をしてはいけないのかを規定するものである。このような礼儀はネットワーク内のメンバーにとって一種の法律のようなものであり，強制的約束力を持っている。実際，

書面化されてない習慣法に相当し，それが次第に各封建朝代の一種の習慣的統治法となっている。このような「礼」の行動を規定するものは「仁」とする。[4]「仁」とは「仁者愛人」である。[5]「仁」の基本的意味は内的人間性から発する「人を愛すること」である。「親孝行」は「仁」の基礎であり，親を愛することの表れである。「忠」と「信」は誠実の徳である。忠は内的良心，信はその発露としてのうそをつかない徳である。このような個人の内的道徳を強調する古代の社会関係において，諸葛亮のような個人のネットワークには「社会統治」という共通の役割のほか，主に君主専制の朝廷の人材登用における人材推薦や仕途昇進という役割があった。[6]

　このような人間の本質，つまり内的人間性から出発した「仁」の道徳そのものは，それゆえ単に「礼」という行動形式として，過去の政治や社会のあり方を規定しただけでなく，いつまでも人々の共感を呼び，新しい歴史の進展を促すような，そうした直接的に経済・政治などの変化に依存しない独立性と継承性がある。もちろん，このような伝統は，非歴史的な永久に不変というものではありえない。そのため，中国人の社会関係作りは儒学思想を中心に古代社会から現代社会に至るまで，一定の共通に示される特質を持ちながら，その時代の経済的基礎に規定される経済活動に導かれた結果としての特徴も持っている。後述のように，このような伝統的な社会関係は，改革開放後その独立性を継承しながら，その時代の特徴を持って，中国経済の奇跡に大きく貢献しながら，制度的・経済的・社会的環境の変化を背景に，権力との結合によって，持続的経済成長の妨げとなっている。

（2）改革開放（1978年）後-2000年代までの社会関係の特徴

　1978年に改革開放政策が推進され，長い間貧困に見舞われた中国人は「豊かになる」ことを何より優先的に考えた。豊かさを求め，民間の自発的農業・商業活動が雨後の筍のように現れた。同時に大躍進や文化大革命の失敗からやっと抜け出した中国政府は経済成長を何よりも重視したが，市場管理の経験もなく，模索しながら進む時期であったため，民間のインフォーマルな経済活動を容認し，下からの改革を合理的に制度化へと追認した。[7]この時期の社会関係は図9-2で示したように「血縁・地縁を中心とする伝統的な人的ネットワーク」

第Ⅱ部　ソーシャル・キャピタルからみた経済の多様性

図9-2　人的ネットワークと市場主体，行政組織との関係
──2000年代前まで

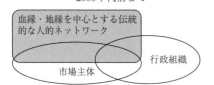

図9-3　人的ネットワークと市場主体・行政組織との関係
──2000年代以降

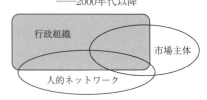

の各種の市場主体との結合が優先され，「成長中心」志向の各種の行政組織がその支援的役割で結合されたことになる。具体的に，後述（第3節）の温州商人にめぐる「スモールワールド理論」や「華僑・華人ネットワーク」の分析で示されるように，このような社会関係は経済成長の重要な助長要因であった。「成長中心」を背景とするこの時期の社会関係の結合原理は，「豊かさ追及，利益追求」であった。

（3）2000年代以降の社会関係の特徴

前述のように2000年代以前，官民共々豊かさと経済成長を求め，経済成果を創出することに夢中だった。しかし，2000年代以降になると，超高成長で蓄積された経済成果を如何に分配することがより重視され，ネットワークづくりのインセンティブとなった。伝統的人的ネットワークと市場主体，行政組織との関係は図9-3のように変化する。一党支配の体制では，政治・経済などの諸資源に対して決定的支配権をもつ行政組織が社会関係の中心となり，人的ネットワークや各種の市場主体は行政権力者との結合を優先し，ネットワークが権力と結合することで，経済資源の分配において優位に立つことになる。既得利益配分の色彩の濃いこの時期の社会関係の結合原理は，「既得利益を守る，特権追求」であった。このような社会関係は，後（第4節）で見るようにやがて中国経済の阻害要因としての側面が露呈する。

3　社会関係と人脈資本主義の高成長──2000年代までを中心に

現代中国の市場経済へ邁進するプロセスで，伝統的個人関係の文化は大きな

役割を果たしている。本節では，中国の社会関係が中国経済社会に及ぼす影響につき，従来の研究を紹介しながら，以下の3つの側面から考察してみる。第1は，地域経済への貢献である。この議論は特に華人・華僑ネットワークによる経済活動の中国地域経済形成への影響を強調する。第2は，民間金融の側面である。つまり，民間のインフォーマルな金融組織による中小企業への融資支援である。第3は，農村経済への影響である。ただし，それらの議論はソーシャル・キャピタル（社会関係資本）という言葉を用いるものもあれば，用いない議論もあることに留意されたい。

（1）社会関係と地域経済の形成

改革開放後の中国の市場化で，「計画経済」から「市場経済」への移行というベクトルと重なり合って進行してきたのは，農村における「伝統的農業経済」から「近代的工業経済」への移行というベクトルである。後者の移行過程は，農業から工業への産業構造の転換，すなわち工業化と，農村社会から都市社会への転換，すなわち都市化という二重の意味を含んでいる[8]。農村地域の構造変動の激しさは，1980年代の中国の地域経済社会の特徴を成している。そして，農村地域の市場化の担い手が郷鎮企業であり，そこで形成される農村と都会の中間地域が小城鎮である。そのため，「1980年代以降の中国の地域経済や民間社会の動きを理解する上で，郷鎮企業の登場と小城鎮の形成とは，変化を集約的に表している二大領域である」（濱下 2013：249）。従って，郷鎮企業と小城鎮が持つ地域的特徴，その形成における歴史的背景などに関する考察は，改革開放後の中国の地域経済社会に対する理解だけではなく，現在も続く中国社会の変化の状況がより一層理解されることにもなると思われる。中国の郷鎮企業の発展に現れた様々な側面については，今まで歴史的な発展基盤，所有構造，経営の特質，技術移転，政府の優遇政策，地理的分布の特徴，雇用吸収など多面的に議論されている[9]。本項では，中国のソーシャル・キャピタルが郷鎮企業の発展，従って中国の地域経済の形成において果たした役割について検討する。ここでいう中国のソーシャル・キャピタルと郷鎮企業の成長，地域経済との関係は主に以下の議論がある。

第1は，「スモールワールド理論」を用いた分析である。組織論の西口敏宏

氏は，中国浙江省の温州市の経済発展を分析している。かつて中国の貧しい港
町だった温州（浙江省）は，改革開放後，私企業を中心に自力で急発展を遂げ，
今や最も豊かな地域の一つにまで成長した。その秘密は，国内・海外の同郷人
を中心とするネットワーク能力にある。血縁，地縁中心の「遠距離交際」を含
む人と人のつながりが，遠隔地にある市場を「スモールワールド（小世界）化」
し，感度の良いリワイヤリングを通して，ビジネスチャンスの先取りを許す。
これが好循環で回り，想像を超えた効果を生み出す。たとえば，一人の革職人
がヨーロッパで職を得る。注文が増え，故郷から息子を呼び寄せ，販路が増す
とさらに知人を呼ぶ。やがてイタリアを中心に温州人のネットワークが広がる
とともに彼らが経験を積んで故郷に帰り，自社工場を設立する。血縁，地縁を
ベースにしながら，ランダムに機会探索・情報取得を行う。典型的なスモール
ワールドだというのである[10]。

　第2は，華僑・華人ネットワークを用いた分析である。濱下（2013）では，
「民間経済のエネルギー」のあり方に基づいて，議論される中国の地域経済モ
デルについて，以下の事例が挙げられている。

　　　a．蘇南（江蘇省南部）モデル：蘇州・無錫・常州一帯を指し，集団経営
　　　　　　　　　　　　　　　　　を特徴とする。
　　　b．温州（浙江省温州市）モデル：個人企業（個体企業）および第三次産業
　　　　　　　　　　　　　　　　　（商業）中心とする。
　　　c．阜陽（安徽省阜陽地区）モデル：前二者の中間にあって家族企業を中心
　　　　　　　　　　　　　　　　　とした郷鎮企業である。
　　　d．瀋陽（遼寧省）モデル：重工業を中心とし，かつ国営企業（全民所有企
　　　　　　　　　　　　　　　　　業）を中心としている。
　　　e．晋江（福建省晋江県）モデル：集団経営並びに個人経営を中心とする
　　　　　　　　　　　　　　　　　が，海外華僑からの資金が多いことが
　　　　　　　　　　　　　　　　　特徴である。似たタイプに広東省の珠
　　　　　　　　　　　　　　　　　江モデルを挙げることもできる。

　これらのモデルの内，浙江省の温州，福建省の晋江，広東省の珠江など，沿

海通商路に位置した商業地であり，歴史的に海外移民が多く，華僑の故郷である地域では，郷鎮企業の業種も小規模外向型となり，華僑とのつながりが深く，投資，経営に多様な形で参加している。たとえば，これらの地域では，海外華僑・華人からの企業への投資や，海外の華人企業そのものが沿海地域に移転したり，国内の経済活動に引き付けられた，いわゆる帰国華僑が増大した。また，温州商人のように全国的商業ネットワークと海外華僑ネットワークによる世界的商業ネットワークによって支えられ，市場先導型の企業経営を行っている例もある。すなわち，「一般的に存在する原料─技術加工─販売市場」という系統に対し，それを逆転させ，「市場─技術─原料吸収」という系列を形作っている。また，華僑・華人ネットワークの力に引っ張られた東南沿海地域の発展は中国の地域経済の特徴を形成していると同時に，中国経済社会の歴史的変化を如実に示すものとして注目に値する。このような経済的変化にともなって，「一方ではこれまでの華人ナショナリズムが拡延されてグローバル化する側面を持つと同時に，他方では『世界市民』としての華人を形成する可能性を包含するという課題も提起している」（濱下 2013：まえがき）。

　次に，寺島（2013）では，中国大陸や香港，シンガポール，台湾などの同じ文化的背景を持つ中華圏の国々を凝縮して，「大中華圏」と呼んでいる。また，現在の中華人民共和国を「陸の中国」と呼び，香港，シンガポール，台湾などの「島」を「海の中国」と呼んでいる。そして，改革開放後の中国大陸のコンスタントな経済成長の要因をこのような「大中華圏」の国々とネットワーク型発展の中に求め，これは「ほかに類のない中国の特色だと言える…（中略）…ロシアとの決定的な違いもここにあることに気づく」（寺島 2013：14）。このことは図9-4（次頁）から確認することもできる。2000年から2011年の間に海外から中国に行われた投資の実行額を見ると，香港を経由してのものが全体の5割強を占め，そして，香港とシンガポール，台湾を合わせると65％のシェアとなる。また，同じ漢字文化を持つ隣国の日本と韓国からの投資も目立つことがわかる。また，図9-4には表れていないが，1980年代と1990年代の中国の対内直接投資においても，台湾，マカオ，香港の外資企業は大きな役割を果たした。いずれも，投資にけん引された中国の高成長にとっての，「大中華圏」の重要性を示唆している。

第Ⅱ部　ソーシャル・キャピタルからみた経済の多様性

図 9-4　大中華圏の相互投資

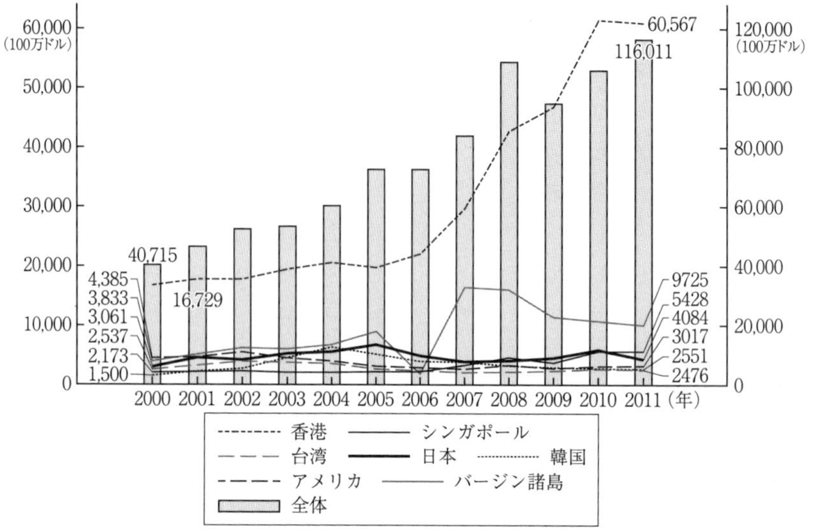

60,000（100万ドル）　120,000（100万ドル）

60,567
116,011

40,715
4,385
3,833
3,061
16,729
2,537
2,173
1,500

9725
5428
4084
3017
2551
2476

2000 2001 2002 2003 2004 2005 2006 2007 2008 2009 2010 2011 (年)

------- 香港　　　―――― シンガポール
――― 台湾　　　―――― 日本　　……………… 韓国
-・-・- アメリカ　　―――― バージン諸島
▨▨ 全体

資料：CEIC（～2010年），『国際貿易』（2011年，2000年～2011年バージン諸島）。
出所：寺島（2013：39）。

　また，政治的意図を除いて，寺島（2013）の「大中華圏」経済という視点か
ら中国の貿易自由化を見る時，中国と台湾との間の ECFA（Economic
Cooperation Framework Agreement）や中国と華僑の多い ASEAN との間の
ACFTA（ASEAN-China Free Trade Agreement）などの締結は，中国とこれらの
国々と民間レベルでの貿易拡大行為に対する政府の事後的協力行為であること
を示唆する。実際，吉野（2014）では，ACFTA による「域内関税撤廃がなく
とも，ASEAN と中国については貿易が拡大した」（吉野 2014：237）ことを証
明している。そして，単に自由貿易地域を形成するのではなく，経済文化的な
側面としての環境基準や動植物検疫の基準，経済制度・規制の統一・自由化な
どを強調し，こういった「現実の FTA が包括する幅広い内容が域内貿易を拡
大する」（吉野 2014：239）と考えている。さらに，「陸」と「海」の両方を有
する大中華圏ネットワークで発展を遂げた中国にとって，TPP（Trans-Pacific
Partnership）に加入しないのも道理であろう。

（2）社会関係と中小企業金融の展開

　改革開放後の中国では，国有企業と民営企業の間に経営資源の獲得の面では，依然として大きな格差が存在する。中小企業を中心とする民営企業はこれまで中国経済の成長・発展の重要な担い手であるにもかかわらず，銀行から十分な資金を得られなかった。こうした中，中小企業は社会関係に依存するインフォーマルな融資ルートに頼るしかないのが現状である。このインフォーマルな融資ルートは中国語では「民間金融」といい，シャドーバンキングの4割弱の規模を占めている。これまで民間金融に関しては，主に，1つの狭い地域の眷族や中小企業，宗教団体，あるいは同じ価値観を有する郷土社会の信任システム（Trust System）の内部で行われる貸借行為を中心に，貸し手と借り手との間の情報問題と借り手の抵当品の欠如の問題の克服，取引コストとリスクの軽減という視角から分析が進められてきた。

　范（2013）では，近年，中国の民間金融市場で注目される最新形態の実業会社—青島「福元運通」を取り上げ，同社の複層式・仲介型リレーションシップ・レンディングの仕組み，情報生産機能と経営コンサルティング仲介機能，および信用保証の機能を考察した。このモデルの特徴はネットワークの運営能力に基づいて，フランチャイズ式の4級加盟の経営方式によって，ある程度従来の民間金融の地域制限を打破したことにある。本部は良好なリレーションシップ作りの能力を最も重要な条件に全国規模に加盟店を設け，中小企業向けの独自の経営方法と融資方法を指導する。また，企業の規模拡大や経営方針に応じて，地域の異なる各加盟店同士に顧客を紹介することができ，経営コンサルティング機能を果たすと同時に，地元から離れた企業のリレーションシップ障壁を緩和することもできる。

　このような人的ネットワークに基づくビジネスモデルの成功には，「中国の伝統的な，各種の人情に基づく社会関係づくりの習慣が背景となった，信用決定に際しての，当事者の財務状況に劣らぬ当事者の個人の信用度の重視」（范2013：第5章）が決定的に重要であると思われる。

　このように，社会関係に基づく民間金融は公的金融に対する補完的役割を果たし，中国経済のパフォーマンスや中国の金融改革にとって不可欠な存在となっている。今後は，このような社会関係の制度化を推進していくことが課題で

第Ⅱ部　ソーシャル・キャピタルからみた経済の多様性

あろう。

（3）社会関係と農村経済の発展

　前述のように，改革開放後の中国農村においては，郷鎮企業が常識を超えるような急成長を遂げた。しかも，中国の農村工業化を追求する中国の経験は，他の発展途上国と異なるばかりではなく，先進国の過去の経験とも異なる「都市化なき工業化」を実現しようとする新しい試みであるとする評価がなされた。例えば，宇野・朱編（1991）では，農村工業化モデルが地域の「内発的発展」をキーワードとして説明されている。ここでいう「内発的発展」とは，近代化の対置概念として想定されており，後発地域の生態系に適合し，その地域の社会構造，精神構造の伝統に基づいて創り出される，西欧流の近代化とは異なった発展方式を指すとされる[13]。

　加藤（1997）は，中国の郷鎮企業や地域経済の急成長への「地域コミュニティ」型政府（あるいは慣習経済）の役割に注目し，歴史的・制度的背景を基に形成された地方政府の経済行為を，すべて利潤極大化を追求する「企業体の行動原理」に還元することは適切ではないと指摘し，地方政府の非市場的な「共同体の行動原理」という側面を考察した。たとえば，郷鎮企業の発展を目指す郷村政府の政策決定メカニズムを見ると，経済効率をある程度犠牲にしても，地元の雇用確保，所得再分配が優先されるという側面が多数観察される。

　具体的には，中国の「地域コミュニティ」型政府を地方政府と慣習経済とのオーバーラップという側面から説明している。慣習経済とは，「濃密な人的交流によって形成される信頼関係で結ばれる集団」としての「共同体」（community）と関連して捉えている[14]。より広くは農村に残る「むら共同体」に関連して存在する。中国の農村においては，「同族」「同郷」といった結合原理を媒介とした人と人とのネットワーク，人的結合による「生活共同体」が農村の再生産を保障する重要な役割を果たしてきた。社会主義政権の成立によって，こうした農村の伝統的な構造は伝統を継承しながらも急激な変化が見られたが，改革開放後，農村社会は再び大きな変容を遂げることになった。人民公社が解体され，農家経営請負制度が導入されることにより，家族単位での小農生産が復活し，かつての人民公社に所属する集団企業も郷鎮政府の管轄下に移行した。

206

行政レベルでのフォーマルな制度改革によって，経済組織と行政組織とのフォーマルな関係が断ち切られたが，実際にはそれは消滅したわけではなく，その結びつきがなお強固に存在している。そこでは，インフォーマルな部分を含む共同体の原理が働いていると考えられる。このような農村の歴史的慣習経済の原理を背景とした地方政府の行動原理は，「共同体の行動原理」となる。

　加藤によれば，このような「共同体の行動原理」と「企業体の行動原理」とを合わせ持つ所に，中国の地方政府の経済行為の特徴がある。こうした意味での独特な性格をもつ地方政府は，「地域コミュニティ」型政府と名づけられている。このような「地域コミュニティ」型政府が多くの問題点を内包しながらも，"市場が未発達"な改革当初の中国の農村において中国の農村工業化，地域経済の発展に一定の役割を果たしたことはほとんど疑いない。そのほか，張克中（2010）や銭海梅（2013）では，ソーシャル・キャピタルのコミュニティ（社区），特に農村地域のコミュニティ管理に関する研究もある。たとえば，地域内のセーフティーネットワークによる弱者の救助や森，牧場，および灌漑システム，道路などの保護などのコミュニティの公共施設の提供と自主管理がある。

　前述のように，2000年代前まで，経済成長を目指す地域経済では，血縁や地縁の上に拡延された膨大な人的ネットワークと経済組織との結合が優先され，地方の行政組織はその支援的立場，場合によって，「暗黙な容認」という立場にあった。その時，三者共通のインセンティブは「経済成長」と「豊かになる」ことであった。それによって形成された独自な経済慣行は，改革開放後の，特にその初期の市場経済が未発達な中国経済の特色を形成する重要な要素の一つであり，その歴史的使命を果たしている。しかし，2008年のリーマン・ショックをうまく乗り越え，2010年にはGDPベースで世界第2位の経済大国となった中国経済だが，今や超高成長に伴って深刻化してきた貧富の格差が背景となった社会的不安や環境汚染，食品安全問題，金融不安などの諸問題は中国経済の持続可能性を脅かす要因として，世界の注目を浴びている。そして，それらの諸現象の中に潜んでいる本質を探る糸口として，中国のソーシャル・キャピタルはどうなったのか。岐路に立つ中国経済に対して，どのような問題点があるのか，どう解決すべきかについて，以下，第4節で考察してみる。

第Ⅱ部　ソーシャル・キャピタルからみた経済の多様性

4　社会関係の権力との結合と人脈資本主義の衰退——2000年代以降を中心に

（1）社会関係の権力との結合と既得権益層の固定化

　改革初期においては，地域的色合いが濃く，伝統的個人のネットワークは，一定の地域内に限定して結合されていた。たとえば，商売の共同利益で結ばれる温州人のネットワークや，華僑がふるさとの経済組織や郷鎮政府と良好な関係を築くことなど，である。このような伝統的個人のネットワークに基づく知人間のビジネス行為は「人格化交易」と呼ばれる。つまり，契約に基づく交易より，知人社会の共同な規範や人格に対する信頼に基づく交易である。しかし，経済成長が進展するにつれ，地域分業の深化と市場範囲の拡大が進行し，血縁や地縁に基づく地域内限定の知人ネットワークが企業の拡大に必要とするリレーションシップを満足させることができなくなる。たとえば，企業Aは地元以外の地域に業務展開をしようとする時に，人的ネットワークを持たない他地域の企業との交易は契約に基づく「非人格交易」となる。市場経済が未発達な中国では，このような「非人格交易」を潤滑にするために，政治的色合いの濃いリレーションシップがより重要視される。したがって，企業主Aがとる第1の行動とは，目標とする他地域で政府の有力官僚との間に強力な利益関係を作ることである。この場合に企業Aは国有企業であれば，言うまでもなく各種の政治的・経済的資源を優先的に提供されるが，企業Aが私営企業の場合には，どうなるか。これについて，張克忠（2010：318-320）では，以下のように述べている。[15]

　　「ある私営企業Aが他地域の面識のない企業と交易を行う予定を立てたとき，その企業がとる最初の行動とはその地域の政府官僚の中から自分の「契約執行代理人」（以下代理人）に最も適切な人を探すことである。企業主Aの既存の個人ネットワークの中にこのような人物がいれば一番簡単だが，いなければあらゆる方法を使って目標人物Bとリレーションシップを作る。一般的な方法は仲介人を探して，その仲介人を媒介して目標人物Bとリレーションシップを築くことである。つまり，その政府官僚Bと親密

第9章　中国の急成長を支えた人脈資本主義

な関係を有する人物が仲介人となるわけである。もちろん，このような仲介人を探すのも容易なことではない。また仲介人がいれば，直ちにその政府高官Bと信頼関係を築くことができるわけではない。企業主Aは，このリレーションシップに相当の経済的投資と接待消費をしなければならない。このように経済的支出に支えられながら，繰り返しての付き合いによって，企業家Aはやっと政府高官Bの核心関係の範囲内に入る。したがって，政府高官Bは企業家Aのその地域の「代理人」となる。このような「代理人」がいれば，企業Aはその地域のどの企業とも安心に非人格化交易をすることができるが，「代理人」に紹介された企業家Aと取引する地方企業も往々にして，「代理人」と信頼関係のある地元企業である。このようにして，政府経由の新たな既得権益層が形成されるようになる。他方，地方政府の官僚も「代理人」という役に喜んでいる。なぜかというと，まず，彼は企業間の契約を執行する確かな能力（＝権力）を持っている。次に，地域を跨る広域貿易の実現は地元経済の発展にとって有利と思われるだけではなく，成功企業の広告効果によって，より多くの企業を地元への投資を引き付け，地元市場の拡大を期待できる。従って，当該地方政府官僚Bの昇進につながる業績も高める。最後に，当然のことながら，当該官僚は彼が仲介した企業間貿易の実現から一部分の利益を獲得することができる。……

　香港人は広東省に，台湾人は福建省に，あるいは上海に合弁・合資を作る。この場合の合作の対象は往々に地方政府の高官であり，製造された商品は海外販売である。その結果は，郷鎮企業の急速な増加である。華僑投資者にとっても様々な優遇を獲得することができた。このような合作交易は法律ではなく，高度な個人化された関係を基礎としている。こうして，インフォーマルなネットワークに基づく利益獲得行動という伝統は一時，奇跡をもたらした。資本は迅速に中国へ流れ，新しい企業が急速に設立された。その速度は法律に基づく経済行為より遥かに早い。外国の銀行家たちも彼らが理解した中国のインフォーマルなネットワークの精髄にも魅了され，中国高官の頷きや瞬き，あるいは握手によって資金を提供することに同意する」。

209

第Ⅱ部　ソーシャル・キャピタルからみた経済の多様性

中国の国有企業およびその関係者によって形成された「国有企業グループ」[16]は既得権益層としてよく知られている。前述の企業活動に伴う多地域ネットワークの形成は当時に「地方政府の人脈企業グループ」という一段下の新たな既得権益層を形成させた。両方合わせて「官商階層」ともいわれる。しかも，2000年代以降，これらは強固な既得権益層として固定化しつつある。このような既得権益層の形成と固定化は政治経済学的・社会学的側面から見れば，以下の意味を持つ。

第1は，市場における参加機会の不平等と投資型の成長モデルの形成である。現段階において，中国の市場化改革は経済領域に限定しているものであり，誰でも経済改革によって持たされた大きなチャンスをつかむ能力を持っているわけではない。チャンスをつかむ能力は2つのカテゴリーに分ける。1つ目は政府によってコントロールされる国有企業である。国有企業は政府関係作りや資金の調達，土地の使用をはじめ，様々な経済資源を優先的に利用する特権を持つ。2つ目は地方政府に強力な人脈をもつ企業である。前述のように地方政府は地域経済の発展，中国経済を動かす重要なプレイヤーであり，人的ネットワークの地方政府権力との結合は，地方政府の野放図な投資の主要要因の一つとなっている。つまり，既得権益層の形成のプロセスは不動産投資をはじめ，投資依存型の経済構造の形成として現れている[17]。特に，2007年のサブプライムローン問題に端を発した世界金融危機による輸出先の激減を国内投資で埋め合わせている構図を図9-5〜7で確認できる。

第2は，収入の不平等と社会的構造の閉鎖化である。移行期の中国市場では，絶対的権威を持つ政府の下で，官商階層のレントシーキング活動（Rent-seeking activities）が活発で，権力が社会的収入と資源の分配を大きく左右するだけではなく，権力をもって市場の成果をそのまま享受することもできる。非生産的活動としての官商結合の普遍化は，中国社会全体における所得分配の平等を大きく壊し，腐敗や社会的不公平の源となっている。

さらに，貧富の格差より深刻な問題は貧困層と富裕層の間の流動性の鈍化である。1980年代の中国では，有力者に人脈がなくても一人の貧乏人が金持ちになるチャンスが多かった。この時期の中国社会の階層間の流動頻度が高かったことも一つの特徴である。しかし，1990年代半ば以降，特に2000年代に入って

第9章　中国の急成長を支えた人脈資本主義

図9-5　日本・中国・アメリカにおける国内総固定資本形成のGDP比の推移──1981-2015年

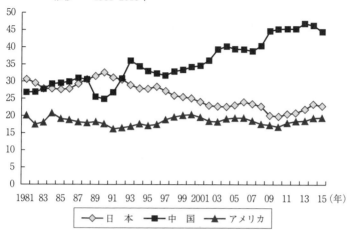

注：(1)　GDP＝民間最終消費支出＋政府最終消費支出＋総固定資本形成＋純輸出。
　　(2)　総固定資本形成には各国とも在庫投資は含まれていない。
出所：『中国統計年鑑』2016年版，総務省統計局『日本の統計』各年版，"Statistical Abstract of the United States", United States. Bureau of the Census 各年版を基に筆者作成。

図9-6　日本・中国・アメリカにおける民間最終消費支出のGDP比の推移──1981-2015年

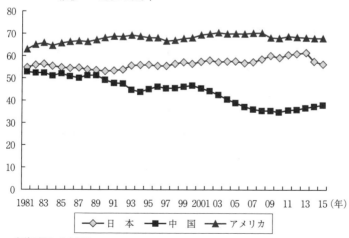

出所：図9-5と同じ。

211

第Ⅱ部　ソーシャル・キャピタルからみた経済の多様性

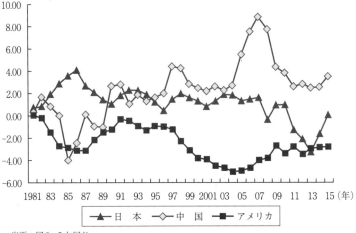

図9-7　日本・中国・アメリカにおける純輸出のGDP比の推移
　　　　——1981-2015年

出所：図9-5と同じ。

からは，富，権力，文化などの蓄積は官商階層を中心に集中するようになり，体制外の経済地位の低い者が富裕階層に身を置くことがとても困難となった。政府の有力部門に親密なリレーションシップを持たなければ，成功できるチャンスがほとんどないと言っても過言ではない。また，階層性をもつ生活・消費方式や文化選好が形成されるにつれ，階層内ネットワークの結合も強化された。厚生・消費面においては，富裕層のための高質な医療サービス，子弟教育の貴族学校，高級・贅沢品の消費市場など質の高いサービスから底辺層のための低級品消費市場，小さい診療所，理容室までそれぞれの消費水準の等級，順序がはっきりと区分されるようになった。たとえば，不動産市場の場合，不動産を買える人は数軒も借金なしでも買える一方，買えない人は一生働いても買えない，あるいは買えても一生その不動産ローンのために働くことになる。

　図9-5～6の日本・アメリカ・中国における「国内総資本形成」と「民間最終消費支出」の推移も，このような歪んだ消費構造を示している。1997年のアジア金融危機以降，投資の増加によって固定資本形成がいくら増加しても，GDPに占める家計消費の割合は一貫して低下し続けている[18]。なぜならば，中国では消費のできる階層が限られているからである。つまり，著しい経済成長

第9章　中国の急成長を支えた人脈資本主義

に伴って収入が大きく増加する人口が限られていて，この階層だけではどれだけ消費しても，投資の増加率に追いついていくことができず，消費の GDP に占める割合がますます低下する一方という図9-6で示した構造となっている。

　2007年以降，世界金融危機による輸出の激減や，国内不動産市場の低迷などが加わり，外需から内需への成長方式の転換の緊急性が改めて認識させられている。特権階層以外の中低位層の人口の消費増をいかに確保するかという問題は，今後の政府政策における注目の焦点となるであろう。社会的ネットワークの形成において，入会費と年会費の高い会員制のクラブや名門大学の社会人向けの教育プログラム，学費の高い貴族学校などには，社会的各種の資源を把握している富裕層や官僚が集まり，結合される。たとえば，名門大学でのEMBA（Executive Master of Business Administration）コースは年間学費だけでも25～30万元（約450～550万円）に設定されており，その学生のほとんどが有力な大中企業の経営者である。

　以上からわかるように，2000年代以降，金銭，権力，学歴などが一体となって，階級識別において排他的作用を持ち始め，階層間の流動性が鈍化しつつある。すなわち，貧富の格差の拡大と深刻化を代表する社会の階層構造の閉鎖性が強まっている。[19]

　第3は，市場信用や人と人との間の社会的信用が国家信用によって取って代わることで，中国の社会関係が衰退へ向かったことである。先進資本主義国では，企業の信用力に対しての企業研究はほとんど企業の財務能力の分析に基づいている。[20]中国では，長い間にわたり，信用力の創造主体は銀行ではなく，企業でもなく，政府である。2000年代までにインフォーマルな市場では血縁や地縁，学術縁などに基づく社会的信用も通用したが，経済規模の拡大と企業活動の広域化に伴い，国家機関の権力者とのリレーションシップづくりが，より一層重視されるようになる。実際，企業は前述のような「代理人」としての地方政府の官僚との間に利害対立が生じる場合に，国家信用の庇護を得るため，政府信用を代表する地方高官に頭を下げ，我慢するのが一般的である。つまり，企業信用や一般的社会信用が，国家信用によって取って代わられたのである。中国人の深層意識としての「君子」のプライドを崩壊させ，（中国人の）一般的社会信用の軽視と金銭・権力崇拝をもたらし，社会的信用危機さえもたらした。

213

第Ⅱ部　ソーシャル・キャピタルからみた経済の多様性

特権と既得利益の維持を求め，権力と結合した人的ネットワークが社会関係の衰退の象徴ともいえる。

第4は，人脈資本主義の衰退と近代国家への発展を妨げることである。人的ネットワークに依存して，経済成果を創出しはじめる改革の初期では，短期間に高速の経済成長を実現することを可能にしたが，監督と競争し合える法整備を欠いたままの政府主導の市場環境では，経済主体の経済活動の法的根拠が弱く，経済規模の拡大に伴い，経済成果を分配する段階になると，政治権力と金銭の結合が加速された。結果として，公平・公正，オープンな市場を建設することが困難になり，持続的成長の障害となった。このことは人脈資本主義の衰退を意味し，同時に中国の近代国家への成長も妨げることにつながった。

（2）政策提案

前述のように改革開放の初期段階，官民共々豊かさと経済成長を求め，経済成果を創出することに夢中だったため，人脈資本主義がうまく成長できたが，今や超高成長で蓄積された経済成果を如何に分配するかがより重視されるようになったので，社会関係の結合原理は「既得利益を守る，特権追求」へと変容し，経済領域だけではなく，社会全体の発展を拒むようになっている。今，社会関係の水準を高めることが，中国社会の急務となりつつある。これについて，筆者は以下の3つの側面から政策の方向性を示唆したい。

第1は，知識の伝授だけではなく，人間的教養としての教育の強化である。君主専制の封建政治では，社会のあり方が1人の最高統治者（皇帝）の仁徳によって決められたように，考え方次第で方向づけられてしまう一党支配の政治体制では，1つだけの在位政党の性格が社会関係の特徴を大きく左右する。この場合に，行政組織の各級官僚の高潔な人格を引き出すための教育と，市民全般の信頼性と協調性を養成するための教育を強化することで，政府，企業，市民の間の意思疎通と協調性を構築し，調和のある社会を実現することが期待される。

第2は，制度的環境の整備を整えることである。国家権利主導の体制から市民権利主導の体制へと転換するには，制度的環境の整備が必要不可欠な要素である。この場合，内需拡大のカギを握る農業・農村・農民に関する「三農問

題」や中小企業振興につながる中小企業金融への取り組み，そして企業の所有
権制度などに関わる諸制度の制定と法整備が必要であろう。もちろん，このよ
うな制度的環境の整備は1つ長い道程をもつプロセスであり，新体制の構築は，
このような長期的，漸進的蓄積の中で実現されるものと認識すべきである。

第3に，民間における各種の自発的ネットワークの正の力を重視し，行政の
下部にあるコミュニティの自主管理権を拡大させることである。方竹蘭
(2002) では，中国の構造転換に直面している根本問題は，経済領域における
国家行政の過度な干渉であると指摘する。つまり，一般市民の政治的・経済的
権利を有効に発揮できる社会環境が整えられていないため，その権利はたとえ
法律や条例に定められていても，実際には実現できないことが多い。そのため，
国家機関の権力の各領域への干渉がより一層強化され，市民の権利がより一層
弱められる循環となっている。たとえば，政府主導の都市建設のための「立ち
退き問題」や成長優先の経済開発による「環境問題」が，それの反映である。
こうした国家権力と個人権利のバランスの調整の問題は，社会全体における社
会関係の衰退の問題と深く関連して，お互いに影響し合いながら，現代中国の
独自性を表している。このような社会矛盾を改善するためには，民間の自発的
なネットワークを積極的に認め，正しい方向に導くことが極めて重要な方策の
一つである。

近年，展開してきた各種の NPO 組織や宗教団体，コミュニティは市民社会
における自発的なネットワークであり，民間の社会関係の蓄積の重要な源であ
る。これらのネットワーク活動への参加を通じて，市民の政治的発言権と各種
の経済生活への参加ルートを増加させると同時に，市民団体の政府行為に対す
る監督機能も強化され，今までの政府と市場が実現できなかった諸機能を補完
することができる。政府，市場と社会関係の三本柱で国を治めることが必要で
はないだろうか。

5 全人類の発展とソーシャル・キャピタルの意義

本章は中国人の社会関係の共通性とその時代的変容を考察した上，社会関係
の改革開放初期の中国の経済発展の推進作用と，2000年代以降のそれの権力と

第Ⅱ部　ソーシャル・キャピタルからみた経済の多様性

の強力な結合による持続的発展への阻害要因に転化する危険性について検討した。最後に，格差を緩和し経済成長を持続させるために，中低位層を中心とする民間の自発的なネットワークの積極的な可能性を支援し，推進させることを強調した。

大守（2011）は，グローバリゼーションの進展，世界金融危機，新興国の台頭，および地球環境などの諸課題に対して，現代の資本主義をガバナンスする上で，市場や国家の役割だけでは十分ではなく，それを補完する「社会的な何か」が求められているという共通の問題の意識があると提起し，「社会関係資本の議論はこうした課題を追求する上で有力な視点を提供する」と指摘した。

これに対して，マルクスのアソシエーション論では，同じ思考の方向性を示している。マルクス経済学では，資本主義生産体制において，資本とは「絶えず自己増殖運動をする貨幣」[21]であるとし，利潤最大化行動をとるのは，「物的資本」の本性であり，資本の代理人としての人間の本性ではないと考える。市場経済では，程度の差があれ人は資本の増殖運動に支配され，大機械生産制に疎外される形で，否応なく，いわゆる「合理的」行動をとるが，多少損をしても，友情や正義などのための非経済的，「非合理」的な行動をとるのは，人間の生まれつきの本性として考える。これも労働力商品の特殊性でもある。そして，経済成長や技術発展の最終目的は，全人類が同じ土俵で，平等に尊厳のある生活を達成させるための物的・知的準備である。つまり，物的豊かさを土台に自然や経済などの制約から解放される諸個人が，人間らしく全面的発展を図ることのできる条件を整えるためである。マルクスは全面的発展を図る諸個人の実践の場は，自由な諸個人が自発的に結合された「アソシエーション」（ネットワーク）であると指摘する。また，約2500年前の孔子を中心とする儒学も『礼運・大同篇』で全人類の共同目標であるべき「大同世界」[22]の思想を提起している。

人類史の中で，原始共同社会から資本主義生産体制まで，人類社会におけるこのようなアソシエーションやネットワークづくりの試みは，1つの時代，1つの地域だけではなく，あらゆる時代における全人類の共同の作業である。したがって，社会関係の基礎としてのネットワークを地域連関的に，かつグローバルに議論することは歴史的かつ現代的課題であるといえよう。

注

(1) ここでの「ソーシャル・キャピタル」は「社会関係」のことを指す。社会関係の形成には，その社会の社会構造や歴史的・文化的伝統を土台に，一般的に，豊かな人間関係に裏打ちされた「信頼」「規範」「ネットワーク」といった要素が深く関係している。ソーシャル・キャピタルの概念の整理と議論については，大守（2004），山内（2004），稲葉（2007），稲葉ら（2014）など参照。

(2) Watanabe（2014）では，儒学文化に基づく社会関係より，後発近代化国の「後発性」の特徴（政府主導の上から下への近代化）として捉える。

(3) 古代の地名，現在では，北は河南省南陽市から南へは，湖南省・湖北省全域にわたる地域を指す。

(4) 『論語・八佾3・3』では，このように述べている。「人而不仁，如礼何？人而不仁，如乐何？」。人として仁でなければ，教養を良く見せる礼儀があっても如何にしようぞ。人として仁でなければ，人間の容儀・品性をととのえる音楽があっても如何にしようぞ，という意味である。つまり，「仁」の徳があって，初めて「礼」の行動がその意味を持つことになる（『論語・八佾3・3』金谷治訳注　2002年第5版　岩波文庫，52-53頁）。

(5) 《孟子・离娄下》第28章。本章では，李澤厚（1985），于丹（2010）を参考とした。

(6) これは，しばしばネポティズムのように縁故者を重用し，朋党を結成するための人間関係と思われがちである。ネットワークを通して人間関係をよくすることはネポティズムとは同体異心であり，その区別も往々にして難しい。君子にはネポティズムのような行動を取らないが，知り合いの確かな人材を推薦する勇気も強調される。「挙才不避親」（人材を推薦するとき，例え，その人は自分の身内であっても，決して避けないことである）という諺も上級官僚の国のための人材確保の一つの規範となっている。

(7) たとえば，請負制や郷鎮企業の民営化，外資導入のプロセスなど。

(8) これについて，加藤（1997：第2章）を参照。

(9) 郷鎮企業の発展に注目した中国の農村工業化戦略についての研究は，Byrd & Lin（1990），杜（1992），范（1994），加藤（1997），樋口・范（2008）などがある。

(10) 日本温州同郷会HP（http://wenzhou-jp.org/jp/modules/pico/index.php?content_id=3）を参考とした。

(11) シャドーバンキングの新展開については，范（2016）参照。

(12) 范（2013：第5章第1節）の先行研究を参照することができる。

(13) この部分の説明は加藤（1997：第2章）を参考とした。

(14) 速水（1995：第9章）参照。また，地域的共同体のことを，中国では，「社区」（communityの訳語），あるいは「地域コミュニティ」と呼ばれる。中国の「むら

第Ⅱ部　ソーシャル・キャピタルからみた経済の多様性

共同体」や「社区」にめぐる議論の先行研究の紹介については，加藤（1997：第4章）参照。

⒂　日本語訳は筆者による。企業Aの「A」や「B」はわかりやすく説明するために訳者がつけたものである。また，下線部分は筆者により付け加えたものである。

⒃　特権階層とも言われる。

⒄　似たような観点は渡辺（2013）がある。

⒅　2013年以降，固定資本形成の減速と家計消費の割合は下げ止まりを示している。

⒆　これについては，以下のリンク「将来に悲観的になり始めた中国人～努力では豊かになれない社会に」を参考することもできる（https://www.blwisdom.com/strategy/series/china/item/9629-60/9629-60. html? mid=w468h90100000594595&limit start=0，2014年9月アクセス）。

⒇　具体的には范（2013：第2章）参照。

㉑　マルクス経済学では，貨幣資本は生産過程で，労働者や機械などの生産資本として形態転換し，流通過程ではまず，商品資本の形態をとり，その後また増殖した貨幣資本として戻ってくる。これら資本の3形態は絶えず形態転換することによって，生産活動が順調に行われる，と説明する。

㉒　『礼運・大同篇』は西汉の礼学者の戴德と戴圣によって編纂された『礼記・礼運』の一部分である。「大同」の思想は主に天下は全人類の共有物であり，全人類は共に享受すべきものである。そして，物質的生活がとても豊かで，しかも浪費のない社会において，知恵に富んだ賢明の者は管理者に選ばれ，人々はお互いに誠実に尊敬し合え，信頼し合える関係にあり，老人は充実した晩年をし，青年・中年は自分の能力を発揮でき，生きがいのある仕事に就け，幼い者は愛情のあふれる環境で育て，優良な教育を受けることができるなど，このような物質的豊かで，人格的平等と諸個人の自由な発展のできる世界は「大同」の世界だと指摘する。

参考文献

石川滋（1990）『開発経済学の基本問題』岩波書店。

石田浩（1991）『中国農村の歴史と経済──農村変革の記録』関西大学出版部。

稲葉陽二（2007）『ソーシャル・キャピタル──「信頼の絆」で解く現代経済・社会の諸課題』生産性出版。

稲葉陽二ら（2014）『ソーシャル・キャピタル──「きずな」の科学とは何か』ミネルヴァ書房。

宇野重昭・朱通華編（1991）『農村地域の近代化と内発的発展』国際書院。

大谷禎之介（2011）『マルクスのアソシエーション論──未来社会は資本主義のなかに見えている』桜井書店。

大守隆（2004）「ソーシャル・キャピタルの経済的影響」宮川公男・大守隆編『ソーシャル・キャピタル――現代経済社会のガバナンスの基礎』東洋経済新報社，77-122頁。

大守隆（2011）「経済」稲葉陽二ら編『ソーシャル・キャピタルのフロンティア――その到達点と可能性』ミネルヴァ書房，55-79頁。

加藤弘之（1997）『中国の経済発展と市場化』名古屋大学出版会。

呉敬璉／青木昌彦監訳，日野正子訳（2004）『現代中国の経済改革』NTT 出版。

小島麗逸（1997）『現代中国の経済』岩波書店。

澤田康幸（2012）「“絆は資本”の解明進む」『経済教室』「日本経済新聞」2012年12月18日付朝刊。

寺島実郎（2013）『大中華圏――ネットワーク型世界観から中国の本質に迫る』NHK 出版。

西口敏宏ら（2005）「温州の繁栄と「小世界」ネットワーク」『一橋ビジネスレビュー』52(4)，22-38頁。

西口敏宏ら（2009）「貧しくても繁栄する秘訣――中国・青田華僑の成功を支えるネットワーク能力」『一橋ビジネスレビュー』57(2)，36-51頁。

濱下武志（2013）『華僑・華人と中華網――移民・交易・送金ネットワークの構造と展開』岩波書店。

速水佑次郎（1995）『開発経済学』創文社。

范立君（2013）『現代中国の中小企業金融――中国型リレーションシップ・レンディングの展開の実情と課題』時潮社。

范立君（2016）「中国のシャドーバンキング業務の膨張と金融改革」『政経研究』106。

樋口謙次・范力（2008）『現代中国の集団所有企業――工業合作社・集体企業・郷鎮企業の発展と改革』時潮社。

フーゲワーフ，ルパート／漆島稔訳（2006）『中国の赤い富豪』日経 BP 社。

宮川公男・大守隆編（2004）『ソーシャル・キャピタル――現代経済社会のガバナンスの基礎』東洋経済新報社。

山内直人（2004）「ソーシャル・キャピタル考」『やさしい経済学』「日本経済新聞」2004年8月5～17日付朝刊。

吉野文雄（2014）「RCEP と TPP」黒柳米司編著『「米中対」時代の ASEAN ――共同体への深化と対外関与の拡大』明石書店，233-256頁。

渡辺利夫（1994）『社会主義市場経済の中国』講談社新書。

渡辺利夫（2013）「中国経済成長の構図」『アジア研究』59(1・2)，アジア政経学会，3-8頁。

Byrd, W. A. & Q. Lin (1990) *China's Rural Industry*, Oxford University Press.

Fukuyama, F. (1996) *Trust: the social virtues and the creation of prosperity*, Penguin. (＝1996, 加藤寛訳『「信」無くば立たず』三笠書房。)

Hamilton, G. G. (1989) *The Organizational Foundations of Western and Chinese Commerce: a Historical and Comparative Analysis*, A paper presented at the Conference on Business Groups and Economic Development in East Asia, Centre of Asian Studies, University of Hong Kong.

Peerenboom, R. (2002) "Social Networks, Rule of Law and Economic Growth in China: the Elusive Pursuit of the Right Combination of Private and Public Ordering" *Global Economic Review* 31(2) (https://ssrn.com/abstract=372740).

Sachs, J. & W. T. Woo (1999) "Understanding China's Economic Performance" *Journal of Policy Reforms*.

Sachs, J. & T. Wing (1994) "Structural Factors in the Economic Reforms of China: Eastern Europe and the Former Soviet Union" *Economic Policy* 18(1), pp. 102-145.

Sachs, J., W. T. Woo & X. K. Yang (2000) "Economic Reforms and Constitutional Transition" *CID Working Paper* 43, April.

Watanabe, M. (2014) "The Future of History" and the Middle Class: a discussion with Francis Fukuyama" *International Critical Thought*, 4(1), pp. 67-73 (http://dx.doi.org/10.1080/21598282.2014.878151).

郭沫若（1930）『中国古代社会研究』上海聯合書店影印。

李強（2004）「当前我国社会分层结构变化的新趋势」『社会学研究』第 6 期。

李澤厚（1985）『中国古代思想史論』人民出版社。

齐丹丹（2012）「上博简《民之父母》研究之二——《民之父母》解读孔子民本思想」『兰州学刊』第10期　吉林大学古籍研究所。

劉茂東（2007）「中国古代的社会関係学——之諸葛亮早期崛起的"社会関係網"」東方博報　2007年12月15日（http://blog.sina.com.cn/lmdbeijing, 2013.11.30.）。

张程（2010）「侨户诸葛亮通过婚姻走向发迹之路」《历史把脉之疑难杂案》中国画报出版社　新丙史（http://history.sina.com.cn, 2018.4.5.）。

于丹（2010）「于丹《論語》心得」于丹編『于丹必得全集』南方出版社，7-82頁。

杜海燕（1992）『中国工業化研究』中国物価出版社。

范従来（1994）『郷鎮企業発展論』南京大学出版社。

方竹兰（2002）「中国体制转轨过程中的社会资本积累」《中国人民大学学报》第 5 期。

陆学艺（2003）「当代中国社会阶层的分化与流动」『江苏社会科学』2003(4)，pp. 1-9。

張克中（2010）『社会资本——中国经济転型与発展的新视角』人民出版社。

銭海梅（2013）『行动与——社会资本与城郊村级治理研究』経済管理出版社。

梁漱溟（2005）『中国文化要义』上海人民出版社。

第9章　中国の急成長を支えた人脈資本主義

柯武剛・史漫飞（2004）韓朝华訳『制度経済学』商務印书馆。

林毅夫・蔡昉・李周（1993）「论中国経済改革的渐进式道路」経済研究。

林毅夫・蔡昉・李周（1999）『中国的奇跡──発展戦略与経済改革』上海三聯書店，上海人民出版社。

林毅夫・刘培林（2003）「中国的経済発展戦略与地区収入差距」経済研究。

銭穎一（2003）『現代経済学与中国経済改革』（Modern Economics and China's Reform），中国人民大学出版社。

（范　立君）

<table>
<tr><td>第10章</td><td>スウェーデンにみる新たな成長モデル
──地域・産業クラスターとイノベーション</td></tr>
</table>

1 イノベーションの重要性が高まる

　現在，社会が大きく転換しつつある。経済的にみれば，それは経済のグローバル化であり，知識基盤型経済への移行である。グローバル化は1980年代以降急速に進み，それは主として新自由主義の流れの下で進んでいった。こうしたグローバル化の下，各国，あるいは各企業は世界市場での激しい競争の中に投げ込まれていく。そこでは，一方で各国は経済的相互依存関係を深めつつ，他方で市場での自国の優位性を保持するために，為替操作，あるいは労働コストの削減といったソーシャル・ダンピングや，対内直接投資を誘導するためのインフラ整備，種々の税額控除などが模索され，国家はヒルシュがいう「競争国家」の様相を呈することとなった（ヒルシュ 1998）。それは，企業が経済のグローバル化の中で自由に国境を越えることができるようになったことへの対応・対策でもあった。グローバル化は，従来の国内需要主導型一国経済成長モデルを，またそれまでの富の再分配構造を大きく変えた。しかし，新自由主義的グローバル化の下での「競争国家」的戦略が持続可能でないことが1990年代危機，さらには2008年のリーマンショックで顕著となった。こうした中であらたな成長モデルが求められているのが，現在の各国の現状である。

　こうしたグローバル化とともに，いま一つ大きな経済的変化がある。それは社会が知識基盤型経済へと移行しつつあるということである。知識基盤型経済の定まった定義はないが，OECD によれば，ここでいう「知識基盤型経済とは，知識や情報の生産，分配そして利用に直接基づく経済であり，それはハイテクへの投資，ハイテク産業，より高度な熟練を持つ労働力や連携による生産性の成果の拡大を特徴とする経済である」（OECD 1996）。といっても，これは一部のハイテク産業の発展に基づく経済という狭い意味で理解されてはならな

い。そうした技術がまた全産業に波及し，適用されていくことが重要なのである。こうした知識基盤型経済は，「従来の経済と違い，現物資本が富の，また付加価値の源泉ではなく，直接には可視できない知識がその源泉となる経済である」(ibid.) ことを意味している。そして，知識や技術が日進月歩であるとするならば，そこでは知識・技術革新，言い換えればイノベーションが絶え間なく求められ，それが国際的競争力を高めるために決定的に重要となってくる経済でもある。それは，学習や科学的発見の応用が，また絶えざるイノベーション・革新が国際競争力を高める源泉となる経済なのである。

　グローバル化と知識基盤型経済への社会の移行の中で，各国はいまイノベーションをキーワードにしながら，新たな経済発展モデルを描こうとしつつある。では，ここでみるスウェーデンでは，こうした変化に対してどのように対応し，発展モデルを描こうとしているのだろうか。本章では，スウェーデンでは，イノベーションの「場」としての地域・産業クラスターが重視され，その育成が重要であると認識されつつあることをまず確認する。その上で，本書の共通テーマであるソーシャル・キャピタルの議論は，それにどのように関わってくるのかを見てみたい。すなわち，地域・産業クラスターでのイノベーションにとってソーシャル・キャピタルは，分析概念として有効であるかを検討することが本章の課題となる。

2　イノベーションと知識基盤型経済

（1）強いイノベーション力

　2018年のグローバル・イノベーション・インデックスによれば，スウェーデンは，スイス，オランダに次いで，イノベーション力で３位の位置を占めた (WIPO 2018)。EU が毎年行っている Innovation Union Scoreboard による評価においても，スウェーデンはその2018年版の報告書において「リーダー」に位置づけられ，その研究・イノベーション能力の高さが注目された。そこで評価されるのは，①社会における人的資本，開かれた高度で効果的な研究システム，などの枠組，②研究開発支出やベンチャー企業への投資，③実現されたイノベーション成果（特許の申請件数など），④雇用や売上げに対する効果，であり，

223

第Ⅱ部　ソーシャル・キャピタルからみた経済の多様性

全体として27の指標が用いられている（EU 2018）。

　このように見てみると，ここでは改めてイノベーションという概念が広い意味で理解されていることがわかる。従来，企業のイノベーション能力は，研究・開発投資（R&D）によって左右されると狭く理解されることが一般的だった。しかし，知識基盤型経済への移行の中で，現在では，それは研究・開発（R&D）という概念より，より広く理解されているのである。

　ここで，改めてイノベーションについて触れておこう。イノベーションの概念は，シュンペーターによって提起されたものであるが，彼によれば資本主義は，その本質において「創造的破壊の過程」（シュンペーター 1997）を含むものであり，それは「不断に古きものを破壊し新しきものを創造して，たえず内部から経済構造を革命化する産業上の突然変異」として理解されていた。彼は，このように経済循環の軌道が自発的かつ飛躍的に変化する現象を「新結合」（イノベーション）と呼んだ。彼によると，「新結合の遂行」とは，新商品の開発・生産，新しい生産方法，新しい市場の開発，新たな供給源の開拓，それらを実行する新たな組織の実現の5つの要素からなり，彼はそうしたイノベーション競争が企業者に企業者利得をもたらし，ひいては経済を動態化させる源だと理解していた。言い換えれば，経済の動態をケインズのように需要から説明するのではなく，供給に注目し，イノベーションをめぐる競争が経済の循環・発展を生み出すと捉えていたのである（シュンペーター 1977）。

　このように，シュンペーターは資本主義の転換期に当たっては，衰退産業にかわって「新結合」によって新産業が生まれ，新たな経済循環が始まるとしたが，今まさにこうした「創造的破壊の過程」が始まっているのである。知識基盤型経済という言葉は，その変化の過程の実体を言い表すものなのである。バイオ産業，ICT 産業，環境産業，ナノ・テクノロジーによる産業，そして航空宇宙産業などが，いま新産業として産業構造の中で比重を高め始めている。しかし，「創造的破壊の過程」は単に新産業を生み出すということではない。こうした新技術が既存の産業に応用され，その産業自体の高度化，再生を支え，全体として新たな経済への移行を進めていくことをもまた意味しているのである。

（2）イノベーションを支えるもの

　1970年代のフォーディズムの危機とその後の経済的・社会的停滞，1980年代から本格的に始まるグローバル化，さらには1990年代初めのバブル崩壊の中で，経済発展モデルの転換が意識されてきた。そして，現在，イノベーションの重要性が再び認識され始めているのである。

　現在，イノベーションに関しての多くの論稿があり，その内容が深められている。また，その議論は多様である。たとえば，イノベーションを「根源的イノベーション」（全く新しい製品革新）と，「漸進的イノベーション」（既存製品革新）とに分け，それを制度の比較優位論として展開する議論がある。前者は，「自由な市場経済」に，後者は「調整された市場経済」という制度に関連させられ，その優位性を主張するものである。そこでは，「自由な市場経済」という制度は「根源的イノベーション」にとって比較優位があり，逆に「調整された市場経済」という制度は「漸進的イノベーション」に比較優位があると主張され，その是非をめぐってまた議論が展開されている（安孫子 2012）。また，イノベーションを2つの様式に区分する論者もいる。一つは「科学・技術・イノベーション」様式で，それは，成文化された科学・技術知識の生産・利用に基づくイノベーションであり，いま一つは「実行・利用・交流」様式で，それは学習や経験に基づくノウハウといった非公式の過程に依拠するイノベーションである。(Jensen et al. 2007)。そして，両者を結びつけた企業こそが，新製品や新しいサービスを生み出すことに成功するという。また，イノベーションの過程を，「研究」（発見），「開発」（応用），「商品化」という一連の過程として理解し，バリューチェーンという視点から論じる議論もある。

　このようにイノベーションをめぐる議論は多様で，その内容は豊かであり，イノベーションの過程，イノベーションの内容，それがどのような諸制度の下で調整されるのかといったことに大きな示唆を与えるものである。しかし，ここではまずはイノベーションを OECD あるいはスウェーデン政府の定義のように大きく理解しておきたい。OECD の定義によれば，イノベーションとは，「ビジネス活動，職場内組織あるいは外部諸関係において新製品，著しく改善された製品（物，サービス）あるいは過程，新マーケッティング方法，あるいは新しい組織的方法などの実行」(OECD 2005) である。しかし，イノベーシ

ョンとは，単に経済の領域における革新・変革のことだけを意味するのではない。それは，社会の領域の革新・変革をも意味していることに留意する必要がある。「教育，保健・医療」などでのイノベーションによる革新もまた，その意味の中には含められている（OECD 2010）。言い換えれば，従来の福祉国家が対応できないグローバル化の下で起きている新たな「社会的リスク」に対して，社会のイノベーションが求められていること，それがまた経済的領域でのイノベーションと密接に関連することが，そこでは認識されているのである。

　では，本章の対象となるスウェーデンではどうか。スウェーデンでは，この定義を受けながら，イノベーションを「社会，ビジネス，そして個人にとっての新たな価値を生み出す方法，あるいは良き方法に関わることである」と定義する。そして，そうした「価値はあらたなアイデア，その実行において生まれ」，それは「人々の日々の生活や我々がその一員である世界の必要性や要求に役立つための新たな解決方法である」（Government Offices of Sweden 2012）という。ここでもまた，イノベーションは広く理解され，社会や個人の領域の革新・変革をも意味すると理解されていることにまず留意しておきたい。そこでは，従来の産業主義型経済システムと，それに依拠し，またそれを調整してきたスウェーデン福祉国家のあり方が，グローバル化と知識基盤型経済への移行の中で問われているのである。そして，経済的イノベーションとともに新たな調整を担う社会諸制度形成の必要性がまたイノベーションという概念によって提起されているのである。

　イノベーションを広く理解した上で，スウェーデン政府はイノベーション力に影響を与えるものとして以下の諸要素を挙げる。①研究，教育，あるいは主体的な学習によって開発されるイノベーションの基礎をなす知識や能力，②知識への，また起業家的活動への投資に対するインセンティブ，③需要と市場，④イノベーション過程における諸アクター，すなわちビジネス，公的セクター，研究機関，市民社会，そして諸個人間のルール，規制，組織形態，そしてコミュニケーション，⑤技術，方法，組織，あるいはプロセスの開発に必要な特定化された資源，などである。このうち，④が社会的イノベーションに関わることである（ibid.）が，ここでは経済の領域でのイノベーションについて，みて

いこう。

（3）協働によるイノベーション

　改めて，従来の議論も含めてイノベーションを理解すると，それはアイデア（研究），応用（開発），商品化の一連のフェーズを伴う過程であり，この過程が実現していくためには，言い換えれば，創造が破壊的であるためには単なる認知的知識・技術だけでなく，非認知的知識（暗黙知）も極めて重要であるということである。さらには，それぞれのフェーズを担う個人や諸組織の相互交流・協働，またそれぞれのフェーズ間の相互交流・協働が，極めて重要だということである。こうした協働の中でこそ，暗黙知が醸成され，それが新たな発想，その応用につながり，またこうした協働の中でこそ，たとえばそれを担ってきた諸個人や諸組織単独では必ずしも実現できない新しい知識・技術が商品化していくことにもなるからである。したがって，イノベーションは，様々な分野の知識を持つ個人，組織，また新たな製品への要求を持つ市民などがアイデアを出し合い，解決を見出そうと「相互学習」するといった相互交流・協働にその核心があり，それがイノベーションを支えるのである。したがって，現在求められているのは，たんなる研究・開発投資（R&D）とは違い，技術革新をめぐる競争とともに，相互交流・協働のなかで得られる「集合知」を育むこと，その中で初めて知識基盤型経済が求める一段と革新的な「創造的破壊」が生まれ，それが各国の競争優位を生み出すのである。

　グローバル化した知識基盤型経済においては，こうしたイノベーション力が各国で決定的に重要となっている。そして，その核心が協働であること，ではその協働はどのように育まれるのか，そのことが本書の課題であるソーシャル・キャピタルと密接に関わってくることは，容易に理解できるだろう。

3　イノベーションの「場」としての地域

（1）地域における「協働の経済」

　さて，グローバル化はよく「ローカル化」だともいわれることが多い。グローバル化の下では，資本は国境を超え自由に移動する。しかし，他方でまたど

第Ⅱ部　ソーシャル・キャピタルからみた経済の多様性

こか一定の地域に定着する必要もある。その際，市場，労働力，インフラ，技術，またルールなど制度諸形態といった環境が，そこでの定着を判断する重要な条件となるだろう。先に各国はいまイノベーションをめぐる競争の中にあると述べたが，実はまた各国のイノベーションをめぐる競争は各地域のイノベーションの優位を巡る競争でもある。すでにみたように，社会はグローバル化と知識基盤型経済への変化の中にある。そこでは，一国経済発展モデル，また単純な市場主義的発展モデルではもはや十全に対応できず，それを問い直す中で「地域」がイノベーションを育む「場」として改めて注目されはじめているのである。

　1970年代，大量生産―大量消費，フォード・テーラー主義的労働編成，それにケインズ主義的一国経済発展政策などに特徴づけられるフォーディズムが危機に陥った時，多くの国は，いわゆるそれまでの発展モデルの延長でそれを強化するようなネオ・フォーディズムの道を選択した。しかし，他方でそのオールタナティブの道も模索された。その時に注目されたのが「サード・イタリア」と呼ばれる中部イタリア（エミリア・ロマーニァ州）の各地域である。そこでは特定産業，特に伝統産業に携わるクラフト労働に依拠する中小企業が集積し，工程間分業・専門化の下で各企業間の競争的協業ネットワークを，また地域研究機関との連携を強めながら産業を発展させていた。プラートの毛織物を中心とした繊維産業，モンテベッルーナの靴産業などである。そうした産業の集積が地域経済の発展をもたらし，さらには各国の経済が停滞する中で，イタリア経済全体の発展をこの当時もたらしていた。クラフト労働に依拠する中小企業間の専門技術の革新をめぐる激しい競争と協業ネットワークによる知識の吸収，それが新たな「技術パラダイム」をもたらし，地域経済の発展を促していた。こうした産業地域（Industrial District）をみて，ピオリとセーベルはそれをネオ・フォーディズムに代わる発展パラダイムとして捉え，それを「フレキシブル・スペシャリゼーション（FS）」と名づけた（ピオリ・セーブル 1993）。それは，マーシャルの「産業集積」論を1980年代に呼び起こすものでもあった。彼の産業集積論は「産業集積」を構成する中小企業が，結局その後の大企業体制の垂直的統合の中に組み込まれ，「集積」の効果が消えていく中で，忘れられていった。しかし，この大企業体制に象徴される1970年代フォーディズムの

228

危機の中で，またそれが産業地域論として注目を集めることになった。

　この議論の意義は，なんといっても，第1に地域に注目し，地域での産業発展こそが国内経済発展の基礎だと認識したことである。成長を調整し，誘導していくのはもはや国でない。それでは不十分である。逆に調整の場は地域こそふさわしいこと，またそうであることが成長を促す源であること，そうした認識を示し，現実にそうした移行が生まれつつあることを示したことである（篠田 1991）。そして第2に，産業発展あるいは個々の企業の発展にとってマーシャルの言ういわゆる「外部経済」がきわめて重要であるとの認識である。言い換えれば，特定地域への産業の集積，そこでの競争と協働のネットワーク，それが各企業の発展にとって個々に持つ資源や組織といった「内部経済」とともにきわめて重要だという認識である。言い換えれば，フォーディズムに固有な「規模の経済」というより，「協調（協働）の経済」（Hirst et al. 1988）が新たな価値を生み出すという理解である。第3に，この議論の意義は経済的モデルだけでなく，民主主義のモデルを提起しているということである。フォーディズムに固有な大企業体制は，中央集権的国家の肥大を伴い，民主主義の衰退をもたらした。その危機に対し，このモデルは地域に根づいたネットワーク型の草の根民主主義の復権を「ヨーマン・デモクラシー」として主張した。そうした本来の意味での民主主義の可能性を産業地域にみると同時に，民主主義がまた産業地域の発展を促すとも理解したのである。

（2）地域でなされる知の創造

　こうした「産業地域」論が，改めていま見直されつつある。グローバル化と社会の知識基盤型経済への移行の中で，それは新たな装いを伴って議論されだしたのである。かっての FS 論は，伝統産業の産業集積による地域発展の可能性を議論した。また，それが目指した新たな「技術パラダイム」は，プロセス・イノベーションに焦点を当てたものだった。また，地域での諸アクターの提携・ネットワークは，知識・技術の創造というより，その柔軟な応用に焦点があった。しかし，知識基盤型経済の下で必要とされるのは，革新的な知識・技術の創造であり，革新的製品なのである。それは，いま産業の中で比重を高めつつある先端的産業分野で，全く新たな経済的・社会的価値を生み出す知の

第Ⅱ部　ソーシャル・キャピタルからみた経済の多様性

創造を実現することであり，プロダクト・イノベーションなのである。また，この点でたんに地域研究機関ではなく，知の創造を担う地域の大学のネットワークへの参加が決定的に重要となってもいる。

　これらの点で，知識基盤型経済が求める地域・産業集積のあり方はかってのFS論とは大きく違う。しかし，それが地域での産業集積に経済発展の基礎を置いたこと，またそこで育まれる集合知と，競争的協働が，画期的なイノベーションの基礎だと認識したことは，現在に引き継がれるものとなった。

　そして，1990年代以降，それは「地域・産業クラスター」として展開され（宮嵜 2005；藤田 2011），あらたな発展モデルとして登場することになった。そこでは，地域こそイノベーションが生まれる「場」であり，またそうしたイノベーションが生まれる諸アクター間の「調整」の場として，これまでの国家レベルでの調整に代わるものとして地域が理解されるようになる（田中 2010）。特に，スウェーデンでは，1990年代の経済危機の中で成長モデルを大きく変え，地域の発展があってはじめて一国全体の発展が保障されると理解し，地域発展を産業クラスター戦略のもとで展開していくことになった。

4　地域・産業クラスター

（1）ポーターの捉え方

　産業クラスターを最初に体系的に展開したのは，M・ポーターである。したがって，ここで彼の議論を少しく振り返り，その意義を確認しておこう。ポーターは，産業クラスターを，次のように定義する。彼によれば，産業クラスターとは，「特定分野における関連企業，専門性の高い供給業者，サービス提供者，関連業界に属する企業，関連諸機関（大学，規格団体，業界団体など）が地理的に集積し，競争しつつ同時に協力している状態」（ポーター 1999）である。言い換えれば，革新的な知識・技術の創造とその移転，またその知識・技術の応用と商品化，それらを全体として担い，支える関連する諸アクターの地域におけるネットワークを，それは指すのである。

　ポーターは，こうしたクラスターを構成する要素を4つ（①要素・投入資源＝資源，人的資源，資本，社会インフラなど，②関連企業・支援組織＝バリューチェーン

に繋がる有能な供給業者や競争力のある関連企業，また優秀な研究諸機関，③競争環境＝適度な競争，税制，規制緩和など，④需要条件＝地域内，ないし近隣地域内に十分な需要と知識と経験をもつ消費者の存在）挙げ，その要素のあり方（彼は，それを「ダイヤモンド・フレーム」という）によってクラスターの「競争優位」が規定されるとした。そして，その上で，彼はクラスターが各企業のイノベーションにもたらすメリットを次のようにいう。クラスターに属することで，企業は顧客のニーズや動向を素早く有効に引き出せたり，技術面などでの新しい可能性に気づいたり，またイノベーションに必要な部品やサービスなどを容易に調達できたりする。さらに新しい製品，プロセス，サービスに関する実験を安価に行うことができたり，また競合企業のプレッシャーを絶えず受けることによって創造性への努力を強いられているのも企業にとってのメリットである，と。

　クラスターは，こうしたメリットによって各企業の取引費用を削減し，生産性を高めるとともに，地域全体のイノベーション能力を高め，新規の事業を生み出す源となる。そして，そこにポーターは，クラスターの競争優位を見ているのである。クラスターとは，バリューチェーンに繋がる一連の企業，それを支える諸企業と特に大学を中心とした研究諸機関や地域機関とのネットワークであり，そこでは単なる競争ではなく，諸アクターの協働が生まれており，それが競争優位を生み出していると，彼は考えるのである（原田 2009）。

（2）社会的共同性に支えられた協働

　しかし，ポーターは，クラスターの競争優位にとって，こうした協働という関係がきわめて大きな要因となると十分に理解していたというわけではない。また，それがどのように育まれのかということ自体も，考察の対象外であった。ポーターの議論は産業クラスター論であって，それは産業地域・地域社会論ではない。彼は，クラスターの，またそこでの各企業の経済的競争優位を議論するものの，産業が，またクラスターがそこにおいて育まれる地域社会の産業クラスターに与える重要な意味を固有に考察するものではない。この意味で，彼の議論は FS 論的な産業地域論とは大きく異なり，その知見を直接引き継ぐものではない。

　FS 論にみられるような産業地域・地域社会論では，産業地域とは地域の諸

第Ⅱ部　ソーシャル・キャピタルからみた経済の多様性

アクターの協働，言い換えれば「社会的共同性（信頼のネットワーク）」（穴見2010）に埋め込まれている経済システムだと理解され，それが競争優位を生み出すと捉えられていた。したがって，そこでは協働を育む地域の社会的発展と地域の成長・発展とは直接には深く結びついていた。いうまでもなく，ここで改めて確認しておかなければならないのは，協働はたんに諸アクターが地理的に集まっているだけで生まれないということである。そして，産業地域論では，「社会的共同性」という規範意識がそれを生み出すものとして捉えられ，そうした規範は文化的，歴史的に長い時を経て形成されてきたものであると理解されていた。

　しかし，こうした理解では産業地域の発展は先験的に決定されてしまうということになりかねない。これまでに社会的共同性が育まれてきた地域だけが発展を保障されるという帰結になってしまうからである。そうではなくて，ここでは，それはまた不断に育成されるものであると理解したい。地域における公平，平等で参加的な社会発展こそその形成を促すのであり，そうした社会発展によって支えられた地域における経済諸アクターによる経済活動が相互理解を深め，信頼を醸成していくのである。それはすでにある，とだけ理解するのではなく，自覚的に学習されていくものでもあると理解すべきである。ピオリは，それを「学習された信頼」と呼ぶ。言い換えれば，彼は，協働はその地域に根差す「社会的共同性」の規範に支えられ発展するとともに，協働はまた相互信頼を不断に育み，これが産業地域に固有な優位性をもたらすのであると，理解しているのである（小池2010）が，ここでもそう捉えておきたい。

　ポーターは，協働が何によって育まれるのかといった問題意識は希薄であった。したがって後にみるように，それが意味するのは彼の議論は地域の経済・企業の「成長モデル」を提起したとしても，地域の「社会発展モデル」を議論しているわけではないということである。そこでは，相互信頼に基づく社会の発展があってはじめて地域経済の成長も実現するという理解は希薄である。この点に決定的な問題は残るとはいえ，協働，あるいは「協力」という外部経済の重要性を認識していたこと，またグローバル化と知識基盤型経済への移行にどう各国が対応していくべきなのかに関して，地域に再び目を向けるとともに，イノベーションの重要性に注目したことに対しては評価できるだろう。

5　スウェーデンにおける地域への注目

（1）経済の停滞と産業の海外移転

　こうした地域における産業クラスターによる地域成長モデルに注目し，それを政策課題として提起したのがEUであった。また，こうしたEUの政策に呼応していち早くそれに取り組んだのがスウェーデンである。ここでは，まず地域に成長の原動力を求めるというスウェーデンの政策への変化について確認したい。その上で，それが単なる経済成長モデルではなく地域の社会発展モデルでもあること，言い換えれば社会のイノベーションと経済領域のイノベーションを結びつけ，そのことによって競争優位を生み出そうとしていることを確認したいと考える。

　さて，1990年代のバブル崩壊後，スウェーデンでは経済停滞とそれに伴う失業率の増加に悩まされることになった。経済成長率は，1989年に2.78％だったのが，1993年には－2.06％まで落ち込み，失業率も1989年に1.6％だったのが，1993年には9.30％まで上昇し，政府の財政も1992年に初めて赤字を出し，1993年には対GDP比11.4％にもなった（The World Bank 2013）。こうした状況は，世界的な経済停滞に伴うものでもあったが，この時期，スウェーデンで著名な多国籍企業による生産拠点や本社，あるいは研究所の海外移転も増えたことが，また大きな要因ともなっていた。ちなみに，スウェーデン多国籍企業（上位20社）の国内での雇用は，1997年には18万5,174人，これに比べると国外での雇用は38万9,275人で，国外での雇用が倍以上を占め，スウェーデン経済や雇用の状況へのその影響は少なくなく，深刻なものだった。

（2）ソフトなインフラを重視した地域発展政策

　こうした中で，この時期，政府は従来の成長モデルを大きく転換することになる。前述したように，「地域」への注目である。そこでは，「地域がうまくいけば，スウェーデン全体がうまくいく」と，捉えられるようになる（Ds 2001）。国民経済の発展が，地域経済を発展させると，スウェーデンではこれまで理解されてきた。しかし，スウェーデン経済の困難は，地域に現にある，あるいは

第Ⅱ部　ソーシャル・キャピタルからみた経済の多様性

また潜在的に存在する資源の多様性を十分に活用しきれていないことに大きな原因があると認識されるようになってきた（SOU 2000）。したがって，新たな成長モデルは，それぞれの地域に存在する諸条件を前提にし，地域の持続可能な経済成長を達成することを目指すことが重要だと捉えられるようになった。そして，そのことが国民経済全体の成長に結果すると理解されるようになったのである（Hudson 2005）。

　こうした地域成長モデルへの転換は，同時に地域政策の変化を伴うものでもあった。従来のスウェーデンの地域政策の特徴は，発展の遅れた特定の地域に対して援助を行い，その他の地域との格差を均すことを主要な目的としていた（穴見 2010）。そのための重要な手段が，そうした地域への工業立地を促すために企業への財政的支援であった。そのことによって新しい投資を呼び込み，雇用を拡大すること，さらにまたインフラの整備といった波及効果を目指していたのである。しかし，あらたな地域政策は，すべての地域の成長・発展を目指すものとなり，それはその後「全国における成長と活力のための政策」（Proposition 2001）において「地域発展政策」と名づけられ展開されることになる。

　では，この「地域発展政策」において何が強調され，その特徴は何なのか。まず第1に，地域の資源を有効に，また効率的に利用するために重要なことは，地域内諸アクターの協働・パートナーシップであると確認したことである。1990年代後半に入り，こうした認識は広くすでに共有されていた（Ds 1999）が，改めて強くそれは強調されることとなった。

　第2に，地域の発展は国家が主導する発展ではなく，地域が主導するべきことだとまた確認されたことである。「地域政策の地域化」（McCallion 2004）である。しかし，「地域政策の地域化」は，政府の役割をなくすことでないことには注意しておきたい。中央政府が発展計画を主導するという役割が，地域が諸アクターの協働によってそれを作り，それを政府が評価しつつ財政的に支えるという役割へと変化したということである。このことは，地域政策のガバナンスのあり方を大きく変えることをまた意味してもいる。政府によるガバナンスから，地域諸アクターの協働・ネットワークによるガバナンスも重要となる多元的なガバナンスへの移行である（槌田 2013）。

　第3に，地域発展のためにはソフトのインフラが重要であることが強調され

第10章　スウェーデンにみる新たな成長モデル

たことである。もちろん交通・情報の整備や投資資金の存在といった基本的なインフラも重要である。しかし，同時により重要なのは知識基盤型経済を担う人的資本，あるいは協働・ネットワーク形成を促す「ソーシャル・キャピタル」といったソフトなインフラであると強調された。

第4に，競争優位を生み出す地域の発展の基本的な条件が協働・ネットワークであり，またその形成が「ソーシャル・キャピタル」などのソフト・インフラによって促されると確認した上で，そうした人々の信頼関係の豊かな地域を生み出すためには，充実した福祉，雇用が重要だと強調されたことである（Cook 2008）。ここには，経済発展は人々の平等な良き生を実現するための社会発展と不可分であることが確認されているのである。言い換えれば，地域発展政策は，単なる地域の経済成長モデルではなく，それを超える地域社会発展モデルとして提起されているのである。そこでは，地域の経済成長を支えるのが社会の発展であり，また逆に経済成長が社会の発展を支えるのだということが確認されているのである。

6　スウェーデンにおける地域・産業クラスター

（1）イノベーションの基盤

このように，「地域政策の地域化」という地域政策に関する変化がスウェーデンでは，1990年代後半以降に起きた。では経済が知識基盤型経済へと移行する中でどのように地域は成長しうるのか。いい換えれば，地域は国際競争において競争優位をいかに生み出すことができるのか。そうした発展の中身がまた具体的に議論されてもいった。そうした議論の中で，競争優位を生み出すために「知識，イノベーション能力，柔軟性が企業にとっての競争手段としてますます重要になってきた」と認識されるようになる（穴見 2010）。そして，最終的にそれは「2004年イノベーション国家戦略」（Ds 2004）において地域・産業クラスターの形成が競争優位のために重要だとまとめられることになる。

（2）イノベーション・システム庁

では，スウェーデンでは具体的にどのように地域・産業クラスター形成が進

第Ⅱ部　ソーシャル・キャピタルからみた経済の多様性

められていったのか。ここで簡単にそれについて見てみよう。

　まず，政府が行ったことは，新たな機関を設立することだった。その機関の目的は，地域がイノベーションの促進に意欲を持つような諸政策を実行し，そしてまた特に問題解決型（実用型）の研究を促すような財政支援を行いながら，地域の「産業，社会と人々の持続可能な発展と成長を進める」ことだった。こうした目的を実現するために，従来，中小企業の R&D を支援してきた NUTEK（産業開発庁）の一部を分離し，新たにイノベーションを支援する組織として VINNOVA（イノベーション・システム庁）を発足させたのである。VINNOVA は，地域が自らイノベーションへの意欲を持つのを支援するための機関であり，それはクラスター・プロジェクトを担うための VINVÄXT プログラムを2001年に立ち上げた。そして，このプロジェクトにはなんと51地域からの応募があり，2003年に最終的に３つのプログラムが選定され，その後，2004年に５，2008年には４プログラムが選ばれ計12地域（労働人口の85％がこれら地域に居住）のプログラムが政府の財政援助を得て，10年計画で動き出すことになった（VINVÄXT 2014）。

　この VINVÄXT プログラムの選定の際，評価で重視されたのは計画が地域の特性を知り，資源を有効に利用するものなのかどうか，イノベーションが革新的な商品化へと結びつくのかどうか，また企業，研究諸機関，政治家・公的機関との間の協働，つまり最近の言葉でいえば「らせん型３者協働関係・Triple Helix」（Rodrigues & Melo 2013）が実現できているのか，またその可能性があるのかどうかであった。そして，特に重視された分野が，2009年に制定された「研究・イノベーション法」にみられるように，医学（分子生物科学，糖尿病，介護研究，癌など），テクノロジー（ナノ科学，IT および移動体通信，輸送・交通など），気候（エネルギー，自然資源の持続可能利用など），その他（安全・危機管理）である。資金面では，1994年に年金基金の一部を用い設立された ALMI（政府主導のベンチャー・キャピタル）などが，地域のイノヴェーティブな企業創出を支援し，地域のクラスター形成を促した。

　ちなみに，スウェーデンはグローバル企業の存在がスウェーデン経済において大きな役割を果たしており，スウェーデン内の研究開発投資の多くの部分をこうした企業が占める。こうしたグローバル企業も中小企業とともに地域クラ

スター内で協働に参加しており，国際市場での競争優位の確保を地域・産業クラスターに求めている。メーラレン地域のロボット・バレーには，Volvo，ABB も参加し，ウプサラ地域ではバイオ産業によってクラスター形成が目指され，そこにはまたグローバル企業の Pharmacia（医薬品会社）が参加しているなどである。そこでは，そこからスピン・オーバーした多数の企業がまた生まれている。

　各地域・産業クラスターは，それぞれ地域の資源を活かし，特定の産業に特化しながら，またグローバル企業も巻き込みながら，競争優位を目指しているのである。こうした地域・産業クラスターは，しかし，偶然に生まれたものではない。すでに，スウェーデンでは，早い地域では，1980年代に各地の大学を中心としてサイエンスパークを作り，先端的産業の育成を目指してきた。この中で，ルンド地域における IDEON サイエンスパークが最も成功した例の一つである。IDEON サイエンスパークは1983年に設立され，ルンド大学の研究者や大学院生，企業，ルンド自治体の協働のもとで，医療・医薬品分野を中心にしてこれまで200社以上の企業を生み出してきた（黒木 2011）。またリンショーピン地域では，リンショーピン大学を中心として保健・健康分野でのサイエンスパークができた。このように各地で地域アクターによるサイエンスパークの活動が核となり，現在の地域・産業クラスター形成を促してきたのである。

7　ソーシャル・キャピタルと地域・産業クラスター

（1）協働は信頼から

　サイエンスパークという地域の諸アクターが協働する「場」がすでにあり，その上で，現在クラスター戦略がスウェーデンでは展開されているのである。スウェーデンでは，「長い伝統の中で協働が経済パーフォマンスを高める導きの手だと理解されてきた」（Ketels 2009）。労使の協調，政治の場での政労使によるネオ・コーポラティズム体制が，従来スウェーデンの経済発展モデルを支えてきた経験からである。そして，それがサイエンスパークの形成，さらにはクラスター形成にも有利な条件を作り出し，またその形成を促してもいるのである。

237

第Ⅱ部　ソーシャル・キャピタルからみた経済の多様性

　では，いま問題としているクラスターにおけるこうした協働は，どのように生まれるのだろうか。こうした問いを立てる中で注目されたのが，ソーシャル・キャピタルの議論である。一般にソーシャル・キャピタルは，市民社会に関連して議論されてきた。パットナムによれば，「信頼，互酬性，社会的ネットワーク」が良質な社会を生み，それが政治的にはデモクラシーの水準や経済のパーフォマンスを高めると主張した。彼は，それをソーシャル・キャピタルと名づけ，それは市民社会における活動が育むものだと考えた（パットナム2001）。こうしたソーシャル・キャピタル概念が経済の領域においても議論され，受け入れられていく（大守 2004；稲葉 2007）。そして，それはさらに地域・産業クラスター論と結びついていく。

　そこでは，諸アクター間に共有されたノルム，価値に基づく信頼がパートナーシップ・協働を生み出し，すでにみたようにイノベーションに必要不可欠な情報と技術の交換・交流，「相互学習」を促していくと了解されている。いいかえれば，「信頼なしには（協働という）社会的ネットワークはうまく作用しない」（Tsai & Ghosgal 1998）のであり，イノベーションにとって効果的には作用しないと了解されている。「信頼は，多くのメカニズムを通して，イノベーションに影響を与えることができる」（Kaasa, Kaldaru & Parts 2007）のであり，信頼はパートナーのモニタリングコストを削減したり，投資家のリスクを下げることに貢献し，イノベーションを促すという。さらに，「信頼は喜んで技術をシェアーすることに対して決定的な役割を果たす」（Inkpen et al. 2005）のであり，こうした技術の「相互学習」を促すからである。「経済の領域でのソーシャル・キャピタルの議論は歴史が浅い」という指摘がなされることがあるが，こうした信頼の持つ重要性については，「ヒュームやスミスにみられること」（Westlund 2004）であり，すでにかれらが議論していたことでもある。それが，いままた蘇っているといってもよい。

　ただ，こうした信頼に基づく協働のネットワークが，すべてイノベーションに良い結果をもたらすわけではない。パットナムが言うような閉じられた関係における信頼（「特殊化信頼」）は，むしろそれを阻害するだろう。信頼は，ノルム・価値に密接に関連するのであり，イノベーションを促進するノルムとして重要なのは，フロリダが言うように「多様性」（人々の多様な能力を信じるこ

238

と）であり，「寛容（新しい考え方を受け入れること態度）」だといえるだろう（Florida 2002；Rutten & Gelissen 2010）。イノベーションは，こうしたノルムに支えられた信頼関係の中で協働的に「創造的破壊」をもたらすのである。

（2）市民的ノルムの意義

　このように，知識基盤型経済への移行の中で経済の領域におけるソーシャル・キャピタルの役割に関する注目が始まり，その重要性が確認されつつある。ただし，市民社会におけるソーシャル・キャピタルが，経済的領域における信頼に基づく協働のネットワークにどう影響を与えるのかは，まだ検証されているわけではない。パットナムは一国レベルで議論し，高い「一般的信頼」が経済パーフォマンスを高めるというが，それはまだ十分に検証されているわけではない（Westlund, Larsson & Olsson 2014）。カーサ等もまた，「たとえば，他人を支援するといったノルム，良き市民といったノルムが高いほど他人への信頼を増やし，一国のイノベーションのレベルは高い」（Kaasa, Kaldaru &Parts 2007）とするが同様である。またスウェーデン・グローバル委員会に提出したクラスター政策に関するレポートで，ケーテルが「社会における高い水準の信頼が，協働を容易にし，生まれやすくもし」，それはイノベーションに不可欠であるという（Ketels 2009）が，同じくそれは十分に確証されているわけではない。

　しかし，経済的領域における信頼関係は，社会における信頼関係，それと関連する相互に支え合う（「互酬性」）という寛容で，また相互に多様性を認め合う市民的ノルムのないところでは生まれない，少なくともそれがなくては弱い結びつきしか生まれないことは，了解できることである。「寛容」で「多様性」以外にも重要なのは，アスレイナーが言うように「経済的・社会的平等」である（Uslaner 2003）。そうしたノルムが了解され，それがまた現実に実現している社会は，ソーシャル・キャピタルが豊かであるともいえるだろう。

　いま，問題は，それが一国のレベルではなく，地域において重要になってきているということであり，地域においてそれが実現しつつあること，あるいは実現すべき課題となりつつあるということである。

　すでに確認してきたように，知識基盤型経済の下では地域・産業クラスター

第Ⅱ部　ソーシャル・キャピタルからみた経済の多様性

の形成，そこでのイノベーションが市場での競争優位を生み出すことが決定的に重要となってきた。クラスターでは，なんといっても多様な諸アクターの協働が不可欠であり，そうした諸アクターが他方では地域市民でもあり，目に見える市民的関係の中にあるとするならば，市民的関係におけるソーシャル・キャピタルは直接に経済的領域における信頼の諸関係に影響を及ぼすことになるだろう。そして，地域市民社会のこうしたソーシャル・キャピタルは，経済的・社会的平等，寛容，多様性といった相互に支え合い，尊重・承認し合うという良き市民的ノルムによって育まれるだろう。

　スウェーデンの「地域発展政策」が，地域の経済発展にとって「ソーシャル・キャピタル」が極めて重要だとした理由はここにある。具体的には，高いレベルでのソーシャル・キャピタルを実現するためには，雇用や福祉を充実することが重要だとそこでは主張されていた（穴見 2010）。そして，なるほど現在進められている地域・産業クラスター形成プログラムにおいては，そのことの重要性が改めて認識され，その主張が取り入れられた。そして，その効果が，スウェーデンでは実証されつつもある。

8　雇用と福祉が生む信頼と成長

　グローバル化と知識基盤型経済への移行の中で，地域の重要性がクローズアップされてきた。もちろん，ここでいう地域は，EU ではクロスボーダーに形成された地域も含む。その範囲は従来の地域を領域的に超える場合もある。しかし，ともあれ今では地域・産業クラスターのイノベーション能力に基づく経済発展が，「それがすべてではない」（Ketels 2009）としても一国の経済発展を左右するようになってきた。そして，そうした「成長モデル」は，地域社会の発展なくしてありえない，とスウェーデンでは捉えられていた。

　先にみた「地域発展政策」の中では「ソーシャル・キャピタル」とは，という明確な定義はない。しかし，人々の協働・社会的共同性は，地域社会における良き「雇用と福祉」が育むものであると理解されていた。スウェーデンの政治学者ロシュテイン等は，パットナムの言うような市民的活動が「一般的信頼」を生み出すという主張に対して，スウェーデンではそうなっていないこと，

240

むしろ「普遍的福祉」こそ「一般的信頼」を生み出すと主張する（Kumlino & Rothstein 2005）。上記で見た「地域発展政策」の考え方もこの延長にあるのである。

　繰り返せば，スウェーデンでは，いまあらたな成長モデルが生まれつつある。それは，地域に視点を当てるものであり，そこでは地域でのソーシャル・キャピタルの形成が直接に地域の成長に寄与すると，あるいはその源泉であると了解されているのである。経済の発展は社会の発展なくしてありえず，社会はソーシャル・キャピタルや社会的協働が豊かになることをまた前提とし，そしてそれは平等で，良き雇用と福祉という人々の基本的な生活が豊かになる中でまた発展することが確認されているのである，あらたな経済成長モデルは，この意味で社会発展モデルでもあり，地域が成長の主要な「場」となるようなモデルである。スウェーデンでは，そのことがいま意識的に追及されているのである。

参考文献

穴見明（2010）『スウェーデンの構造改革──ポスト・フォード主義の地域政策』未來社。

安孫子誠男（2012）「イノベーション・システムと比較制度優位」『千葉大経済研究』27(2・3)。

稲葉陽二（2007）『ソーシャル・キャピタル──「信頼の絆」で解く現代経済・社会の諸課題』生産性出版。

大守隆（2004）「ソーシャル・キャピタルの経済的影響」宮川公男・大守隆編『ソーシャル・キャピタル──現代経済社会のガバナンスの基礎』東洋経済新報社。

黒木正樹（2011）「大学を核とするイノベーションシステムの構築──スウェーデンの事例研究」『立命館経営学』49(5)。

小池洋一（2010）「オルタナティブな社会経済への方向性」田中祐二・小池洋一編『地域経済は甦るか──ラテンアメリカの産業クラスターから学ぶ』新評論。

篠田武司（1991）「フレキシブル・スペシャライゼとポスト・フォーディズム」『立命館経済学』27(6)。

シュンペーター，J. A.／塩野谷祐一・中山伊知郎・東畑精一訳（1977）『経済発展の理論』岩波文庫。

シュンペーター，J. A.／中山伊知郎・東畑精一訳（1997）『資本主義・社会主義・民

第Ⅱ部　ソーシャル・キャピタルからみた経済の多様性

主主義』東洋経済新報社。

ジェトロ（2000）「産業空洞化問題と福祉政策の見直し（スウェーデン）」『JETRO
ユーロトレンド』。

田中裕二（2010）「クラスター形成の理論的基礎」田中祐二・小池洋一編『地域経済
は甦るか──ラテンアメリカの産業クラスターから学ぶ』新評論。

槌田洋（2013）『グローバル時代のスウェーデン福祉国家と地域』法律文化社。

パットナム，R.／河田潤一訳（2001）『哲学する民主主義──伝統と改革の市民的構
造』NTT出版。

原田誠司（2009）「ポーター・クラスター論について──産業集積の競争力と政策の
視点」『長岡大学研究論叢』7。

ピオリ，M. J.・セーブル，C. F.／山之内靖・永易浩一・石田あつみ訳（1993）『第二
の産業分水嶺』筑摩書房。

ヒルシュ，J.／木原滋哉・中村健吾訳（1998）『国民的競争国家──グローバル時代
の国家とオルタナティブ』ミネルヴァ書房。

藤田誠（2011）「産業クラスター研究の動向と課題」『早稲田商学』429。

ポーター，M. E.／竹内弘高訳（1999）『競争戦略論Ⅱ』ダイヤモンド社。

マーシャル，A.／永澤越郎訳（1985）『経済学原理』岩波ブックサービスセンター。

宮嵜晃臣（2005）「産業集積論からクラスター論への歴史的脈絡」『専修大学都市政策
研究センター論文集』第1号。

Cook, B. (2008) National, regional and local employment policies in Sweden and the
United Kingdom, *Centre of Full Employment and Equity*, Working Paper No. 08-05,
The University of Newcastle.

Ds (1999) *Utveckling och delaktighet — agenda för Näringsdepartements tillväxtpolitik
(Development and participation — agenda for the Department of Industry's growth
policy)*, Ds 1999: 32, Näringsdepartement.

Ds (2001) *Rapport om tillväxtavtalen Första året (Report on the first year of the
regional growth agreement*, Ds 2001: 15. Regeringskansliet, Näringsdepartementet.

Ds (2004) Innovativ Sverige (Innovative Sweden), Ds 2004: 36, *Regeringskansliet*,
Swedish Government.

EU (2018) *Innovation Union Score Board 2018*, (http://ec.europa.eu/growth/
industry/innovation/facts-figures/scoreboads_en, 2018.7.11).

Florida, R. (2002) *The Rise of the Creative Class, and How It's Transforming work,
Leisure, Community and Everyday Life*, Basic Books.

Government Offices of Sweden (2012) *The Swedish Innovation*.

Hirst, P. & J. Zeitlin (1988) "Crisis, What Crisis?" *New Statesman*, March.

第10章　スウェーデンにみる新たな成長モデル

Hudson, C. (2005) "Regional Development Partnerships in Sweden: Putting the Government Back in Governance?" *Regional and Federal Studies* 15(3).

Inkpen, A. C., W. Eric & K. Tsang (2005) "Social Capital, Networks, and Knowledge Transfer", *The Academy of Management Review* 30(1).

Jensen, M. B., B. Johnson, E. Lorenz & B. A. Lundvall (2007) "Forms of knowledge and modes of innovation" *Research Policy* 36.

Kaasa, A., H. Kaldaru & E. Parts (2007) *Social Capital and Institutional Quality as Factors of Innovation: Evidence from Europe*, Faculty of Economics and Business Administration Working Paper No. 55, University of Tartu.

Ketels, C. (2009) *Clusters, Cluster Policy, and Swedish Competitiveness in the Global Economy*, Expert Report No. 30 to Sweden's Globalization Council.

Kumlino, S. & B. Rothstein (2005) "Making and Breaking Social Capital-The Impact of Welfare-State Institutions" *Comparative Political Studies* 38(4).

McCallion, M. S. (2004) The Europeanisation of Swedish Regional Government (A paper presented at European Consortium of Political Research 2004 Joint Sessions of Workshops, Uppsala, Sweden (http://ecpr.eu/Filestore/PaperProposal/842b69d 7-6388-4d62-9346-b882991cd308.pdf, 2014.8).

OECD (1996) *The Knowledge-based Economy*, Economic General Distribution, OECD/GD (96) 102.

OECD (2005) *Innovation in science, technology and industry － Oslo Manual: Guidelines for Collecting and Interpreting Innovation Data*, 3rd Edition.

OECD (2010) *Ministerial report on the OECD Innovation Strategy*.

Proposition (2001) *En politik för tillväxt och livskraft i hela landet (A policy for growth and vitality in the whole country)* Prop. 2001/2: 4, Riksdagens tryckeri.

Rodrigues, C. & A. Melo (2013) "The Triple Helix Model as Inspiration for Local Development Policies: An Experience-Based Perspective" *International Journal of Urban and Regional Research* 37(5).

Rutten, R. & J. Gelissen (2010) "Social Values and the Economic Development of Regions" *European planning Studies* 18(6).

SOU (2000) *Den regionalpolitiska utredningens slutbetänkande (The final report of regional policy commission)*, SOU 2000: 87, Fritzes Offentliga Publikationer.

The World Bank (2013) *World Development Indicators 2013*, Washington.

Tsai, W. & S. Ghoshal (1998) "Social Capital and Value Creation: TheRole of Intrafirm Networks" *Academy of Management Journal* 41(4).

Uslaner, E. M. (2003) "Trust, Democracy and Governance" in Hooghe, M. 6nd D.

第Ⅱ部 ソーシャル・キャピタルからみた経済の多様性

Stolle, (eds) *Generating Social Capital ― Civil Society and Institutions in Comparative Perspective ―*, Palgrave Macmillan.

VINVÄXT (2014) website (https://www.vinnova.se/, 2014.8).

Westlund, H. (2004) *Social capital, innovation policy and the emergence of the knowledge society ― A comparison of Sweden, Japan and the USA*, Swedish Institute for Growth Policy Studies.

Westlund, H., J. P. Larsson & A. R. Olsson (2014) "Start-ups and Local Entrepreneurial Social Capital in the Municipalities of Sweden" *Regional Studies* 48(6).

WIPO (2018) *Global Innovation Index 2018*, (https://www.globalinnovationindex.org/, 2018.7.11.).

(篠田武司)

第11章	日米で大きく異なる企業生態

ゲッコー：（前略）要するに，紳士淑女の皆さん，他により良い言葉が無
いのでこう申し上げますが，強欲は善なのです。強欲は正義で
あり，強欲はうまくゆくのです。強欲は，進化の精神の本質を
鮮明にし，あらゆる障害を乗り越えてその本質を捉えます。あ
らゆる形態の強欲，生命に対する強欲，金銭に対する強欲，愛
情に対する強欲，知識に対する強欲が，人類の躍進を画してき
ました。そして，私が言うことを覚えておいて下さい，強欲こ
そがテルダー製紙ばかりでなく，米国という名のもう一つの機
能不全に陥っている企業を救うのです。御清聴大変有難う御座
いました。（ゴードン・ゲッコーのテルダー製紙株主総会における演
説）

（筆者訳）

1　日本企業の思考と行動の米国人への説明

　冒頭に引用したのは，1987年（1988年4月日本公開）のオリバー・ストーン監
督の映画『ウォール街』の一幕，マイケル・ダグラスが演じアカデミー賞主演
男優賞を獲得した架空の投資家ゴードン・ゲッコーのテルダー製紙株主総会に
おける演説である。当時，greed is good（強欲は善）の一節は殊更有名になり，
筆者の留学先の米国でも賛否交々よく引用され耳にした。
　1980年代，米国ではジャンク債を用いた敵対的買収やLBOが花盛りとなり，
業績を上げ，株価を上げられない経営者は株主，投資家（所謂乗取屋）によっ
て交代を強いられる事態が頻発した。ゲッコーも，「ジャンク債の王様」と呼
ばれたドレクセル・バーナム・ランベール証券（1990年に破綻）のマイケル・

245

第Ⅱ部　ソーシャル・キャピタルからみた経済の多様性

ミルケンと当時グリーンメーラーとして悪名が高かったカール・アイカーン（トランプ政権下で規制改革担当の特別顧問に任命されるも利害相反の嫌疑で辞任）がモデルと言われていた。筆者も，脚本をも手掛けた監督の思惑通り，ゲッコーを，ひたすら私利私欲と自分を見下した階層に対する復讐のために企業秩序・産業秩序を破壊する悪者と見做していた。

　当時，米国の強欲ゆえの悪弊であるグリーメーラーや敵対的買収とは無縁で，1938年の国家総動員法以来，「悪名高き MITI（通産省）」を頂点に整然とした企業・業界秩序の下，米国企業・産業を次々と窮地に追い込んでいた「日本株式会社」は，バブル経済で絶頂に達しつつあった。従って，映画公開当時の日本における反応も，短期的業績ばかりに注目し，品質そっちのけで虚妄な企業支配権の争奪戦に血道を上げる一方，政府を通じた通商交渉や円高で日本の産業に圧力をかけてくる米国の没落は当然であり，日本企業を見習い粛々と品質向上と長期的経営に精を出すべき，というようなものだったと記憶している。

　しかし，皮肉なことに，日本企業は，まさにその時，財テクに狂奔していたのであり，株式・不動産等の資産価格は高騰し，やがてそのバブルが崩壊して「失われた20年」を過ごすこととなった。そして，政府による救済を仰ぎながらも未だその余波から脱していない。一方，アメリカ企業は，ベルリンの壁崩壊に続くグローバル化の「大競争時代」，インターネット革命の波に乗り，2008年のリーマン・ショックまで20年近い未曾有の繁栄を謳歌した。今や，Google，Apple，Facebook，Amazon はプラットフォーム企業として其々の業態でデータを独占し圧倒的優位に立っており，その時価総額は世界企業の上位に君臨している。

　筆者は従来から，「日本企業が賃上げを渋り剰余を溜め込むのは，資産価格の低迷，国際会計基準等の導入により含み経営が不能となったためであり，含み（未実現資産売却益）に代わる原資として剰余が必要なためではないか。また，含みまたは剰余が必要な理由は，景況の悪化や自然災害等，経営に対する外的ショックが起こった場合でも，社外の者の干渉を受けることなく，社内秩序に則った経営陣の交代を円滑に行うため，換言すればソーシャル・キャピタル及びそれを保全する規範を守るため，ではないか」と考えているが，某研究会でのこのような発言が，本章の執筆に結び付くこととなった。因みに「企業生

態」は，本書編者の提案であるが，言い得て妙だと思いそのまま使うこととした。

本章の原点は，企業派遣で米国のビジネス・スクールに学んだ1980年代終盤にある。時あたかも日本はバブル経済の真っ只中，今では信じ難いが，日本がアメリカから経済的覇権を奪取するのではないかということが真面目に語られていた頃であり，また，日米貿易摩擦が華やかりし頃で，日本の経済主体（企業，政府，消費者としての家計）に対する米国人学生・教授の関心は高く，それら主体は何を動機として如何に行動するか（what makes them tick）を尋ねられることが多かった。

ところが，米国人の得心を得られるような形で日本企業や政府の動機や行動を説明することは難しく，「何故」を3回繰返されると返答に窮した。それは，日本企業のことが構造的にわかっていなかったためであり，何よりも米国企業との対比の中で相対化できていなかったためだった。日本企業は米国企業と何が違うのか。どう説明すると米国人が納得するのか。これが留学生活後半の支配的テーマ，こだわりとなった。では，日本企業と米国企業は何がどう異なると考えたのか，以下に報告してみたい。

本章の構成は，導入である本節に続き，次節で「7-S」という多くのビジネス・スクールにおいて必須科目となっている組織行動（Organizational Behavior）の授業で紹介された枠組みを用いて，観念的ではあるが，日米企業の生態を比較し，第3節では，そうした日米の企業生態の更に深層にあると考えている価値・倫理体系の相違をジェイコブズの『市場の倫理　統治の倫理』を援用して説明し，結論を述べた第4節において両者の違いに立脚して今後の日本企業・経済にとっての課題を挙げる。

2　7-Sによる日米企業の生態比較

（1）7-S枠組み

本題である日米企業の生態の比較だが，これにはBusiness Horizons誌1980年6月号に掲載されたウォーターマン，ピーターズ，フィリップスによる論文 "Structure Is Not Organization" に登場する組織変更のための枠組"7-S

第Ⅱ部　ソーシャル・キャピタルからみた経済の多様性

framework"を用いる。

　これは，当初筆者による米国のビジネス・スクールにおける日米企業のあり方比較の対象としていた聴衆が米国のビジネス・スクールの同僚，教授陣だったことから，教材として彼等にも親しまれているものを採用したに過ぎなかったのだが，その後25年これに代わる適当な枠組を見出せないためでもある。7-S，即ち7つのSとは，組織（structure），戦略（strategy），制度（systems），経営スタイルまたは風土（style），人材（staff），技能（skills），上位目的（superordinate goals）の英語の頭文字である。

　この7つは，上記論文の筆者3名が当時マッキンゼー・アンド・カンパニーのコンサルタントであったことから『マッキンゼーの7S』とも呼ばれる。因みに，この枠組みがソーシャル・キャピタルの観点からどのように評価されているのかは，以下に見るように，アメリカ社会風土や立国の経緯との関係が深いと思われる。

　上掲論文の主旨は次の通りである。即ち，経営史の泰斗チャンドラーが「組織は戦略に従う」と指摘したように，企業における組織変更に際しては，とかく戦略との関連ばかりが注目されることが多いが，より有効に組織を論ずるには，組織，戦略の2者にとどまらず，制度，風土，人材，技能，上位目的（共通価値）の5者を加えた方が，組織の病弊の診断，改善施策の策定に効果があることがコンサルティング活動を通じて実証されており，この枠組みは「有効に機能しているように見える（seems to work）」。換言すれば，有効に機能している組織は相互に作用する7要因間の整合性がとれているということである。因みに，これら7要因間に階層性は無く，また始点も終点も無いとのことである。

　以下に7要因の定義とでもいうべきものを，厳密なものではないが要約・抜き書きすると以下のようになる。

　① 組　　織

　仕事を分割し専門化・分権化（権限委譲）すると同時に，それらを調整・統合・再集権化（統制）するもの。分業と統合は，上下の階層間，水平的な機能・製品・市場間に存在する。機能別組織，製品別組織，市場別組織，地域別組織，事業部（SUB），マトリクス等の組織形態がある。

第11章　日米で大きく異なる企業生態

② 戦　　略

競合に対する自らの競争上の位置を改善すべく外部環境変化を予期またはそれに対応して計画される行動。マイケル・ポーターの『競争の戦略』を援用すれば，差別化か，コスト・リーダーシップか，ニッチか。環境変化に照らした戦略の優先課題は何か。どの分野にどのように経営資源を配分するか等。

③ 制　　度

日々，毎年，企業を運営するための公式・非公式の手続，制度。部門業績評価制度，予算制度，設備投資計画，教育訓練制度，人事考課制度，給与・賞与制度等。

④ 経営スタイル

経営者の発言ではなく行動のパターン，時間配分，取締役の人選等，象徴的行動。非公式の言語化されていない価値観。企業文化，企業風土等と呼ばれるもの。

⑤ 人　　材

如何に管理者を育成するか。如何に基本的な価値観を形成するか。先輩指導員制度（mentor），キャリア制度（fast-track program），経営トップとの接触。上級管理者による若手管理者育成への時間の投下の程度。採用・教育訓練の方法，各種の国家資格取得者の数，各種職務の経験者の数等。

⑥ 技　　能

事業遂行上重要な能力，そこにおける支配的な特徴。特に，顧客が重視しているもの，競合他社が持っていないもの。

⑦ 上位目的

公式の経営理念を超える，往々にして文章化されていない一連の価値観・野望，即ち指導的概念。事業を構築する上での中核的発想。主要な価値観。経営指導層が会社に遍く行き渡らせたい大まかな将来の方向性。経営指導層の自己表現，遺したい遺産。数学における前提。論理的に構築されたシステムの起点でありながら，自らは論理的に導かれたものではない。その達成に向けた行動は企業に一体感・安定感を付与する。簡潔。組織を知らない部外者にはほとんど意味をなさなくとも，内部者には豊かな意味合いを有する。

249

第Ⅱ部　ソーシャル・キャピタルからみた経済の多様性

（2）日米企業の生態の比較

　以下，前項で紹介した 7-S 枠組を用いて日米企業の生態を項目毎に比較してみよう（表11‐1参照）。但し，説明の便宜上，7-S の順番は若干入れ替えている。ここでいう日本企業，米国企業とは，資本と経営が分離し，非同族の所謂サラリーマン社長またはプロフェッショナルが率いる上場大企業というイメージである。

1）上位目的

①　ゲマインシャフトの日本企業

　日本企業においては，企業は自らの存続自体を目的とする共同体であると，その構成員によって自覚的であれ無自覚的であれ，認識されている。ここで共同体というのは，ドイツの社会学者フェルディナント・テンニースがゲゼルシャフト（機能体組織または目的合理的組織）の対立概念として提唱したゲマインシャフトであって，家族がその典型とされる。つまり，日本企業は，それ自体が構成員相互間の信頼に基づくネットワークであり，参加・所属に伴う互酬性を有するソーシャル・キャピタルそのものと言えるのではあるまいか。経営学者・三戸公の著書に『会社ってなんだ──日本人が一生すごす「家」』があるが，まさに副題の通りである。そして，これ以外の6つのSはすべて日本企業が共同体であることから発している。

　共同体であるから，その目的は，必ずしも顧客ニーズの充足や株主利益の極大化や社会への貢献ではなく，共同体の存続，換言すれば，その構成員を雇用し彼等が生計を立てられるよう給与を支払い続けることにある。また，成長（繁栄）によって構成員が増えれば，政治力・社会的影響力も強まり，危機に際しては政府による救済（too big to fail, 大き過ぎて潰せない）も期待でき，存続の確率が増すと考えられることから，成長は次善の目的となる。日本企業が売上高，総資産額，従業員数等，規模の指標に執着するのはこのためではないか。

　会社法の規定はどうあれ，その実態は共同体であるから，企業は，たとえ法的な所有者ではあっても共同体にとっての部外者である株主ではなく，その構成員のものだと理解されている。それは，伊丹敬之が『人本主義企業』の中で「従業員主権」と表現したものである。企業にとって最も貴重かつ希少な資源を提供し，企業の盛衰に最もリスクを負っているのは従業員であるから，株主

250

第11章　日米で大きく異なる企業生態

表11-1　日米企業の対照表

		日　本	米　国
マッキンゼーの7S	上位目的	●共同体（まず存続，次に成長／繁栄） ●実質的に従業員の所有，その代表者たる経営者が運営 ●長期安定指向，リスク回避【戦略で言及】 ● Means（経営資源）〜Ways（戦略）〜Ends（目標）⇒　手段の目的化	●目的合理的組織（株主価値の極大化，目的達成できねば解散も） ●株主所有，その代理人たる経営者が運営 ●短期指向，リスクに挑戦【戦略で言及】 ● Ends（目標）〜Ways（戦略）〜Means（経営資源）
	戦略	●コスト・リーダーシップの同質的競争（競争の収斂），①高品質と低コスト，②幅広い製品ラインと付帯機能 ●ヒト資源の最大活用，モノ資源の無駄の極小化，④資産としての従業員，③リーン生産 ●⑨高成長産業への企業内多角化	●差別化競争（「市場の非効率性」の利用） ●資源の最適化（最小投入・最大利益） ●外部成長（M&A）の積極的活用
	組織	●ボトム・アップ封建制 ●部門の部分最適の追求 ●機能・職能別の部門（研究開発，製造，販売，経理，総務，国際）による採用〜教育訓練〜配置〜評価〜昇進と部門間秩序の形成	●トップ・ダウン絶対王政 ●トップによる統合・全体最適 ●社長が招聘・昇進させた職能別・地域事業所別サイロの長の優位 ●上司（ボス）による採用〜配置〜評価〜昇進〜転職
	制度	●内部労働市場（無期雇用，OJT，年功＝職能序列）に基づく熟練・協力の形成 ●就業規則への服従，企業に配置転換権限 ●客観的に合理的な理由と社会通念上相当でないと解雇できない労働者保護を目的とする労働契約法　⑤終身雇用 ●企業内組合 ●外部の利害関係者の取込み（協力会社，メインバンク，監督官庁OB），⑦強固な企業間ネットワーク，⑩政府との密接な協力関係	●契約（明確な職務・賃金）に基づく効率の追求，速い昇進または退社（up or out） ●労使対等な関係で雇用契約，配置転換は従業員の希望と同意に基づく ●随意雇用・解雇 ●産業別組合 ●効率的市場（労働，財・サービス，社債，株式）
	風土	●リーダーは無私の利害調整者，⑥コンセンサスによるリーダーシップ ●構成員の参画〜合意〜協調 ●情報共有に基づく学習と組織による栄誉の享受 ●グループによる漸次的改善	●リーダーはヴィジョン（将来像）に基づく統率者 ●トップ・ダウンの意思決定と統制 ●個人による情報＝権力・学習機会・栄誉の独占 ●突出した個人による突発的ブレークスルー
	人材	●新規学卒一括採用で採用した共同体の構成員（忠誠と献身） ●内部労働市場＝部門内での評判を気にする ●日本企業間の転職では給与下落	●特定職務の専門家として自らの市場価値の向上を目指す有資格者（仕様を満たした部品） ●転職を通じて賃金を上げる
	技能	特定企業における広範な技能（経験，暗黙知）	汎用性のある専門的技能（資格，形式知）

251

第Ⅱ部　ソーシャル・キャピタルからみた経済の多様性

よりも債権者よりも主権者（意思決定者）に最も相応しいという見解である。

　従業員主権ということは従業員が従業員を統治する自治を意味する。実際，経営者は，多くの場合，従業員からの内部昇進によってその地位に就く。それに関与しているのは，部外者である株主が選任した社外取締役によって構成される指名委員会ではなく，多くの場合，前任社長（前任社長と新社長との信頼関係），存命中の社長経験者（相談役，顧問等と新社長のネットワーク），製造部門と営業部門から交互に輩出といった互酬性に基づく社内慣行等，ソーシャル・キャピタルの多寡であって，換言すれば社内政治（ソーシャル・キャピタルの多数派工作）である。

　2014年6月24日に発表された所謂アベノミクス第3の矢（『日本再興戦略　改訂2014』）の筆頭はコーポレート・ガバナンスの強化だが，従業員主権・従業員自治が浸透している大方の日本企業では，共同体の部外者である株主と共同体内部からの昇進者である経営者の間には，必ずしも本人・代理人または委託者・受託者の関係は意識されておらず，従って，本人・委託者による代理人・受託者の監視・統制の制度とも言うべきコーポレート・ガバナンス，受託者による説明責任という概念自体が希薄である。

　これには，株式持合いのように，そもそも経営者の監視・統制に興味を持たない株主を増やすと同時に，販売面での効果を期待するという，各社経営者の互酬に基づく取り組みも寄与している。経営者への監視，または，その究極型としての敵対的企業買収に伴う経営者の更迭を回避すべく，取引関係にある企業に株式を保有してもらい，その見返りに配当は当然だが，株式を保有してくれている企業の商品・サービスを優先的に購入する。

　果たしてこの結果かどうか，先進諸外国の企業と比べ，売上高利益率や自己資本利益率は長期に亘って1/2〜1/3以下の水準にある。[2]とはいえ，暗黙の前提となっている従業員主権・従業員自治に手を付けずコーポレート・ガバナンス・コード，社外取締役，取締役教育等，コーポレート・ガバナンスの諸制度を導入しても，面従背反で，換骨奪胎が横行することになるのではないか。

　利益率の低さに加え，開業率・廃業率は米国企業の半分以下となっており，「産業の新陳代謝が進んでいない」（『中小企業白書 2014年版』）とされる。また，1996年の純粋持株会者設立解禁，1999年の株式交換・株式移転制度，2000年の

第11章　日米で大きく異なる企業生態

会社分割制度等の関連法制が整備され件数は増大したものの，合併買収
（M&A）取引金額の GDP 比で米国の1/3〜1/5の水準にあり，業界の統合・再
編が進まず，その結果，日本の各業界首位企業の時価総額ベースで見た規模が
米国の同業企業に比べて多くの場合著しく小さく，グローバル競争で後手に回
っている。これらの事象は，共同体またはソーシャル・キャピタルそのもので
ある企業は，そもそも売買可能な資産ではなく，構成員の雇用維持のために廃
業はできないし，廃業が少ない中で人材が得られず開業もままならないからで
はないのか。

　会社法の規定や経済学の教科書における企業の記述によれば，企業は利益が
目的だが，共同体である日本企業においては，利益創出の手段であるはずの企
業自体（の存続）が目的となっている。即ち，手段の目的化が起こっている。
ハーバード・ビジネス・スクールのロバート・ヘイズは，日本企業がいまだ
「猛威」を振るっていた1985年の論考 "Strategic Planning — Forward in
Reverse?" の中で，当時の日本企業の成功を，アメリカ企業が行っている戦
略計画策定のプロセスである目的〜戦略（手段）〜経営資源の逆，即ち，経営
資源〜戦略（手段）〜目的という順で戦略計画策定を行っていることで説明し
ている。米国企業であれば，目的を決め，その目的達成のための戦略を複数代
替案の中から選択し，その戦略を実行するための経営資源を調達する。一方，
日本企業は，広範な経営資源に投資して能力開発を行い，その能力を活用でき
る機会に遭遇したら利用（これは戦略か？）し，多様な目的に辿り着く。

　②　ゲゼルシャフトの米国企業

　一方，アメリカ企業は，テンニースが言うところのゲゼルシャフト，機能体
組織または目的合理的組織であって，株主の金儲けの手段である。株主が所有
し，その代理人たる経営者が，長期的な株主価値の極大化を目的に運営する。

　目的合理的組織なので，目標が達成されていない，即ち事業リスク見合いの
利益が上がらない，と認識されれば，資産を売却して株主に資金を返還し，解
散することも厭わない。株主は，その資金でまた新たに利益が上がる企業を興
したり，そうした企業に投資したりするのである。株主が資金を移動するのと
同様，経営者や従業員も自らの技能を必要とする他企業に移動することが期待
されている。[3]

253

第Ⅱ部　ソーシャル・キャピタルからみた経済の多様性

　換言すれば，事業の継続性・永続性よりもたとえ短命でも事業の成功＝利益の稼得を追求する。世界初の企業オランダ東インド会社は，一攫千金を狙って小口資金を集め遠洋航海・遠洋貿易という巨大リスクに繰り返し挑戦する仕組みとして設立されたが，それ以前の貿易会社は，航海の度に出資を募りそれが終わる度に配当・清算する1取引・1プロジェクト限りの存在だったことは示唆的である。

　米国企業にはゴーイング・コンサーン（継続企業）となって久しい今も，このDNAが色濃く残っているのではないか。即ち，1回限り，有期限のプロジェクトを達成するための様々な技能を有する人々を結集する協働のプラットフォームとしての企業という考え方である。

　たとえば，米国の中年ビジネスマンと酒を酌み交わすと引退後の話になる。定額の給与よりも業績連動の賞与が大きいプロフェッショナル（専門職）またはマネジメント（経営陣）層は，大きく儲かったら仕事は辞めて保養地でゴルフ・釣り三昧か世界旅行三昧という夢を語る。日本のように定年まで働き，その後子会社の役員としてまた働く，というような話はほとんど耳にしない。企業＝株主が一攫千金狙いなら，従業員も一攫千金狙いなのである。

　企業＝株主と経営層との利害は概ね一致しており，米国企業は果敢にリスクに挑戦する。そもそも最優秀の学生が，政府や大企業ではなく，起業家を志すのが米国である。社会や社会制度が起業という挑戦の結果としての失敗に寛容（たとえば個人破産法制）なのも，そもそも移民が旧大陸の旧弊である身分秩序に果敢に挑戦した結果，信教の自由と幸福追求の権利を手にすることとなった国ならではと言えよう。

　また，米国企業にとって，合併買収は利益の再投資と並ぶ成長の手段である。寡占化が進み競争を阻害する恐れがあるために，政府が介入して買収を阻止することも起こる程，大手企業間でも行われる。この結果，多くの産業で米国のトップ企業が日本のトップ企業を時価総額において凌駕している。日本では，たとえば，バブル崩壊後の都市銀行業界で，より巨額な研究開発投資に堪えられる規模を求めて医薬品業界で，半導体，ディスプレイでも時に政府が介入して大型合併が行われたが，如何にグローバル競争からの脱落を避けるかといった後ろ向きの性格のものだった。

254

2）戦　　略

①　戦略不在（？）の日本企業

　共同体として存続を第1の目的とする日本企業の戦略は，ハーバード・ビジネス・スクールのマイケル・ポーターによる『競争の戦略』の中に登場する基本戦略の類型で言うと，コスト・リーダーシップ戦略とならざるを得ない。厚い利幅・大きな利益が見込めても相応のリスクを抱える差別化戦略は，共同体の存続を危険に晒すがゆえに回避される。また，顧客を絞込んだニッチ戦略も，利益ではなく存続を重視する共同体であるため，ついつい規模を追って総合化・フルライン化してしまい貫徹できない。

　多数の勝者が存在し得る差別化戦略やニッチ戦略と異なり，一定の品質[4]を保ちながらも原価及び経費の低さをより高い利益率につなげることを，目指すコスト・リーダーシップ戦略の勝者は，究極的には1社であることから，必然的に類似の製品・サービスによる同質的・横並び競争に，また，共同体であるから従業員を解雇して事業から撤退することもしないため，長期の消耗戦とならざるを得ない。Porter（2000＝2000）は，この状況を「競争の収斂」と名づけ，相互破壊的と形容し，戦略なき競争と呼んだ。品質とコストを同時に継続的に改善するというオペレーション効率の追求は戦略ではない，特色ある製品・サービスを提供し独自のポジショニングを打ち出す差別化こそが戦略と断じている。しかし，それはあくまでも企業が利益を目標とする目的合理的組織である場合の話である。即ち，日本企業には当てはまらない。

　コスト・リーダーシップ戦略を支えるヒト・モノ・カネの経営資源の中で日本企業が最も重視してきたのが，言うまでもなくヒトである。何しろ共同体なのだから，長期雇用でコストもかかっており，最大限利用せねばならない。一方，モノ・カネ資源に関しては徹底的にムリ・ムダ・ムラを除去する。この典型が世界で賞賛を浴び，製造業の世界標準となった「トヨタ生産方式」である。小集団活動を通じて人的資源の衆知を集め，ムリ・ムダ・ムラの低減を主とするプロセスの改善によって高品質とコスト低減を実現した。

　コスト・リーダーシップ戦略，または，競争の収斂の結果，日本企業の長期的な営業利益率もROEも5％台と，米国企業の概ね1/2〜1/3の水準となっている。人口減少下で数量の伸びが期待できない中で低収益だと，賃金は上がら

第Ⅱ部　ソーシャル・キャピタルからみた経済の多様性

ず従業員は疲弊し，供給業者もしわ寄せされて窮乏化し，何よりも将来に向け
た人材・研究開発・設備への投資に金が回らず，低収益から脱却できまい。

　加えて，日本企業は，戦後70年余が経過し，各業種で製品・サービスのライ
フサイクルが成熟化して利益率が逓減傾向にある。その上，1990年代には韓
国・台湾・中国企業の参入もあるという環境変化の中，業態・ビジネスモデル
の転換が必要な局面である。三品和広によれば，「立地（参入する事業の選択）」
や「構え（事業戦略）」の転換，就中，「転地（業態転換）」が求められている。

　ゲゼルシャフトとして，儲けるために会社を運営している米国企業では，た
とえば，ルイス・ガースナーの指揮の下，PC事業を中国のレノボに売却して
コンサルタント会社に転身したIBM，マイケル・アイズナーが牽引しキャラ
クター商品の販売に軸足を移したディズニー，ジャック・ウェルチが先導した
GEにおける「選択と集中」といった大胆な業態転換や業態絞り込み（不採算
事業の整理），の事例が見られる。

　対照的に，ゲマインシャフトである日本企業においては，成熟化し利益率が
下がったとはいえ多くの場合社名ともなっている「本業」は，過去，現在の社
長をはじめ経営幹部を多く輩出または擁し，加えて管下の従業員も多い「本
流」事業であるため，たとえ投資収益率（ROI）や純現在価値（NPV）が悪く
とも，設備投資資金などの経営資源を優先的に配分する傾向がある。過剰設備
が，さらに個別企業及び業界全体の首を絞める可能性をポーターも指摘してい
る。

　一方，成長途上にあって利益率も高い新規事業は，「傍流」であるため社内
における政治力＝ソーシャル・キャピタルが弱く，十分な設備投資資金の配分
や人材の供給が受けられず，本流・成熟事業から傍流・成長事業への業態転換
がなかなか進まないという話も度々耳にする。ROIやNPVよりも「本流」の
「傍流」に対する優位という社内の身分序列を守ることが優先されているから
ではないか。

　日本にも三品が説く「転地」を成功させ，企業の命運を劇的に好転させた例
はある。三品によれば，リコー（浜田広元会長），キヤノン（賀来龍三郎元会長），
セブン＆アイ・ホールディングス（鈴木敏文元会長兼CEO），イオン（岡田卓也元
会長），任天堂（山内溥元社長）等がそれに当たるが，いずれも日本企業には珍

256

しく長期政権で，確立されたリーダーシップの下に全社最適が貫徹され成就されている。後段で見るが長期政権も，確立されたリーダーシップも，全社最適も，日本企業には難題である。

Porter（2000 = 2000）は，日本型企業モデルの特徴として，①高品質と低コスト，②幅広い製品ラインと付帯機能，③リーン生産，④資産としての従業員，⑤終身雇用，⑥コンセンサスによるリーダーシップ，⑦強固な企業間ネットワーク，⑧長期的目標，⑨高成長産業への企業内多角化，⑩政府との密接な協力関係，を挙げている（表11-1，下線部）。この内，①と②がコスト・リーダーシップ戦略に対応している。「幅広い製品ライン」はニッチではないことを意味している。③はモノ資源におけるムリ・ムダ・ムラの排除と，④はヒト資源の最大活用とにそれぞれ対応し，⑨はM&Aに依らない傍流事業に対応している。⑧は前述の上位目的で言及した共同体としての存続と成長と対応する。⑤と⑦と⑩は制度，⑥はスタイルで触れることとする。

②　厚い利幅求め差別化するアメリカ企業

株主の金儲けの手段として高収益・厚い利幅を狙うことを運命づけられたアメリカ企業は自ずと差別化戦略を志向し，競争の緩やかなニッチ市場を求める傾向がある。

儲からない事業を行う企業は，株主に対し背任を働いているばかりでなく，労働者，資機材・不動産も無駄にしており，社会に対して不利益を働いている，といった認識があるのではないか。従って，儲からない事業をやるくらいならそのための器に過ぎない企業を解散し，資産を売却して資金は株主に返還し，株主は別のより儲かる投資機会を探索する。従業員もより儲かる会社でより高い賃金を受け取り，資産はより効果的・効率的に運営できる企業に運営して貰った方が良い。

そもそもポーターの競争戦略は産業組織論の研究から生み出されたものであり，その基本的な考え方は，企業が持続的高収益を享受するために如何に独占に近い状態を創出するか，ということだった。

また，印象深かったのは，筆者がビジネス・スクールでよく耳にした「市場の非効率性を衝け（exploit market inefficiencies）」という行動規範である。換言すれば，裁定取引の機会を狙え，だが，無リスクで大きな利益が見込める裁定

257

取引こそが理想的な事業という訳である。加えて，裁定取引は市場の正常化・効率化を促し，公共の福祉にも寄与する。まさにアダム・スミスの見えざる手，予定調和の世界である。

　裁定取引も利益が出るのは少数しか気づいておらず独占に近い形で行っている時であり，多数が参入するに伴い利益は消えてゆく。前項で米国企業には企業がいまだ1プロジェクト限りだった頃のDNAが残存していると指摘したが，裁定取引礼賛はその点とも辻褄が合う。

　経営資源に対する考え方は，日本企業がヒト資源重視とモノ・カネ資源の省力化だとすれば，米国企業は最適化に集約されると考える。企業価値最大化のために，ヒト・モノ・カネ資源を最適化するという考え方である。冗長性はアナリストや株主に厳しく問い質され，敵対的買収の理由とさえなる。たとえば，映画『ウォール街』でゲッコーも皮肉った過剰な数の役員，過剰な不動産，過剰な現預金，等がそれに当たる。ただし，最適化された経営資源は，環境変化に脆弱である。そこで損害保険が発達する。アメリカ損保業界の収入保険料はGDP比で日本のほぼ2倍，人口一人当たりでほぼ3倍となっている。[6]

　内部成長を指向する共同体・日本企業と比べ，ゲゼルシャフトの米国企業は外部成長，即ちM&Aを選好する。GDP比で見たM&A取引金額は，古いデータで，景気循環に伴い金額の変動も激しいが，米国が日本の3〜5倍である。

3）組　　織

　日米企業それぞれに特有の組織形態というのは無いだろう。当然，業種によって異なるし，産業の成熟度によっても異なる。一般論としては，創業当初は技術開発，製造，販売等の機能別組織を敷いて専門性を磨き，顧客の洗練度の向上，ニーズの先鋭化，製品・サービスの成熟化に伴い製品別事業部または地域別事業部制に移行する。

①　部門が影の主役の日本企業

　日本企業の組織を語る上で最重要の分業と統合の要素は，たとえ事業部制を採っていても機能別に形成される「部門（企業により畑，系，ムラ，職能，職種，種別等，呼称が異なる）」ではなかろうか。これは明示的・正式な組織ではなく，暗黙的・非公式な組織または括りである。

　筆者が販売部門在籍時に顧客企業の重要な意思決定者を早期に特定すべく，

組織と人事を分析したところ，日本の主要企業には，表層における組織形態にかかわらず機能別に概ね①研究開発，②製造，③販売，④経理，⑤総務・人事（企画を含む），⑥国際等の部門（英語ではサイロ silo）が存在し，互いに独立に，自己完結的に，採用〜教育訓練〜配置〜評価〜昇進を行っており，各部門の長によって取締役会や常務会等の意思決定機関が構成され，社内の歴史的に決められた部門間序列や「研究開発部門と販売部門から交互に輩出」等の慣例・慣行に従って社長が決められているらしい，ことに気づいた。

たとえば，小板 (2014) によれば，改革に際しスピードを重視した川村社長（当時）は，「重要な意思決定はこの6人で行う」としたが，川村社長を除く5名の副社長の分掌業務は，高橋＝研究開発，中西＝製造，森＝営業及び国際，三好＝財務，八丁地＝総務・人事だった。

部門は，前述の通り構成員の採用〜教育訓練〜配置〜評価〜昇進を掌握する，いわば企業という共同体の中の共同体である。技術系の部門である研究開発及び製造においては，部門の原点は大学または大学院の出身学科である。たとえば，自動車メーカーであれば，技術系の採用は機械工学科が主体であり，同じ大学院の研究室出身の先輩から勧誘を受け，研究開発部門か製造部門に配属される。大学は異なっても学科を同じくする極めて同質性の高いボンディング型ソーシャル・キャピタルである。

自らの存続（共同体として自前主義・内製志向が強い日本企業であっても機能を代行する企業に外注・アウトソーシングという選択もありうる）と社内における縄張り（自己決定できる範囲）の防衛，他部門への影響力の拡大，社内部門間序列の向上を目指して割拠し，社長・会長の役職を含め，互いに協力しつつも競い合っている。

日本企業は，創業者経営者やそれに準ずるカリスマ経営者（中興の祖）が率いる場合を除き，三現主義に代表される様に現場重視，ボトム・アップ重視であり，現場自治（自己決定）または組織の最小単位への権限移譲を奨励する極めて分権的指向を特徴としている。従って，「課在って部（局）無し，部（局）在って事業部（省）無し，事業部（省）在って会社（政府）無し」と言われるような部分最適が起こるが，これを採用〜教育訓練〜配置〜評価〜昇進を掌握することで統合・ブリッジングしているのが部門である。

第Ⅱ部　ソーシャル・キャピタルからみた経済の多様性

　現代日本の企業や官僚組織に限らず，中央集権的だった律令国家後の鎌倉以降の武士政権は，封建制の下，鎌倉期は地頭（御家人），室町期は守護，戦国期以降は大名に権力は分散しており，再び中央集権を目指した明治憲法も，天皇に対抗する勢力が生まれないよう極めて分権的で，元老が辛うじて統合・統制している状態だったと考えられる。元老が死ぬと軍部が暴走，日華事変から太平洋戦争へと雪崩込んでいった。また，陸海軍は異なる仮想敵国を掲げる等，戦時にあっても統合されなかった。ことほどまでに，日本においては，分権化された組織を統合して全体最適を実現することが難しい。

　企業によるが，部門持ち回り，または，特定部門から交互に輩出される社長は「君臨すれども統治せず」で，各部門の長と御恩（所領＝部門安堵）と奉公（「いざ鎌倉＝緊急時には社長のために骨を折る」）の関係で結ばれる一方，各部門の長は部門内の部下達と御恩・奉公で結ばれている——まさに中世の封建制そのものである。

　②　トップ・ダウンの米国企業

　一方，米国企業では，所有者である株主の代理人・受託者である経営者が，あたかも王権神授説の後ろ盾を得たかのようにトップ・ダウンで経営に当たる。たとえ表面的には，名前で呼び合う等，民主的に見えても，見解や反りが合わない経営幹部や従業員は容赦なく転籍または左遷という絶対王政さながらの経営を行う。換言すれば，強力な統合の権限を与えられており，周囲もそれを認めており，全体最適が貫徹される素地は大きい。

　従業員は，そもそも就社ではなく就職という姿勢のため，自らに投資（CPA，MBA 等の資格取得）をしながら，反りが合わない企業は辞し，住み心地が良くない都市からは移り，企業を渡り歩いて経験を積みながら，各人のキャリア・ゴールを目指す。社員ではなく，個人事業主の感覚ではなかろうか。

　米国企業の中でも機能別の部門（サイロ）の影響力は大きいが，部門長の社長との関係との関係次第である。社長が社外から招聘した部門長または社内で昇進させた部門長は当然優位にある。即ち，極めて属人的である。

　アイズナーは，ディズニーに乗り込むに当たり，パラマウント再建で苦楽を共にしたジェフリー・カッツェンバーグを映画部門の長に据えた。また，米国企業内の部門間の内紛を描いた名作として名高いケン・オーレッタの『ウォー

ル街の欲望と栄光』（1985年）では，伝統的本業である投資銀行部門対社内における社内新興勢力トレーディング部門の熾烈な抗争が描かれているが，対照的な価値観・風土・人材を持つ両部門の葛藤という以上にピート・ピーターソン会長とルー・グラックスマン社長の個人的確執という印象が強かった。

属人的と言えば，人材の流動性が高いアメリカ企業において，意外に聞こえるかもしれないが，上司と直属の部下の関係（reporting relationship）は極めて強い場合がある。上司（ボス）は，そもそも部下を採用し，自ら教育しない場合でも担当部署内での配置・評価・昇進を握っている。従って，忠誠心の対象は会社ではなく上司となる。

上司との関係が悪化すれば，配置転換を相談する人事部は無く，会社を辞めざるを得ない。関係が良ければ，上司とともに会社を転々とすることもある。直属上司との関係を良好に保つため，部下夫妻が自宅で上司夫妻をもてなしたり，上司の妻子の誕生日プレゼントを用意したり，日本の上下関係以上に濃密な家族ぐるみの上下関係（表面上は同等な友人関係）が存在する。しかし，これは前述したように個人対個人の取引関係であって，会社を超越した関係である。

4）制　　度

本項では，メタ制度とも言うべき次元，経営資源（ヒト，モノ，カネ）の調達方法における大きな差異と，日米の差異が明瞭なヒトに関する制度に触れる。

日本企業において，ヒト資源は，共同体の構成員であるから無期雇用（大企業では Porter〔2000 = 2000〕の「終身雇用」）を前提に，原則として新卒一括採用によって素材の形で調達し，研修と OJT によって自社独自の仕事のやり方に習熟させると同時に，同一部門内他部署・他部門へのローテーションを通じて社内のネットワークを構築させる。このため，中間財・半製品ともいうべき中途採用はあくまでも補完的である（内部労働市場）。

自社独自の仕事のやり方への習熟度合，自部門内及び他部門とのソシャール・ネットワークの構築度合，即ち年功または職能，に応じ，長い期間をかけて選抜され，昇進する。

労働組合は企業別であり，組合員である前に従業員である。当然，企業は組合に対して優位にある。これは，第一次世界大戦後に整備された総動員体制の遺産であり，労使協調の下で軍需を満たすべく組織された企業別に組織された

第Ⅱ部　ソーシャル・キャピタルからみた経済の多様性

産業報国会が労働組合の前身だったことによる。企業が組合に対して優位であるため，労働契約法は，労働者保護を目的に，「客観的に合理的な理由」と「社会通念上相当」でないと解雇できないとしている（判例に照らせば解雇は困難）。それと引き換えに，企業は就業規則への服従と，配置転換権限を手にしている。

　モノ資源は，長年の取引で親密な関係（時に資本関係，役員派遣／受入関係もある）にある特定の協力会社から，または，銀行系列を同じくする素材・中間財業者から調達する。カネ資源は，メインバンクからの調達である。いずれも市場に依らず，半固定化した仲間内からの継続的調達である。ポーターが「日本企業型モデル」として挙げた「強固な企業間ネットワーク」は，この顧客・供給業者・金融機関とのネットワーク，ソーシャル・キャピタルを指す。

　これには，安定性，予測容易性（predictability）に加えて，利害関係者の取込み，共同体またはネットワークまたはソーシャル・キャピタルの拡張という側面があり，究極的には「大き過ぎて潰せない（too big to fail）」企業または企業集団となって存続をより確実なものとする動機が働いているのではないか。

　加えて，前述の国家総動員の下の統制会を引き継ぐ業界団体が，ポーターが『日本型企業モデル』として挙げた「政府との密接な協力関係」の舞台となっている。米国であれば，談合組織の謗りを免れまい。

　これに対して，米国企業は市場からの随時調達，資源の最適化を旨としている。ヒト資源については，労働市場を通じ，随時募集・採用する一方，採用・中途退社・解雇により市場に人材を供給もしている。高給で知られる投資銀行やコンサルタント会社では「アップ・オア・アウト（up or out）」の慣行があり，決められた年限内にある地位・役職に昇進できなければ，解雇はされないが，同期に取り残され3年も昇進を見送られると自ら退職を選択するという。

　労働組合は産業別であり，労使は死者も出る激しい抗争の歴史を有している。現在は，労使対等の関係を前提に随意雇用・随意解雇の雇用契約を結び，配置転換には本人の希望または同意を要する。ただし，サービス産業化，個人事業主化で組織率は下がり続けている。

　モノ資源も，必ずしも長期的な取引関係に基づくものではなく，随時市場で最善の取引条件を提示した供給業者とのスポット取引を選好する。同一業者と

の長期的取引には癒着等，負のイメージが付きまとう。カネ資源に関しては，常に技術革新が起こり新しい資金調達手法と資金提供者が登場するお国柄であり，固定化するよりも幅広く奥深い市場からの調達によって，刻一刻企業価値の最大化を図っている印象である。そもそもヒト資源の入退出が頻繁であれば，モノ及びカネ資源の調達が短期的になるのも止むを得まい。

5）経営スタイル

　部門が割拠する日本企業におけるリーダーは，公平無私な部門間の利害調整者・合意形成者であることを期待される。経営危機で株主や債権者等の部外者の介入を招く恐れがあり劇的変化が要請される場合を除き，自分のアジェンダを推し進めたり，露骨に自らの出身部門・部署にテコ入れ（部門出身役員シェアの増大，従来に比し過大な予算配分）したりすれば，既存の部門間秩序に軋轢を生じ批判を生む。

　従って，環境変化への対応の常套手段である事業の「選択と集中」や高収益事業への経営資源の優先配分，新規事業の立上げ，「転地」は難しい。不偏不党で問題解決に当たり，なるべく既存の部門間秩序を守ることとなる。そもそも任期が2期4年（上場企業の半数が4年未満，平均7年）では，大きな戦略や業態の変更はできないし，できたとしても成果が出る前に退任となってしまう。挙句の果てには「両論併記」や決定の先送りが行われ，調整困難な意思決定自体が回避される。部門間秩序というソーシャル・キャピタルを守るための不作為といえよう。[10]

　だからこそカルロス・ゴーンによる日産改革の主役は機能別部門横断の「クロス・ファンクショナル・チーム」だったし，川村の日立改革の合言葉も「部分最適から全体最適へ」だった。割拠する各部門の利害を超えて全社の利害を追求することこそが，改革の狙いだったからである。これが一企業を超えた産業政策，一産業を超えた経済政策にも共通した問題であることはヴァン・ウォルフレンの指摘（部分・利益集団だけが分立していて中心が無い）の通りである。

　無私の調整者・調停者という日本型リーダーは，米国ではそもそもリーダーと呼ばれまい。米国企業におけるリーダーは，環境変化の中で，または，環境変化を利用して，勝ち抜くためのビジョン（将来の到達点とそこから逆算される現在地点との間の道筋＝戦略）を掲げ，そのために必要な改革を先導する変革推進

者（change agent）であり，それがリーダーの定義となっている。

GEのウェルチ，IBMのガースナー，ディズニーのアイズナー等は大きな改革を先導し成果を挙げた。産業界以外でアメリカにおいて必ず名前が挙がるのも，独立戦争のワシントン，奴隷解放のリンカーン，ニューディールのFDR，公民権運動のキング牧師等，変革の推進者である。こうした偉大なリーダーを範とするCEOがトップダウンの意思決定を行い，部下の行動を信賞必罰で統制する。しかし，暗黒面は，このリーダーの私腹を肥やすための腐敗である。

リーマン・ブラザーズ破綻まで全米史上最大の負債総額を抱える倒産劇だった2002年のワールドコムのCEOバーニー・エバーズ，それに次ぐ負債総額だった2000年のエンロンにおけるCEOケネス・レイとCOOジェフ・スキリングは，自らの富の源泉でもあった株価の維持のために大規模な粉飾決算を指揮した。破綻後には，世界大恐慌後の1930年代以来最大の金融規制である内部統制を中核とするサーベンス・オクスレー法が生まれた。

6）人　材

日本企業における人材の典型は，新規学卒一括採用を経て採用された共同体の構成員である。ゼミや研究室の先輩の勧誘や研究室の教授の仲介で，企業のある部門の構成員として新卒採用され，定期的に教育訓練を受け，定期異動，定期昇進を繰返し，関係会社・関連会社への転籍を含め職業人生を一企業グループにおいて全うする人々である。換言すれば，企業という名のソーシャル・キャピタルへの参加者・構成員である。従って，最も重要とされるのは自社または自らが参加・構成するソーシャル・キャピタルに対する構成員としての忠誠と献身である。効率または成果は，労働契約法第16条の解雇事由の厳しさもあって一義的なものでなく，相応の職務・ポストをあてがわれる。むしろ忠誠・献身を疑われる不祥事（自社の名誉を毀損）や社内における評判がより重要である。

アメリカ企業における人材は，ある時点のある企業またはその中の部署においてある職務を遂行する資格・能力を認められた者であって，開かれた労働市場で調達され，他社から同一の職務をより好条件で提供されれば移籍すると考えられている存在である。要は，仕様を満たした交換可能な機械部品である。ある企業に在籍している間は，成果を挙げ，より責任ある職務の経験を積み，

第11章　日米で大きく異なる企業生態

少しでも多くのボーナスを得ると同時に，履歴書に磨きをかける。それが次の転職時に自らの市場価値を高め，昇給・昇格に繋がる。

前述の仕様に当たるものが職務記述書（Job Description）だが，日本企業には存在せず，如何にして権限・責任とそれに対応する報酬を決められるのか米国人が訝るという話をよく耳にする。日本企業において，従業員（正社員）は長期雇用を前提とした共同体の一員であり，会社の求めに応じて柔軟に職務（権限・責任）を遂行する引き換えに長期に安定的給与（賃金ではなく，共同体支給の給与）を得ているため，職務記述書が無いのである。

7）技　　能

日本企業において技能とされるものは，特に文科系（経営・経済・法・社会・文学部卒）の従業員にとって，自社を対象とした広範（販売，経理，総務・人事，国際）なものとなる傾向が強い。これは原則として，前述の通り人材の長期雇用を前提とすることから，技能形成が「自社独自の仕事のやり方」への習熟を目的とし，採用以前の自費負担の教育訓練ではなく，採用後の企業負担の研修やOJTを通じて，複数の部署間異動を伴いながら，長期間にわたって行われることに因る。経験を通じて自社固有の稟議書・報告書の作成，自社特有の部署・部門間の力学及びその変遷・帰趨を勘案した根回し，自社内において円滑な問題解決を導く暗黙知及びネットワークの形成が行われる。この結果，たとえ同業であっても他社への転職によって同等の能力を発揮することは難しいとされる。また，こうした「自社独自の仕事のやり方」への習熟こそが年功給や年功に基づく昇進の根拠であろう。

理科系は，職務の専門性・汎用性が相対的に高いため，転職が相対的に頻繁である。また，文科系であっても，バブル崩壊後の金融業界にあっては，業界の統合・再編が進み，特に証券業界において，専門性・汎用性から転職が頻繁であり，米国企業の慣行に近づいている。

一方，米国企業における技能は，企業を問わない汎用的な専門技能であって，OJTよりも，MBAの課程やビジネス・スクールが企業人向けに提供している多種多様な講習，eラーニング等によって履修可能である。これは，教育訓練費用が企業負担（内製）か，労働者負担（外注）なのかの違いと解することもできる。日本企業は共同体の構成員を自ら教育訓練するのに対し，米国企業は

265

第Ⅱ部　ソーシャル・キャピタルからみた経済の多様性

労働市場から仕様に合致した人的資源を調達する。その際，仕様に合致するために必要な教育訓練は労働者が負担する。

3　生態の相違の根底に価値観の相違

『アメリカ大都市の死と生』の著者として著名で，ソーシャル・キャピタルとも縁浅からぬジャーナリストであり作家のジェイン・ジェイコブズは1992年に『市場の倫理　統治の倫理』を上梓した。人の行動を理解・予測する枠組みとして極めて有用かつ示唆に富む本である。

　その要約は，表11－2の通りである。即ち，人間は，生存のための必要を充足するため，縄張りを作ってそこから収奪（take）するか，他者と取引（trade）するが，この2つの異なる生存手段に対応する2つの価値体系（日本語訳では倫理）が存在する。それぞれの価値体系は，互いに整合的な一群の価値観で構成され，それらが表11－2に垂直方向に記されているそれぞれ15の価値観である。注目すべき重要な点は，それぞれの体系に対応した価値観を混同することが「救いがたい腐敗」を生み出すとジェイコブズが指摘している点である。

　たとえば，「取引を避けよ」とする「収奪の価値体系」の下で，「取引の価値体系」の価値観である「自発的に合意せよ」を励行すれば，収賄となるし，「競争せよ」とする「取引の価値体系」の下で，「収奪の価値体系」の価値観である「忠実たれ」を励行すれば，既存業者を優先することとなり，非効率となってしまう，等である。要するに，両者は互いに矛盾しており，相いれないのである。従って，問題領域によって適用すべき価値体系を自覚的に選択することが必要となる。

　どちらの仕組みに立脚するかで，問題の設定，意思決定，行動は大きく異なるところか正反対にすらなってしまう。しかも，どちらの価値体系の下でも，その中にとどまる限り内的整合性，合理性は保てるので不合理という訳ではないから始末に悪い。というのも，妥協が働かないのである。妥協すると内的整合性が崩れ，合理性が保てない。ただし，多くの場合，人はこれらの2つの相反する価値体系を意識しておらず，適当に両者のいいとこ取りをしているし，さして矛盾を感じることなく両者を混ぜて使っている。

266

第11章　日米で大きく異なる企業生態

表11-2　ジェイコブズ『収奪の価値体系対取引の価値体系』

収奪の価値体系 (政治，友敵関係)	取引の価値体系 (経済，利害関係)
復讐せよ	暴力を締出せ
取引を避けよ	自発的に合意せよ
勇敢であれ	正直であれ
排他的であれ	他人・外国人とも気安く協力せよ
忠実たれ	競争せよ
規律遵守	契約尊重
位階尊重	創意工夫の発揮
伝統堅持	新奇・発明を取入れよ
名誉を尊べ	効率を高めよ
余暇を豊かに使え	快適性・利便性の向上
目的のためには欺け	目的のために異説を唱えよ
見栄を張れ	生産的目的に投資せよ
剛毅たれ	勤勉たれ
気前良く施せ	倹約せよ
運命甘受	楽観的であれ

出所：Jacobs (1992).

　このジェイコブズの二分法に極めて類似していると筆者が考えているのが，意思決定論の古典と称えられる Allison（1971＝1977）による合理的行為者，組織過程，官僚政治（個人）という3つの意思決定モデルである。ジェイコブズとの対応関係では，「取引の価値体系」に対応するのが「合理的行為者モデル」，「収奪の価値体系」に対応するのが「組織過程モデル」と「官僚政治モデル」である。「合理的行為者モデル」は最小の犠牲で最大限目的を達成できる最適な選択肢の選択，要は効率を標榜しており，「取引の価値体系」と符合する。一方，「組織過程モデル」は「規律（手続）を尊重」し「伝統（前例）を堅持」する点で「収奪の価値体系」の産物であり，「官僚政治モデル」は意思決定に参加する個々人の福祉を，本来意思決定の受益者であるべき国民の福祉に優先させるという，本末顛倒のあってはならない意思決定の方法であり，まさに「収奪の価値体系」といえよう。

267

第Ⅱ部　ソーシャル・キャピタルからみた経済の多様性

　以上，紹介してきたジェイコブズの『生存のための価値体系』に登場する「収奪の価値体系」こそが日本企業が採用している価値体系であり，7-S モデルを援用して説明した日本企業の生態の基底を成しているのではないか，というのが本節の主張である。換言すれば，日本企業は，表面上株式会社として商行為・経済行為を行う主体ではあるが，その内実は，長期間構成員が固定されている共同体であることから，極めて政治的であって商行為と同じくらい内部における政治または権力闘争に力点を置いている主体ではないのか。そして，その政治または権力闘争の主役が技術開発，製造，販売，経理，総務・人事，国際等の部門である。

　無論，如何なる組織にも権力闘争は付き物であり，米国企業も株主や経営者の見栄や利害の衝突を背景に，派手な権力闘争は枚挙に暇無い。しかし，その背後には企業唯一の存在理由としての経済的合理性が存在する。または，経済合理性という金科玉条が無いと，そもそも闘争にならない。これはアメリカ企業があくまでも「取引の価値体系」の産物である目的合理的組織だからである。これに対して「収奪の価値体系」に根差した共同体である日本企業の場合，経済合理性は確かに必要条件だが必ずしも十分条件ではない。十分条件は，組織の存続や和を担保するための社内的な諸合意であり，これを形成・維持するための政治，または，権力闘争である。その点において日本企業は，はるかにより政治的だと言えるのではなかろうか。

4　日本的企業生態を超えて

　映画『ウォール街』から23年，2010年 9 月に公開（日本公開は2011年 2 月）された続篇『ウォール・ストリート』は，リーマン・ショック後に公開されたこともあり，また，出獄したゲッコーは歳をとったためか分別臭くなり，鮮烈な印象を残したテルダー製紙における演説の一節『強欲は善』を覚えてないとうそぶく有様で，前作に比べて全くと言って良いほど話題にならず，影響力も無かった。

　同作でゲッコーに代わって強欲の権化として描かれていた投資銀行は，2008年の金融危機の最中に政府による救済を受けられる商業銀行に転身し，その後

268

の規制により高リスク投資を禁じられるや，間髪を入れずそれに代わってヘッジ・ファンドやプレイベート・エクイティ・ファンド等，いわゆるノンバンク／シャドー・バンキング・システムが人材や資産を含めて後継者となった。報道によれば，かつての投資銀行は強化された規制を骨抜きにすべく大枚を叩いてロビー活動中と聞く。トランプ大統領は，規制強化の象徴ドッド・フランク法を骨抜きにすると大統領選挙戦の最中から公約していたが，どうなることか。

　金融業界に限らず米国企業は，この20年間，冷戦終結後のグローバル化，平和の配当だったインターネット革命，NASAの宇宙開発計画縮小を契機とする証券化革命とその後の金融危機，シェールガス革命と，自らが環境変化を創出しつつそれに適応してきた。

　一方，日本企業は，環境変化を創出するどころか未だ20年前のバブル崩壊から脱却できずに，グローバル化では新興国企業に追撃され，特にアジアの新興国市場では後塵を拝し，IT化と金融技術では米国企業に全く置いていかれる等，ダイナミズムと活力の無さを感じずにはいられない。

　本章では，日米企業の生態，その根底にある価値観を眺めてきたが，両者の最大の差異は，このダイナミズム，環境変化への対応力，新たな環境に適応できるように内発的に自らを創り直す力にこそあるのではなかろうか。[11]

　日本企業におけるダイナミズムの欠如の源泉は，①全体最適が実現されない部門への分立（課の数だけ分立し得る利害を６つにまで集約しているという前向きの評価もありうる），②部門内の先輩後輩間における垂直的な御恩・奉公関係（互酬性），③部門間の水平的な約束事（互酬性）の堆積，これらに縛られて環境変化にダイナミックな対応ができないためではないかと考える。換言すれば，企業が共同体，即ちソーシャル・キャピタルの塊，であることの負の側面のせい[12]ではないか。

　第1に，部門が環境変化への対応という全体最適を阻んでいる点だが，繰り返しになるが，日本の組織は分権的・タコツボ的であり，日本企業は，技術開[13]発，製造，販売，経理，総務・人事，国際の概ね６部門に分立している。分立の根本にあるのは其々に専門性を有する機能・職能別部門の自治であり，より具体的には人事（採用〜教育訓練〜配置〜評価〜昇進）をめぐる自治である。

　「収奪の価値体系（理念ではなく個人への忠誠心）」に則った存続を目的とする

269

第Ⅱ部　ソーシャル・キャピタルからみた経済の多様性

共同体であるため，創業者や経営危機から救った中興の祖でもない限り，また
は，経営危機に陥り部外者の介入が危惧される状況にならない限り，これら部
門を統合し，あたかも目的合理的組織のように単一の目的に向かって，個人へ
の忠誠心ではなく効率という理念への共感によって動かすことは難しい。換言
すれば，各部門が環境変化に際して同様の危機感を共有し，連携して対応する
ことは期待し難く，そのような状況になった時には既に手遅れだったという話
を度々耳にする。

　部門が統合または環境変化への対応という全体最適を阻んでいるのなら部門
を除去すればよいのかといえば，より小さい組織単位での統合しか成し遂げら
れず，統合または全体最適は却って遠のこう。「取引の価値体系」を奉じ，効
率を目的とする目的合理的組織に変身し，調整型でない強力なリーダーシップ
の持ち主を社長に戴けば，要は米国企業になれば，全体最適は達成されやすく
なろうが，現状からそこに至る道程は想像を絶するし，米国企業になっても出
来の悪い似非米国企業になるのがオチなので，日本企業ならではの統合・全体
最適を実現する道を模索せねばなるまい。

　次に，日本企業の機能別・職能別の部門が如何に先輩・後輩間の御恩・奉公
関係によって環境変化に対応できなくなるかである。大学・大学院における文
科系のゼミ・理科系の研究室において形成された先輩後輩関係は，採用を経て，
後輩の進路・要望に助言・便宜（御恩）を与える先輩と，それに恩義を感じ先
輩への服従を通じて，先輩の昇進に献身（奉公）する後輩との互恵的主従関係
となる。

　封建制さながらのこの関係は，忠誠心を奉じる収奪の価値体系が支配する共
同体の中にあっては賞賛されるべき理想的な関係である。この中では，たとえ
ばあるプロジェクトを行うべきかどうかは，収益性ではなく，誰が起案し支持
しているかの問題となる。つまり，利害関係が支配する経済問題ではなく，友
敵関係が支配する政治問題になるのである。従って，後輩は，先輩が起案した
施策，支持する制度に反対できないし，それらを変えることも躊躇する。筆者
はある法律の起案者である大先輩がいまだ存命中なため，同法の改廃は考えら
れないというキャリア官僚の発言に接し言葉を失ったこともあった。

　先輩の部門内での地位が高く，部門内で本流に近いほど，現体制の中で既得

270

権益を持ち，環境変化への対応は望まないだろう。一方，環境変化への対応を望むのは相対的に地位が低い傍流の者であり，部門内での影響力も限定的である。かくして，部門は環境変化に対応しない。

第3に，部門間の水平的な関係を調整・円滑化するための暗黙の規則，非公式の慣行，水面下の貸借関係が時間の経過とともに増える。これらの堆積物が各部門の境界を形成し縄張りを画している。そして，新たな境界領域の稟申案件毎にどちらが起案部署となるか，共同かに始まり，内容全般について攻防が起き，その結果は前例となって堆積物の最新の層となる。

こうした過去の経緯の堆積で出来上がった部門間の境界線を大幅に変更することは当然に摩擦を生む。典型的には，取締役，執行役員等の役員ポストの部門別配分の大幅変更，ある部署を管轄・管掌する部門の変更（表向き担当役員の変更の形をとる）等である。

『コーポレート・ガバナンス──経営者の交代と報酬はどうあるべきか』の著者である久保克行は，筆者が聴講したある講演の中で「日本企業の業績とトップの任免及び役員賞与額の間はほぼ無相関」と喝破したが，それは部門間の慣例・慣行という名の秩序に従って任免を行っているからではあるまいか。

かくて日本企業は，部門内の垂直方向のしがらみ，部門間の水平方向のしがらみ，即ちソーシャル・キャピタルに縛られ，加えて部門が分立して全体最適を実現できないため，環境変化に対応できないのだが，日本経済も同様の状況にあると考えている。

戦後，日本は戦後復興を目標に掲げ，原材料を輸入し製品を輸出する加工貿易によって目標完遂を期したところ，朝鮮戦争の特需が引金となって10%成長を約10年続ける高度成長期を経て，1968年にはGDP世界第2位となった。加工貿易は，米国との貿易摩擦を生み，やがて1985年にはプラザ合意を通じ円高を強いられた。円高不況対策としての金融緩和が資産バブルを招来し，バブル崩壊が崩壊すると不良債権の瓦礫に埋まった。その結果，1990年代には不良債権処理に忙殺され，グローバル化（中国の台頭）・IT化への対応が後手に回り，今尚「失われたX年」の只中にある。

当初の戦後復興の戦略だった「加工貿易立国」の成功が余りに燦然たるものであり，また，30年続いたため，これを支えるソーシャル・キャピタルも強固

第Ⅱ部　ソーシャル・キャピタルからみた経済の多様性

に構築された。米国との摩擦で，為替レートを高くされても，海外生産を強いられても，より安価な生産拠点として中国が台頭しても，円高の結果1人当たり GDP が1987年から1998年まで米国を凌駕していても，「加工貿易立国」に拘泥したのは，既得権益となったソーシャル・キャピタルを守るためではなかったか。

　以上，本章が，日本企業の環境変化への対応について，広範な議論が巻き起こることに，些かなりとも寄与できれば望外の喜びである。

　第二次世界大戦前のイギリスの評論家チェスタートンは，伝統を「死者の民主主義」と表現したが，これと対置すべき未だ誕生していない将来の人々を念頭に入れた民主主義を表す言葉は存在するのだろうか。早急にその言葉を創出し，将来に向けて現状を改革する手を打たないと，日本経済を担う日本企業の将来は暗く，筆者を含めた現在の日本企業を担っている50〜70代は，呵責無い歴史的評価を免れないだろう。

注
(1)　アメリカビジネスの強欲さ，弱肉強食ぶりを戯画化した映画としては1992年のジェームズ・フォーリー監督作品『摩天楼を夢見て（原題：Glengarry Glen Ross)』がある。アレック・ボールドウィン演ずるブレイクによるモノローグはゲッコーをも凌ぐが，卑語連発のため，ニュアンスを損なわず訳出することを断念した。
(2)　日本企業については日本政策投資銀行『産業別財務データハンドブック』を，アメリカ企業については S&P500，を参照。
(3)　ドラッカーが『見えざる革命』(1976年）で指摘したように，株主は益々機関化しており，年金基金や大学基金や生命保険会社となっている。その受益者は，年金や生保については，受給者・受取人となる経営者と従業員及びそれらの家族である。日本のマスコミ等で「強欲なマネー」などと指弾されているのは，直接的には運用するヘッジ・ファンドやプライベート・エクイティ・ファンドだが，それらのファンドも法外な成功報酬を得てはいるものの年金や生保から運用を受託しており，強欲なマネーの源泉または株主とは結局のところ経営者や従業員だったりする。ただし，経営者については，加えて，在任期間中に日本の経営者の10倍以上の報酬，膨大な価値のストック・オプション，ゴールデン・パラシュート（潤沢な退職手当）を受け取る場合がある。
(4)　二律背反と考えられてきた不良品削減と原価低減を同時に実現した日本企業の品

質管理は世界を席巻し，オペレーションの優秀性自体が戦略との賞賛を浴びたが，これは過剰なまでの設備投資によってヒトを機械設備に置換することによって達成され，この成功体験から投資収益率の逓減にもかかわらず，本業または過去社業に貢献した社内序列の高い事業部への手厚い予算配分が行われたため，多額の低採算の設備投資が継続されるという事態も招来した。

(5) 日本企業の「転地（業態転換）」については，2010年6月8日から同年11月9日まで10回にわたり日経ビジネス ON LINE に連載された『三品和弘の日本企業改造論』を参照されたい。

(6) 日本損害保険協会（2016）『日本の損害保険　ファクトブック2016』90頁。

(7) ダイヤモンド社『会社職員録』に基づき過去20年の役員のデータベースを作成し，役員登用以前の役職を辿ると，一定のパターンが現れる。即ち，原則として「部門」内の昇進，役員に昇進する者が必ず歴任する役員への登竜門的役職の存在，抜擢人事は稀有，等である。要は，日本企業は，大規模化・安定化・成熟化・非同族化に伴い「官僚化（手続・プロセス重視，効率・結果ではなく公正重視）」し，秩序ある意外性の少ない昇進パターンとなっていったものと考えられる。

(8) 小板橋（2014）によれば，日立製作所は，事業または各事業に対応した基幹工場に基づく部門が優勢であり，機能別の6部門が割拠している訳ではない。

(9) カレル・ヴァン・ウォルフレンは，これが日本の行政組織についても該当すると *Foreign Affairs* 誌1986/87冬号掲載の論考 "The Japan Problem" で指摘している。

(10) 共同体の構成員に流動性が無いため決定的対立に発展した場合，敗者に行き場が無いためだろう。万一敗者になったら組織を出るほかなく，そのリスクは誰もが回避したいと思うだろう。

(11) アメリカの場合，破壊的イノベーションを起こす周縁部企業，縮小に追い込まれる既存大企業，これらが隣接産業にも飛火して引き起こされる産業レベルの新陳代謝の激しさは失業や社会不安を惹起しており，ダイナミズムの対価には相応のものがありそうだ。

(12) 官民の協力，産学の連携，業界団体・経済界のまとまり，企業系列，家族的企業，企業とメインバンクまたは供給業者との協力関係，等。

(13) 丸山眞男は，『日本の思想』（1961年）の中で，学問や組織が分立して互いに交流しない日本を「タコツボ型」，分立しつつも共通部分を有して交流するヨーロッパを「ササラ型」として対比した。

参考文献

伊丹敬之（1987）『人本主義企業——変わる経営　変わらぬ原理』筑摩書房。

片山杜秀（2012a）『未完のファシズム——「持たざる国」日本の運命』新潮選書。

第Ⅱ部　ソーシャル・キャピタルからみた経済の多様性

片山杜秀（2012b）『国の死に方』新潮新書。

小板橋太郎（2014）『異端児たちの決断——日立製作所　川村改革の2000日』日経BP社。

戸部良一・寺本義也・鎌田伸一・杉之尾孝生・村井友秀・野中郁次郎（1984）『失敗の本質——日本軍の組織論的研究』ダイヤモンド社。

野口悠紀雄（2010）『1940年体制——さらば戦時経済　増補版』東洋経済新報社。

野口悠紀雄（2015）『戦後経済史——わたしたちはどこで間違えたのか』東洋経済新報社。

三品和広（2006）『経営戦略を問いなおす』ちくま新書。

三戸公（1984）『会社ってなんだ——日本人が一生すごす「家」』光文社。

森山優（2012）『日本はなぜ開戦に踏み切ったか——「両論併記」と「非決定」』新潮社。

Abegglen, J. C. & S. George Jr. (1985) *Kaisha: The Japanese Corporation*, Basic Books. （＝1986，植山周一郎訳『カイシャ——時代を創るダイナミズム』講談社。）

Allison, G. T. (1971) *Essence of Decision: Explaining the Cuban Missile Crisis.*（＝1977，宮里政玄訳『決定の本質——キューバ・ミサイル危機の分析』中央公論新社。）

Fukuyama, F. (1995) *Trust: The Social Virtues and the Creation of Prosperity*, Free Press.（＝1996，加藤寛訳『信無くば立たず——「歴史の終わり」後，何が繁栄の鍵を握るのか』三笠書房。）

Hampden-Turner, C. M. & A. Trompenaars (1993) *Seven Cultures of Capitalism.*（＝1997，上原一男・若田部昌澄訳『七つの資本主義——現代企業の比較経営論』日本経済新聞社。）

Jacobs, J. (1992) *Systems of Survival: A Dialogue on the Moral Foundations of Commerce and Politics*, Random House.（＝1998，香西泰訳『市場の倫理　統治の倫理』日本経済新聞社。）

Karel, G. van Wolferen (1986) "The Japan Problem" *Foreign Affairs*, 65(2).

Porter, M. E. & H. Takeuchi (2000) *Can Japan Compete*, Basic Books.（＝2000，『日本の競争戦略』ダイヤモンド社。）

Waterman, R. H. Jr., J. P. Thomas & R. P. Julien (1980) "Structure Is Not Organization" *Business Horizons* 23(3), pp. 14-26.

Weiser, S. & Stone, O. (1987) *Wall Street: Original Screenplay*, Oaxatal Productions, Inc.

（平泉信之）

<table>
<tr><td>終　章</td><td>21世紀の世界経済への
ソーシャル・キャピタルの含意</td></tr>
</table>

　ソーシャル・キャピタルと経済との関係を，第Ⅰ部では分野別に，第Ⅱ部では地域別に考察してきた。この終章では，本書のまとめとして序章で述べた5つの問題意識への回答を試みるとともに本書全体を通じて浮かび上がってきたと思われる点を議論してみたい。そのための準備として，まずソーシャル・キャピタルに関する有識者アンケートの結果から紹介したい。

1　有識者アンケートの結果と含意

　序章で掲げた5つの問題意識のうちの4番目と5番目（vi～ix頁参照）を検討するために有識者アンケートを試みた。その問いは大きく言えば2つである。第1は，日本のソーシャル・キャピタルに関する評価で，日本のソーシャル・キャピタルは何故，どの程度ユニークであって，それは保持すべきか，というものである。第2は，世界のソーシャル・キャピタルの多様性を，望ましいものと考えるか，また望ましいとした場合，その保持のためにどのような手段を講じるべきか，といったものである。言うまでもなく，正解があるわけではなく，またソーシャル・キャピタルの定義も回答者によって違うことが考えられる。そこでこのアンケートではまず，ソーシャル・キャピタルとしてどのようなものをイメージしているかを聞いた上で，理由とともに答えてもらう，という方法をとった。

　対象は2014年8月29日に東京で開催した「ソーシャル・キャピタルと経済」と題したワークショップの参加者である。報告者は本書執筆者が中心であり，いくつかの関連学会で参加者を募集したので，参加者はこうした問題に関してかなりの識見と問題意識を持っておられる方々でかつ海外在勤の経験をもつ人も多いと考えられる。その意味で，回答者にはある意味での偏りがあることに

注意が必要である。

アンケートの内容と回答の分布は以下のとおりであるが，回答の分布をみる前に自分でも答えてみたいと思われる読者のために，アンケートを原文のまま掲載し，結果の概要をその後に示すこととした。また記述式の回答は紙幅の関係ですべてを尽くしていないことをお断りしておく。

（1）アンケート内容

ソーシャル・キャピタルの定義は敢えてしないままに，問いを設定しております。皆様の持っておられるソーシャル・キャピタルのイメージに即してご回答いただければと思います。

Ⅰ．日本のソーシャル・キャピタルについて

（1）日本のソーシャル・キャピタルは世界の中でどの程度ユニークだと思いますか？
  ①極めてユニーク
  ②比較的ユニーク
  ③特にユニークではない
  ④その他（自由回答）（   ）

（2）上記（1）で①または②の答えをされた方は，どこがユニークだとお考えかをお答えください。
  ①「極めてユニーク」だと答えた方
  （   ）
  ②「比較的ユニーク」だと答えた方
  （   ）

（3）上記（1）で①または②と答えられた方は，そのユニークさが何故生じたかについて以下の中からあてはまると思うものに○を付けて下さい。（いくつでも）
  ①稲作
  ②宗教（神道や仏教）
  ③鎖国
  ④自然災害の多さ
  ⑤極東の島国という立地条件
  ⑥教育
  ⑦天皇制
  ⑧進んだ情報技術
  ⑨その他（自由記入）
  （   ）

（4）上記（1）で①または②の答えをされた方にお聞きします。そうしたユニークさは今後どうなっていくと思いますか？
  ①急速に薄れていく
  ②少しずつ薄れていく
  ③余り変わらない
  ④その他（自由記入）（   ）

276

終　章　21世紀の世界経済へのソーシャル・キャピタルの含意

（5）上記（4）で①または②に〇を付けた方にお聞きします。薄れていく理由として重要なのは
次のどれですか？　いくつでも〇をお付け下さい。
　　①農林水産業の比重低下
　　②経済活動の国際化
　　③教育の変化
　　④情報化
　　⑤少子高齢化
　　⑥その他（自由記入）（　　　　　　　　　　　　　　　　　　　　　　　　　　　　　　　　）

Ⅱ．ソーシャル・キャピタルの多様性

　国毎，あるいは，国を超えた地域（西欧，東アジア等）毎，または国の中の地域（関西，米国西
海岸等）毎のソーシャル・キャピタルの違いを包括的にとらえて，「ソーシャル・キャピタルの多
様性」とここでは表現します。

（1）ソーシャル・キャピタルの多様性の具体的イメージ
「ソーシャル・キャピタルの多様性」という言葉を聞かれてどのようなことを思い浮かべますか？
いくつでも〇を付けて下さい。
　　①信頼度指標の差
　　②市民的活動の水準の差
　　③寄付性向の差
　　④人々の礼儀正しさの差
　　⑤NGO，NPOの活動水準の差
　　⑥治安・犯罪率の差
　　⑦貧富の格差（ジニ係数等）の差
　　⑧文化の差
　　⑨その他（自由記入）（　　　　　　　　　　　　　　　　　　　　　　　　　　　　　　　　）

（2）世界経済全体に及ぼす影響

　上記Ⅱ（1）でお答えいただいたような「ソーシャル・キャピタルの多様性」は世界経済全体に
どのような影響を及ぼしているとお考えですか？　お考えに合うものにいくつでも〇を付けて下さ
い。
　　①各国や各地域が置かれた状況（発展段階，自然条件，歴史等）にそれぞれのソーシャル・キ
　　　ャピタルが適合しているので，多様性が無い場合よりも各国の経済活動を円滑にしている。
　　　したがって世界経済に良い影響を与えている。
　　②何かのショックが世界を襲った場合，ソーシャル・キャピタルに多様性があると，当該ショ
　　　ックの影響を受けにくかったり，対応が上手だったりする国・地域が中にはあるので，世界
　　　経済を全体としてより対応力が強く（レジリエント）になる。
　　③ソーシャル・キャピタルの多様性は，世界経済のグローバリゼーションを妨げるので，世界
　　　の経済成長の抑制要因になる。
　　④ソーシャル・キャピタルの多様性は世界を文化的に豊かにするので，観光や芸術の活性化を
　　　通じて世界経済に良い影響をもたらす。
　　⑤その他（自由回答）（　　　　　　　　　　　　　　　　　　　　　　　　　　　　　　　　）

（3）世界（人類）のソーシャル・キャピタルの多様性は今後どうなっていくでしょうか？　一つ
を選んでください。
　　①急速になくなっていく
　　②少しずつなくなっていく
　　③余り変わらない

277

④その他（自由記入）（　　　　　　　　　　　　　　　　　　　　　　　　　）
（4）その理由
　上記Ⅱの（3）で①または②を選ばれた方にお伺いします。多様性がなくなっていく理由は何で
しょうか？　いくつでも○を付けて下さい。
　　　①農林水産業の比重低下
　　　②経済活動の国際化
　　　③教育の変化
　　　④情報化
　　　⑤少子高齢化
　　　⑥その他（自由記入）（　　　　　　　　　　　　　　　　　　　　　　　　　　　）
（5）世界のソーシャル・キャピタルの多様性は，今後どうあるべきかについてお考えをお聞かせ
　　ください。以下から一つお選びください。
　　　①意識的に（政策的な措置を講じて）残すべき
　　　②自然体で良い
　　　③意識的に（政策的な措置を講じて）消滅させるべき
　　　（理由：　　　　　　　　　　　　　　　　　　　　　　　　　　　　　　　　）

（2）アンケート結果の概要

Ⅰ．日本のソーシャル・キャピタルについて
（1）どの程度ユニークか？
　　　①極めてユニーク：5，②比較的ユニーク：13，③特にユニークではない：3，
　　　④その他（自由回答）：2⇒＋わからない，＋概念による
（2）上記（1）の①または②の回答者に，どこがユニークか？
　　　①「極めてユニーク」⇒相互信頼と互譲，
　　　　　　　　　　　　　　人のつながりが社会システムより重視されている
　　　②「比較的ユニーク」⇒内と外の差，集団主義的秩序感
（3）上記（1）の①または②の回答者に，ユニークさの理由（複数回答）
　　　①稲作：13，②宗教（神道や仏教）：10，③鎖国：4，④自然災害の多さ：12，
　　　⑤極東の島国という立地条件：7，⑥教育：8，⑦天皇制：2，⑧進んだ情報技術：1，
　　　⑨その他（自由記入）：人づくりを重視，雪よけの互酬
（4）上記（1）の①または②の回答者に，ユニークさの今後
　　　①急速に薄れていく：2，②少しずつ薄れていく：8，③余り変わらない：7
　　　④その他（自由記入）：放置すれば薄れるが保持しようとの力が働く
（5）上記（4）の①または②の回答者に，薄れていく理由（複数回答）
　　　①農林水産業の比重低下：4，②経済活動の国際化：5，③教育の変化：2，
　　　④情報化：6，⑤少子高齢化：6，
　　　⑥その他（自由記入）：政策の近視化，家族制度の崩壊，ものづくり精神の喪失
Ⅱ．ソーシャル・キャピタルの多様性
（1）ソーシャル・キャピタルの多様性の具体的イメージ
「ソーシャル・キャピタルの多様性」という言葉から想起すること。
　　　①信頼度指標の差：11，②市民的活動の水準の差：11，③寄付性向の差：3，
　　　④人々の礼儀正しさの差：3，⑤NGO，NPOの活動水準の差：6，

終　章　21世紀の世界経済へのソーシャル・キャピタルの含意

⑥治安・犯罪率の差：4，⑦貧富の格差の差：5
⑧文化の差：15
⑨その他（自由記入）：権威，宗教，世間体など
（2）世界経済全体に及ぼす多様性の影響（複数回答）
　①各国や各地域の状況への適合：11，②レジリエンス：15，
　③グローバリゼーションを阻害：1，④観光や芸術を促進：15，
　⑤その他（自由回答）：ある時は＋ある時は−，過剰な市場主義を抑制
（3）世界のソーシャル・キャピタルの多様性の今後
　①急速になくなっていく：0，②少しずつなくなっていく9：③余り変わらない12
　④その他（自由記入）：増えていく，逓減しどこかで一定に
（4）（3）の①または②の回答者に，多様性がなくなっていく理由（複数回答）
　①農林水産業の比重低下：1，②経済活動の国際化：9，③教育の変化：2，
　④情報化：9，⑤少子高齢化：4
　⑥その他（自由記入）：人の移動
（5）世界のソーシャル・キャピタルの多様性は，どうあるべきか？
　①意識的に残すべき：12，②自然体で良い：8，③意識的に消滅させるべき：1
　④その他（自由記入）：富の集中を防ぐ，保存することに利点
（5）と（2）のクロス集計
「意識的に残すべき」と回答した人の多様性の評価
　①各国や各地域の状況への適合：7，②レジリエンス：8，
　③グローバリゼーションを阻害：1，④観光や芸術を促進：9
「自然体でよい」と回答した人の多様性の評価
　①各国や各地域の状況への適合：4，②レジリエンス：6，
　③グローバリゼーションを阻害：0，④観光や芸術を促進：5

　この結果から読み取れることを考えてみよう。
　まず，日本のソーシャル・キャピタルをユニークなものだと考える人が多かった。ソーシャル・キャピタルの代表的指標とされる一般的信頼度や団体所属率では日本は世界の中で中位であることに鑑みれば，これは意外な結果であり，ソーシャル・キャピタルに関してより多様な指標の開発が必要であることを示唆しているように考えられる。そこで「どこがユニークか」が問題になるが，記述式で得られた答えは多様であった。その中から，ソーシャル・キャピタルに関する指標として捉えられそうな概念を拾ってみると，「内と外」「集団主義的秩序感」「人情とルールの両方」「精神的規範」「同質性」「家族的つながり」などが挙げられよう。このような側面に即した構造面の指標の開発の重要性が示唆されているといえよう。次にこうしたユニークさをもたらしている背景に関しても，選択式の回答は多様であったが，稲作，災害，宗教といった，古来

279

の要因に関する回答が多く，鎖国，教育，情報技術など比較的新しい要因の指摘は相対的に少なかった。今後については，ユニークさが少しずつ薄れていくという見方と余り変わらないという見方が拮抗していたが，薄れる要因に関する選択式の回答は多様であった。

　以上から，２つの可能性が考えられる。第１は，回答者によってソーシャル・キャピタルの捉え方が様々であるというものである。一言でいえば，ソーシャル・キャピタルの多義性である。第２は，回答者はソーシャル・キャピタルについて，共通の理解を持ってはいるものの，注目する側面が異なっているという解釈であり，ソーシャル・キャピタルの多面性を表しているとの見方である。どちらが正しいかをこの少ないサンプルから判定することはできないが，ソーシャル・キャピタルについてのかなりの知識と問題意識を持った回答者が多いことに鑑みれば，多面性の解釈の方が有力ではないかと考えられる。

　次に，世界におけるソーシャル・キャピタルの多様性に関する結果を見てみよう。まず，ソーシャル・キャピタルの多様性という言葉から思い浮かべる事項に関する選択的回答の結果は多様であったが，文化，信頼度，市民的活動の３つの答えが多かった。信頼度と市民的活動の２つはソーシャル・キャピタルの国際比較のいわば定番であるので不思議はないが，文化を選択した回答者が３分の２もいたことは意外であった。「世界」と「多様性」という２つの言葉から「文化」が連想された可能性もあるが，ソーシャル・キャピタルを文化や文化人類学の観点から捉える必要性を示唆しているようにも解釈できる。

　ところで，上記の多義性仮説に基づくと，この問いに関する答えは，回答者のソーシャル・キャピタルの定義を反映している可能性がある。そこで，日本のソーシャル・キャピタルのユニークさについての回答とクロスさせてみると，多様性に関して信頼度または市民的活動を挙げた回答者の多く（16人中15人）がユニークであると回答したのに対し，どちらも挙げなかった回答者の約半数（７人中４人）が特にユニークではないと回答しており，ある程度の差がみられる。このことと，前述のように信頼度や市民的活動に関する一般的な指標では，日本は特にユニークではないことを併せて考えれば，信頼度や市民活動の水準ではなく，構造がユニークであるのではないかとの仮説が浮かび上がってくる。

　次に，世界経済への影響に関する問いへの回答を見てみよう。ここはアンケ

ートの設計段階で最も苦労した部分で，プラス面とマイナス面のバランスが悪いというご指摘を回答者からもいただいたが，複数回答可の選択肢の中で最も選ばれたのが，ソーシャル・キャピタルの多様性は人類全体のレジリエンスを増すというものと，観光や芸術の活性化につながるというものであった。後者は文化との関係の認識が強く意識されていることと整合的である。ソーシャル・キャピタルが各国経済の置かれた状況に適合したものであるとの見方に賛成する回答者もある程度多かったが，多様性がグローバリゼーションの阻害要因になるとの見方は極めて少なかった。

　今後については，多様性は「急速になくなっていく」との回答は無く，「余り変わらない」との回答が，「少しずつなくなっていく」との回答をやや上回った。「少しずつなくなっていく」を選択した回答者の挙げた理由としては，国際化と情報化が多かった。

　最後の質問に対しては，多様性を意識的に残すべきとの答えが，自然体で良いとの答えをやや上回った。注目されるのは，多様性は減らないとみている回答者の中にも意識的に残すべきという回答が多くみられた（13人中8人，多様性は増えていくと答えた1人を含む）ことである。これは，多様性を増やしていくべきという考え方を反映している可能性もあるが，残す努力がなされることを勘案した上で減らないと見ているとも考えられよう。また，多様性を残すべきかどうかと，前述の世界経済への影響に対するクロス集計をしてみると，残すべきとした回答者と自然体で良いとした回答者の間で余り差は見られなかった。

2　5つの問いへの暫定的な答え

　ここで，序章で掲げた問題意識への解答を考えてみたい。このような試みはまだ初歩的なものにとどまっているので，解答も暫定的なものであり仮説やスケッチの域を出ないが，議論を始めることは有意義と思われる。

（1）経済効率と「人々のより広範な生きがいや動機付け」とは　　どう調和し得るか？

　経済学は，効用最大化や利潤最大化といった単純な原理から出発して，多く

のことを説明しようとしてきた。こうした態度は科学的なものではあるが，人々の行動の動機の中にある，「他者との関係性」を余り重視してこなかったというきらいがある。しかし，成熟した先進国の経済活動では，こうしたものの重要度が増加している。そしてそれを分析に具体的に取り込もうとすると，経済学の枠組みを超えた幅広いアプローチが必要になってくる。

人々の心の中で，経済効率とその他の誘因とが，どのように総合化されているのか，そして，後者の誘因の中で重要なものは何であって，どのような条件の下でその重要性が高まるのか，といった分析が進んでいくことが期待される。

こうした研究の素地がある程度できないと，効率性重視の議論に対する反論は定性的なものにとどまり，たとえば自由貿易によって効率性以外の価値が毀損される懸念を指摘しても，「偽装された保護主義」といった批判を浴びることになる。この意味で，この問題は農業の「非経済的な価値」（農業の多面的機能と呼ばれることもある。典型的には，治水を通じた洪水防止，地域コミュニティの維持，食糧自給率の確保などの機能を指す）と類似点が多い。効率性はかなり明確な基準であり，それを重視する議論も単純明快であるが，効率性以外の基準を持ち出すためには，定量化の努力をしつつ，効率性とのバランスを図る途を探る必要があろう。

一方で，「他者との関係性」を重視する行動は，経済効率の中に一部含まれ得ることにも注意が必要である。価格が多少高くても，近隣のなじみの店で購入しようとする行動は，何かの付加価値に対価を払っていると考えることができる。一部のサービス産業には，この傾向が顕著にみられる。したがって関係性と経済効率性を対立的な概念としてとらえるのではなく，総合的に捉えた上で相互関係を明らかにしていくようなアプローチが必要であろう。

（2）社会的起業の興隆の背景は何か，どの程度メジャーな存在に なっていくか？

社会的起業とは，社会の役に立つことを目的に何らかの事業を開始することと捉えて良いであろう。そして，社会的企業が誕生し，何らかの形で継続していくための枠組みができていることも要件として考えるべきであろう。この意味ではビジネスであるが，主な目的が利潤の追求や配分ではなく，社会のニー

終　章　21世紀の世界経済へのソーシャル・キャピタルの含意

ズに応えようとするものであると特徴づけることができよう。

　社会的起業や社会的企業は social innovation という言葉とも密接に関係している。しかしこの英語には2つの異質な概念が含まれているように思われる。第1は，「社会に役立つような科学技術イノベーション」という意味である。この場合の反対概念は，社会に役立たない象牙の塔的な研究ということになろう。この場合，社会に役立つことが重要で，社会のあり方を変えるかどうかは直接的には問題にしないことになる。社会的起業がこのようなイノベーションを含む場合もあるが含まない場合もあろう。後者の第2の解釈は，「社会のあり方を変えるような新しい動き」ということで，この場合の反対概念は科学技術イノベーション（狭義の科学技術上の革新）ということになる。したがって必ずしも狭義の科学技術面でのイノベーションを要素とせず，たとえば20世紀初頭にロシアで生まれた社会主義もある意味で social innovation の一種であろう。ただし，こうした動きも，下部構造（生産技術の変化等）の影響を受けているので広義には科学技術の影響を受けている。多くのの社会的起業は，こうしたことを目指しているといえよう。

　さて，社会的企業が注目される背景には，2つの要素があるように思われる。第1は，営利企業でも自治体でもうまく対応できない領域の重要性が増してきたことである。第2の要素はそうした領域で，社会の需要に応えることを重視し，賃金が営利企業より多少低かったり，昇進の可能性が限定的でもやってみようとする人々が増えてきたことである。前者の背景には，行政が公平性を重視する余り機動的な対応がしにくいことや，営利企業にはクリーム・スキミング（利益率の高いところに資源を重点配分して利益を増やそうとすること）をする誘因が強いことが挙げられよう。しかし，このことは，社会的企業の活動には公平性とか利潤とかいった明確な行動原理がないことも意味する。そしてそのことが，第2の要素とも関係しているように思われる。すなわち，こうした分野で働くことは，社会のニーズに対応しているという手応えだけでなく，自らの判断基準を適用できる，という意味での働き甲斐も得られるということである。

　一方で，通常の企業に就職することのメリットも，かつてに比べれば低下してきた。雇用の安定性は低下し，カリスマ性を持って高い目標を掲げて従業員を引っぱっていくような経営者も減少したからである。

283

では，社会的企業はどこまで広がっていくのであろうか？　新しく生まれた
需要への対応が中心となるのか，あるいはこれまで行政や企業が対応してきた
分野を代替していくのであろうか？　その答えを左右するのは市民の成熟度で
あろう。市民が社会的企業の趣旨に賛同し積極的に協力をする場合には，この
面で通常の企業より有利な立場に立つことになる。そして市民の協力や参加を
得る中で，新しい発見を得て新しい業態の開発に結びついていく余地が出てく
る。この意味で，社会的企業はソーシャル・キャピタルを変化させていく契機
を与えると同時に，ソーシャル・キャピタルに支えられて育つ存在でもあろう。

（3）情報通信技術の発達とソーシャル・キャピタルとの相互関係は
　　どのようなものか？

　ソーシャル・キャピタルと情報通信技術との関係は多面的であるとともに深
い。各国の伝統的なソーシャル・キャピタルは，第一次産業の生産のための要
請や地域社会の維持の観点から育まれてきた度合いが大きかったと思われる。
パットナムが指摘したようにテレビの発達が，先進国のソーシャル・キャピタ
ルのあり方に大きな影響を与えたことは事実であるが，この他にも様々な相互
関係を有している。
　情報通信技術の発展がソーシャル・キャピタルに与えた大きな影響は，第1
にバーチャルな「場」の形成であり，空間的な制約から人々を解放したことで
ある。ネット上で様々な情報が得られるようになったことは，ブリッジングの
可能性をより大きく高めたように思われる。しかし一方で，ソーシャルメディ
アなどの発達はボンディングの可能性も高めている。情報通信技術の発展は，
第2に人々の労働を機械に置き換えることを可能にした。かつては単純労働が
代替されてきたが，熟練労働も代替されるようになってきた。このことは非正
規雇用の増加などを通じて雇用の安定性の低下させ，人々の企業や職能集団へ
の帰属意識を低下させた。企業や職場に代わるアイデンティティのよりどころ
として，地域，友人，趣味などの重要性が相対的に高まってきたといえよう。
情報通信技術の発達がソーシャル・キャピタルに与えた第3の大きな影響は，
これまで長期的に分離が進む傾向にあった生活の場と生産の場が融合する可能
性を開いたことであろう。このことは家族の絆を強めたり，多世代が協力する

終　章　21世紀の世界経済へのソーシャル・キャピタルの含意

余地を拡大していく可能性があろう。

　一方で，ソーシャル・キャピタルの変化が情報通信技術の発達に及ぼす影響も大きい。職場に変わって重要性が増した，地域，友人，趣味などの分野ではSNS が活発に利用されている。

　情報通信技術とソーシャル・キャピタルの相互関係の中で特に重要なのは，ソーシャルメディアであろう。第 5 章ではソーシャルメディアを電話やテレビと比較しているが，現代のソーシャルメディアの持つ重要な新しい機能は，草の根の世論形成機能とでもいうべきものであろう。膨大に，かつ自由に行われる，「いいね」，引用，書きこみ，投稿，拡散などを通じて，官にも，公にも，マスメディアにも依存せずに議論や評価が形成される。これはまさにソーシャルメディアの名前と対応する機能である。

　ソーシャルメディアのこのような世論形成機能がどう機能するかについて，楽観論と悲観論があろう。マスメディアにない，質の高い自立した放送局のようなものが生まれている一方で，特定の人をバッシングしたり，仲間の一人をいじめたり，あるいは感情的な非難の応酬の場になることもあるからである。どちらの見方が妥当かについては，ソーシャル・キャピタルの成熟度にも大きく左右される。そしてソーシャルメディアによって影響を受けた世論が，政治・経済・社会に影響を及ぼしていくという面からは，ソーシャルメディア自体がソーシャル・キャピタルの重要な一翼を担い始めたと言えよう。

　今後経済面で重要となる分野としては，ソーシャルメディアを行きかうデータからビッグデータの手法で様々な情報を抽出して，社会に役立てていくことが挙げられる。そのためには，様々なルールを整備していく必要があるが，それがいかにうまく作られるか，あるいは守られていくかという要因にもソーシャル・キャピタルが大きな影響を与える可能性があろう。

（4）ソーシャル・キャピタルの多様性は人類にとって必要か？

　いまなお貧困にあえぐ人々が多い国では，文化や社会の伝統よりも所得水準の上昇が重要であろう。しかしその水準を上回ってきた多くの諸国に関しては，ソーシャル・キャピタルの多様性は検討に値する価値を有しているように思われる。各国のソーシャル・キャピタルの差が，各国の比較優位の差をもたらし，

285

それが安定的な国際分業の背景になっていく可能性があろう。また世界の経済のレジリエンスを高めていくことも考えられる。したがって，各国は，自国のソーシャル・キャピタルを分析し，その含意を経済効率という観点だけではなく多面的に評価し，維持する価値があるかどうかを評価するという意識的なプロセスが必要であろう。しかしその際に，基本的人権が毀損されないことや，選択が民主的になされることが重要であろう。一部の諸国に残る陋習は維持してはならない。一方，強い競争力を持った国にも，自国のやり方を世界標準として押し付けるのではなく，上記の条件が満たされている限り，諸国民の選択としての多様性を尊重することが望まれる。

　国際社会の中で，ソーシャル・キャピタルの多様性を維持するためのリーダーシップをとるべきなのは，北欧と日本であろう。北欧は第10章で述べたスウェーデンの例にみられるように，多くのソーシャル・キャピタル指標が高水準にあると同時に，それが所得水準の高さ，格差の小ささ，社会の安定の背景にもなっている。一方，日本はアジア的な価値観を残しつつも，産業化と両立し得るソーシャル・キャピタルを形成し，情報化という意味でも韓国とともに新しい地平を切り開いている。第8章で述べたように，日本のソーシャル・キャピタルには，経済の長期停滞の要因になったと思われる側面もあるが，それは労働市場の制度改革などによって改善可能であると思われる。日本が，アジアの伝統に根ざしながら，成長力を取り戻すような形で脱皮ができれば，中国にとっても良い刺激になるであろう。

（5）日本のソーシャル・キャピタルはどの程度特殊でどの程度健全か？

　日本は温帯で降雨量も多く，農業に関連した自然の恵みが豊かである。最近では，漁業に関してもきわめて恵まれていることが解明されている。こうした自然の中で，稲作を中心とする社会が構築され，それに即した社会規範が構築されてきた。それは多神教的な自然観を持つ一方で，集団的な規律を重んじ，「ウチ」と「空気」を重視するものであった。集団が安定し，集団の目標が自明の時は，生産性が順調に向上した。努力した個人への評価は必ずしも物質的に報いられなかったが，顔の見える集団が重要であった時代には，そうした集団によって認知されたので，努力への十分なインセンティブがあった。

終　章　21世紀の世界経済へのソーシャル・キャピタルの含意

　このような社会規範は一方で，自分の所属している集団以外（ヨソ）に対しては，警戒感を持って接する態度も醸成した。所属する集団内部に対する態度と外に対する態度が大きく異なるというのが日本のソーシャル・キャピタルの大きな特徴であるといえよう。両方を平均するような指標では，日本の特徴は見えてきにくい。そして複数の集団をつなぐ役割を担う者が出て重要な役割を果たすことはあったが，多くの場合，彼らが主流の地位を占めることはなかった。

　こうしたソーシャル・キャピタルは，農業が中心であった時代だけでなく，先進国にキャッチ・アップする過程でも比較的効率的に機能した。国内でいくつかの企業グループが結成され，企業は系列化され，それぞれの集団に忠誠を誓いながら競争が行われた。目標は明確で，集団は比較的安定しており，忠誠を尽くせば，金銭・非金銭両面でその見返りを期待することができた。

　しかし，先進国へのキャッチ・アップを終え，不確実性の中での模索が必要な時代の中で，こうした社会風土はうまく機能しなくなってきた。変化した状況の中で，自分で考えて新しい道を切り開こうとする人がいても，企業や社会はそれに十分に報いることができない一方で，集団の空気を忖度して代弁するような人々が主流に座ったまま，全体として地盤沈下が進んできた。こうした中で，起業率は低いままで推移し，若者は大企業志向を強め，意欲的な人材はアメリカなどに活躍の場を求めて流出した。

　組織を支配していると考えられる「空気」に個人が問題を提起することは，組織への忠誠を疑われるリスクがあり，場合によっては組織からの離脱につながりかねないので簡単ではない。離脱すれば，組織とうまくいかなかった人と見なされがちで，将来の別組織での活躍の余地も狭められてしまう。力の強い組織ほどこうしたメカニズムが働きやすく，結果的に組織の自己革新能力が低下し，長期的に停滞したり，大きな問題を起したりする素地が形成されてきた。

　日本のソーシャル・キャピタルにも評価すべき点はもちろん多いが，日本経済の長期停滞の背景にこうした要因があるのではないかとの仮説の基に改善策を探っていく必要があるように思われる。

287

3 ソーシャル・キャピタルの構造・慣性・多様性

（1）ソーシャル・キャピタルの構造面の重要性

　ソーシャル・キャピタルは，論者や問題意識によって様々な定義や分類が可能であろうが，経済との関係では，平均的水準だけでなく構造を重視することが有用ではないかと思われる。平均的水準とは，信頼，社交，付き合い，サークル活動の水準などに関する平均値で，既存の指標で捉えられるものである。それに対して，構造面とは，たとえば信頼でも，誰をどのような理由で信頼するか，ネットワークや帰属意識でも，どのグループに強くコミットするかを問題にするもので，内訳の問題である。

　平均的水準と構造のどちらも経済活動と関係しているが，ソーシャル・キャピタルの平均的水準は経済活動の構造に影響が大きい一方で，ソーシャル・キャピタルの構造は経済活動の水準（経済成長率や所得水準など）に影響が大きいという，逆転の構図がみられるように思われる。

　ソーシャル・キャピタルの平均的水準は，個人がどのような消費活動をするか（たとえば，個人毎の消費か集合的な消費か），どのような余暇時間の過ごし方をするか（個人的な趣味が多いのか，大勢で行うものが多いのか）といった点で，経済の産業構成に影響を及ぼす。いわばミクロ的な影響であり，一国の経済全体のパフォーマンスに対する影響は限定的であろう。これに対して，ソーシャル・キャピタルの構造面，すなわち，人々の忠誠の対象，アイデンティティの基礎，規範を共有する仲間が，会社なのか，ムラなのか，家族なのか，あるいは自己が確立されて共有の必要が小さいのか，より端的には「ウチ」と「ヨソ」への態度の違い，といったことは，「失われた20年」の背景にある日本経済の重要問題に深く結びついており，長期的な所得水準に与える影響が大きいと思われる。

（2）ソーシャル・キャピタルの慣性と多様性

　第Ⅱ部でみたように，グローバル化，情報化が進展し，農業が衰退してきた現在でも，各国のソーシャル・キャピタルにはかなりの差が見られる。前節で

終　章　21世紀の世界経済へのソーシャル・キャピタルの含意

重要性を指摘した構造面の指標で計測をすれば，その程度はもっと大きいであ
ろう。ソーシャル・キャピタルの違いがこのように比較的長く続く理由は何で
あろうか？

　一つは社会規範が変わるには，長い時間が必要であることである。人々の社
会的行動は社会規範を忖度しながらなされているので，変化が緩慢にしか起こ
らない。しかし，他にも重要な要因があり得る。各国民の構成が，それまでの
社会規範を支持する人の割合が高まるように変化している可能性である。そし
て，そうだとすれば支持構造は簡単には変わらない。この構成の変化には，序
章で指摘したように，社会移動だけでなく，結婚，出産を通じて社会が行う選
択が相当の影響を与えている可能性がある。この分野の議論は，歴史上の深刻
な失敗の記憶もあって社会科学が意識的に避けてきたものであるが，悪用の可
能性に十分な警戒をしつつ，科学の光が当てられるべきように思われる。

　もし，人的構成面での「適応」もソーシャル・キャピタルの慣性の要因だと
すれば，その含意は何であろうか？　人々の移動を通じて人的構成が変化する
との議論は，ティボーが提唱した「足による投票」を想起させる。自治体間が
公共財の整備などの分野で競争する中で，人々が好ましいと思った地域に移住
することで，全体として望ましい状況を実現しうるというというものであるが，
これと同じような意味でソーシャル・キャピタルが所与ではなく選択の対象に
なる時代が来るのかもしれない。その時に個人に多くの選択肢を残しておくと
いう意味でも，ソーシャル・キャピタルの多様性は価値があることになる。

　一方，結婚や出産を通じて，ソーシャル・キャピタルに適合する方向に人々
の遺伝子の分布が変化しているとすれば，ソーシャル・キャピタルの多様性を
保つことは，生物としての人類の多様性をも保つことにつながる。このことは，
人類の発展の様々な方向性を確保することも意味しよう。

（大守　隆）

索　引

あ　行

アイデアヴィレッジ　73
アウトソーシング　91
アクセス権　146
アソシエーション論　216
新しい公共　53
アドボカシー　52
アトリエ・エレマン・プレザン　79
アプリケーション　111,112
アール・イマキュレ　79
歩く権利　146
　──法　144,145
アングラ（自由裁量）研究のルール化　98
アントレプレナー　77
暗黙知　227
生きがい　iii
一般的互酬性　117,119,127,129
一般的信頼　239
　──性　117,119,127,129
遺伝　14
稲作　179
イノセンティブ　101
イノベーション　223
　──・エコシステム　93
　──・システム庁　236
　──創出支援機関　100
医薬品・バイオ産業　94
入会　135,136
インターネット　110,111,113,115,121
イントラプレナー　99
ウチ　179,288
海の中国　203

か　行

エコシステム　66,73,74
欧州モデル　100
大きな社会　42
大きな社会基金　54
オストロム，E.　137
オープンイノベーション　89,92,96,106
　──戦略　97,102
　──の「場」　99
オープン化（構造的隙間の橋渡し）　105
オープンスペース　144,145
オープンソース・コラボレーション　103
オープンソース化　95,104

外部経済　229
格差　vii
ガーシェンフェルド，N.　103
ガバナンス　72
（他者との）関係性　282
官商階層　210
慣性　8,288
企業信用　213
企業体の行動原理　207
企業内ソーシャル・キャピタル　90,91,99
起業率　181
帰属意識　5
寄付　178
逆選抜　34
キャッチアップ　191
求心力（ネットワーク閉鎖性）　105
休眠預金等活用法　58
協治　142
協働　227

291

共同体の行動原理　207
キンダー・スカウト事件　145
近代的工業経済　201
「空気」　180,286
クラウドソーシング　101
クリエイティブシティ　107
グループシンク　90
グローバル化　222
グローバルブレイン　103
計画経済　201
経済開発審査委員会　159
経済学　8
経済協力開発機構　→ OECD
経済効率　281
経済システム　vii
掲示板　116,120,121,124,126
ゲーム理論　24
ゲゼルシャフト　250,253,256,258
結合機能　126,127
結束型ソーシャル・キャピタル　27
ゲマインシャフト　250,256
研究開発費　191
公益資本主義　47
公共財ゲーム　31,32
公共事業　185
厚生経済学の第一定理　24
構造的隙間　89
郷鎮企業　201
公的金融　205
公的メカニズム　22
高齢化率　49
国民経済計算　I
互酬性　118
国家権利主導　214
国家信用　213
コミュニティメカニズム　22,23,26
コモン・プール財　139
コモンズ　136,140,151

――の悲劇　137
――保存協会　144
――論　139
　閉じた――　142
　開いた――　142,143,145
雇用　235
コラボレーション型オープンイノベーション　95,96
コラボレーションパートナー　91
コールマン, J.　89
コワーキングスペース　97
ゴーン, C.　98

さ　行

サステナブル・クリエイティブシティ　107
里地里山　135,136
産学連携　96
産業支援機関　99,106
三農問題　214
シェアオフィス　97
資源配分説　195
市場　23
　――経済　201
　――信用　213
　――先導型（企業経営）　203
　――の失敗　24-26,29
　――メカニズム　22
自然　7
　――環境　ix
失業保険　184
自動運転技術　95
自動車産業　94
シビック・アントレプレナー　68
市民　239
　――起業家　67
　――権利主導　214
　――的活動　280
　――的なアクセス　150,152

索　引

社会イノベーション　65
社会インパクト債権　57
社会関係資本　→ソーシャル・キャピタル
社会起業　41,65
　——家　66
社会技術　v
社会規範　ix
社会インパクト投資　81
社会的インパクト評価　60
社会的企業　55,65,70,71,283
社会的起業　iv,282
社会的共同性　232
社会的信用　213
社会的選択　15
社会的つながり　159
社会的ネットワーク　111,118,119,124,126
社会的ミッション　97
社会変革　60,92
社会保障推進法　50
シャドーバンキング　205
社内起業家　→イントラプレナー
習慣法　199
囚人のジレンマ　24,26
集合知　227
集団主義　279
消費　6
情報通信技術　v,284
諸葛亮　197
ジョブズ, S.　97
シリコンバレー　99
仁　198
人格化交易　208
人工知能（AI）　96
仁者愛人　199
新自由主義　222
　——経済政策　44
人脈資本主義　197
信頼　29,176,238

——ゲーム　30,32,34
——性　118
スマートシティ　107
スモールワールド理論　201
すりあわせ　viii,180
3Dプリンター　104
生活保護　185
成長　222
制度説　195
政府債務　181
政府の失敗　26,29
世界銀行　10
世界市民　203
セーフティネット　26,182
設計原理　137,141
世論　285
戦略的債務不履行　34
創造的なオフィスづくり　98
ソーシャルイノベーション　→社会変革
ソーシャルメディア　v,第5章,285
忖度　192

た　行

代替機能　124,125,127
大中華圏　203
大同世界　216
ダウンズタウンプロジェクト　80
（資本主義の）多様性　vi,18,277,285
（ソーシャル・キャピタルの）多様性　275,285
治安　178
地域　234
　——・産業クラスター　230
　——通貨　xi
　——発展政策　234
　——包括ケア　46
知識基盤型経済　222
知識協働　114,115,125

293

知識産業化　44

地方創生　6

チャット系アプリ　114,116,118,121,126

低金利　181

低成長　180

テスラモーターズ　95

デフレ　181

転送　122,123

　──機能　122

伝統的農業経済　201

動画共有　115,116

動機　iii

投票率　178

な 行

内発的発展　206

ナッシュ均衡　25,31

20％ルール　98

人情　279

ネットワーク閉鎖性　89,90

は 行

ハイブリッド型ネットワーク構造　105

ハイブリッド組織　70

橋渡し型ソーシャル・キャピタル　27

橋渡し機能　126,127

働き方改革　49

バーチャルな場　101

パットナム，R.D.　110,111,118,119,128

バート，R.　89

パブリック・アントレプレナー　67

パレート最適　24

半導体・IT型のオープンイノベーション
　94

半導体プロセス技術　100

非営利アントレプレナー　67

比較優位　viii

東日本大震災　37

非人格交易　208

非正規雇用　5,182

評価　122

　──機能　122

貧困の罠　36

ファブラボ　103,106

不安　183

福祉　235

複層式・仲介型リレーションシップ・レンディ
　ング　205

復興　37

フットパス　146-148,152

プラットフォーム　113,114

不良債権　189

フレキシブル・スペシャリゼーション　228

ブログ　110,113,114,116,117,120-122,124,
　126,127

プロボノ　46

ブロムリ・バイ・ボウ　68

貿易　viii

補完機能　124-126

ボランタリー経済　42

ま 行

マイクロファイナンス　33

マイクロブログ　110,112,114-116,121,124

マルチレベル分析　16

見過ごされた資源　69

三菱商事復興支援財団　81

民間金融　205

ムーア，G.　94

ムーアの法則　94

ムラ　179

モラルハザード　34

や 行

ヨソ　179,193,288

より良い暮らし指標　158

索　引

ら　行

リアルとバーチャルの最適なネットワークの組
　み合せ　105
リアルとバーチャルを融合したネットワーク
　　104
陸の中国　203
リスクマネー　181
里道　150
リビングラボ　106
流動性の鈍化　210
礼　198
レジティマシー　151
連結型ソーシャル・キャピタル　　27
レントシーキング活動　210
労働市場　186

欧　文

AI　107
BITC　54
BLI　→より良い暮らし指標
BOP市場　47
BREXIT　59
CFT　98
CSR　92

CSV　76
ECFA　204
EDRC　→経済開発審査委員会
EMES　71
Facebook　117, 118, 127
GDP　1
General Social Survey　29
GSS　→General Social Survey
IMEC　100
IoT　107
LINE　121
OECD　157
P&G　102
PFI　45
PPP　45
SDGs2030　61
SNS　110, 114-116, 120, 121, 124, 126
social innovation　283
SOHO　vi
Twitter　116, 117, 121
VINNOVA　→イノベーション・システム庁
Web2.0　110, 112, 113
Wikipedia　111, 113, 114
YouTube　117

295

執筆者紹介 (所属，執筆分担，執筆順，＊は編著)

＊大 守　隆 (編著者紹介参照：まえがき・序章・第8章・終章)

澤 田 康 幸 (アジア開発銀行チーフエコノミスト・東京大学大学院経済学研
究科教授：第1章)

奥 山 俊 一 (株式会社日本総合研究所特別顧問：第2章)

服 部 篤 子 (一般社団法人 DSIA 代表理事・同志社大学政策学部教授：第3
章)

百 嶋　徹 (株式会社ニッセイ基礎研究所社会研究部上席研究員：第4章)

須 田 和 博 (NPO 法人素敵なメディア研究所理事長・中央大学総合政策学
部客員教授：第5章)

泉　留 維 (専修大学経済学部教授：第6章)

平 井　滋 (内閣府参事官補佐：第7章)

范 立 君 (大月市立短期大学助教：第9章)

篠 田 武 司 (元・立命館大学名誉教授：第10章)

平 泉 信 之 (鹿島建設株式会社取締役：第11章)

編著者紹介

大守　隆（おおもり・たかし）

1951年　神奈川県生まれ。
1974年　東京大学工学部卒業。オックスフォード大学経済学博士
　　　　大阪大学経済学部教授，旧経済企画庁内国調査第一課長，内閣府計量分析室長，同経済社
　　　　会総合研究所次長，外資系金融機関のチーフエコノミスト，APEC（アジア太平洋経済協
　　　　力）経済委員会議長等を経て
現　在　科学技術振興機構・社会技術研究開発センター領域総括（多世代領域）
主　著　『ソーシャル・キャピタル──現代経済社会のガバナンスの基礎』（共編）東洋経済新報社，
　　　　2004年。
　　　　『ソーシャル・キャピタルのフロンティア──その到達点と可能性』（共編）ミネルヴァ書
　　　　房，2011年。
　　　　『日本経済読本　第20版』（共編著）東洋経済新報社，2016年。
　　　　『入門テキスト　環境とエネルギーの経済学』東洋経済新報社，2016年。

叢書ソーシャル・キャピタル③
ソーシャル・キャピタルと経済
──効率性と「きずな」の接点を探る──

2018年10月20日　初版第1刷発行　　　　　　　　　〈検印省略〉

定価はカバーに
表示しています

編　著　者　　大　守　　　　隆
発　行　者　　杉　田　啓　三
印　刷　者　　田　中　雅　博

発行所　株式会社　ミネルヴァ書房
607-8494　京都市山科区日ノ岡堤谷町1
電話代表　（075）581-5191
振替口座　01020-0-8076

© 大守隆ほか，2018　　　　　創栄図書印刷・新生製本

ISBN978-4-623-07771-7

Printed in Japan

叢書ソーシャル・キャピタル
（全 7 巻）
Ａ 5 判・上製カバー・各巻平均270頁

第1巻	ソーシャル・キャピタルの世界	稲葉陽二 吉野諒三	著
第2巻	ソーシャル・キャピタルと教育	露口健司	編著
第3巻	ソーシャル・キャピタルと経済	大守　隆	編著
第4巻	ソーシャル・キャピタルと経営	金光　淳	編著
第5巻	ソーシャル・キャピタルと市民社会・政治	辻中　豊 山内直人	編著
第6巻	ソーシャル・キャピタルと健康・福祉	近藤克則	編著
第7巻	ソーシャル・キャピタルと社会	佐藤嘉倫	編著

―――――― ミネルヴァ書房 ――――――

http://www.minervashobo.co.jp/